国家出版基金项目
NATIONAL PUBLICATION FOUNDATION

当代高等教育研究新视野丛书

Essentials of University Spirit

大学精神论要

韩延明　郭　峰　著

南京师范大学出版社

图书在版编目(CIP)数据

大学精神论要 / 韩延明,郭峰著. — 南京 :南京
师范大学出版社,2023.7
　(当代高等教育研究新视野丛书)
　ISBN 978 - 7 - 5651 - 5755 - 4

　Ⅰ. ①大… 　Ⅱ. ①韩… ②郭… 　Ⅲ. ①高等教育—教
育研究—中国 　Ⅳ. ①G649.2

　中国国家版本馆 CIP 数据核字(2023)第 075156 号

丛 书 名	**当代高等教育研究新视野丛书**
书 　 名	大学精神论要
作 　 者	韩延明 　郭 　峰
丛书策划	王 　涛
责任编辑	应璐燕
出版发行	南京师范大学出版社
地 　 址	江苏省南京市玄武区后宰门西村 9 号(邮编:210016)
电 　 话	(025)83598919(总编办) 　83598412(营销部) 　83373872(邮购部)
网 　 址	http://press.njnu.edu.cn
电子信箱	nspzbb@njnu.edu.cn
照 　 排	南京开卷文化传媒有限公司
印 　 刷	江苏扬中印刷有限公司
开 　 本	710 毫米×1000 毫米 　1/16
印 　 张	20
字 　 数	282 千
版 　 次	2023 年 7 月第 1 版
印 　 次	2023 年 7 月第 1 次印刷
书 　 号	ISBN 978 - 7 - 5651 - 5755 - 4
定 　 价	88.00 元

出 版 人 　张 　鹏

总　序

　　自潘懋元先生等老一辈学者创会以来,中国高等教育学会高等教育学专业委员会始终坚守学术立会传统,把深化与拓展高等教育理论研究作为办会的基本宗旨。中国高等教育学学科设置从无到有,高等教育研究队伍从零散到蔚为大观,一代又一代优秀学者的成长,都与高等教育学专业委员会在各培养单位与会员单位之间发挥的纽带作用不无关联。目前,对高等教育学的定位和属性无论存在多少争议,不容否认,它已经成为我国高等教育研究者心有所向、身有所归的学术共同体。

　　高等教育学专业委员会历来倡导立足国际视野与本土关怀,开展学理取向探究与问题取向的理论研究。对于中国高等教育理论研究之于国家政策、高校管理以及人才培养的贡献如何评价,人们的站位不同,自然会有不同理解。回顾改革开放四十多年以来中国高等教育改革与发展历程,我们不难发现:几乎中国高等教育领域每一次重大事件的发生,人们关注的重大议题、问题以及政策概念的提出,我国高等教育研究者在理论上大都有先行研究。譬如,关于高等学校职能与高等教育功能、高等教育现代化、高等教育质量评价与保障、高等教育大众化和普及化、世界一流大学建设、高等学校自主权、现代大学制度、大学治理结构、大学收费制度、学分制、招生制度改革、学科与专业建设、通识教育、高校人事制度改革与学术职业变迁、有效性教学与教学学术、高等教育国际化与信息化等等。这些既有国际视野又有本土关怀,既有历史考察又有现实观照,纵横交错,覆盖宏观、中观与微观各个层面的研究,无论其聚焦的是"冰点"还是"热点"问题,是否有显示度,它们都为现实中的高等教育体制性变革与日常实践,拓展了视野,提供了理论支撑。

理论研究的基本宗旨在于透过现象看本质,揭示高等教育活动的一般规律。无论其初始动机是源于个人好奇心、兴趣、经历和境遇,抑或是源于现实关怀或政策意图,它从来不存在有用与无用之说。自然科学如此,作为社会科学的高等教育学科也不例外。因为有用无用不过是一种价值判断,它与评价者的个人身份、地位、处境和特定需求存在或明或暗的勾连,是一种立场在先的自我主观判断和推断;或者说理论之有用和无用,更在于它的情境性。如果总是把特定情境需求作为理论研究的取向与偏好,那么,其悖论恰恰在于:这种情境性需求恐怕永远滞后于形势变化与环境变迁,局限于特定情境需求的理论或应用研究反而因为一般性与多样化研究积累不足而难以适用,更无法对现实的走向以及可能发生的问题进行预测,也难以对现实中存在的价值扭曲提出预警和防范。

其实,真正的高等教育理论研究从来不会绝缘于现实关怀,很多理论研究选题的生成乃至观点创新,恰恰源于人们对现实的感悟与启发。通常而言,任何理论成果都不可能直接成为政策工具,它充其量可以为现实问题的解决提供某些索引,或者为决策者提供相关参考依据,为行动者提供可选择的装备。理论研究与决策以及行动实践之间,天然地存在一种若即若离的关系,虽然也存在若隐若现的互动,但两者既无法相互取代,更难以完全融合。否则,理论不过就是如变色龙般的策略与技巧,缺乏理论所必备的去情境化超越品质,实践也不过是理论贫乏的个人经验直观甚至行动的妄为。不容否认,由于始终缺乏一种自然演化的稳定态,在被频繁的政策事件扰动的情境中,中国高等教育与经济领域情形相似,在宏观的体制运行与中观的组织治理层面都有其特殊性。但这并不意味着我们的高等教育可以超越于一般性的活动规律或者说本质特征,如知识创新以及人才成长规律等。因此,植根于中国特殊土壤的理论研究,在跨域性的理论丛林中,犹如一片被移植而来的红枫林,既有源自共同基因的相对稳定性状,又有其与环境相适应的某些特殊表现形态,如生长状态、凝红流金的景致可能存在差异。不过,这种表现形态更多反映为生态系统与群落层次上的差别,而非物种意义上的例外。也正因为理论研究所具有的这种品质,它才构成了我们与国际同行沟通与对话的基础,也是为国际高等教育贡献知识与智慧的凭依。

作为一个建制化的学科,高等教育学历史短暂。因此,长期以来,高等教育理论研究,无论在理论溯源、视角选择方面,还是知识框架上,受基础教育领域的理论思潮与研究取向影响至深。但回顾历史就会发现,体制化的基础教育晚于大学的兴起,如今基础教育领域众多教学形式与方法的探索和实践也往往始于大学,如论辩、讨论、实验和观摩等。即使是基础教育领域的各种理论思潮与技术潮流,也往往最先发端于大学。相对于基础教育,高等教育活动更具有个体探索、行动在先和自下而上的特征,虽然它也难免带有外控与人为设计的特征,但它更具组织与行动者自我设计取向,大学的历史基因更为久远也相对更为顽固,每一次突变都没有彻底颠覆它的基本性状。这些特征无疑为我们寻求其相对稳定的客观属性与变易的受动属性提供了先天的优势。譬如,如何理解不同学科与专业生成与演变的轨迹,以及教与学活动的规律,如何理解组织特有属性及其运行逻辑,如何解释它与外部环境与文化以及各种社会力量之间带有顺应而又抗拒的关系,如何理解学人成长与职业发展轨迹,等等。高等教育学有待确证的基础性问题实在太多,需要探索的不确定性问题更多,它给我们提供了无限的空间与可能。而所有这些问题的探究,不仅难以从基础教育理论中获得启发,而且也远超出了基础教育的学科逻辑体系与框架。因此,高等教育学无疑具有特殊性。如何跳出一般教育学科的既有樊篱,建构一个包容性更强的多学科高等教育学知识逻辑和体系,需要我们做更多基础性、专业性且具有开拓性的思考与探索。

　　总之,倡导基础理论研究与带有学理性探究的现实问题研究,是高等教育学专业委员会的使命所在,唯有通过理论取向的学术探究与人才培育,我们才能立足扎实的理论基础与学术素养去回应现实高等教育发展中应接不暇的问题。理论固然需要服务于实践,但更需要我们以独立的精神、专业的态度、严谨的学风、开放的视野和谦逊的风格去观察和参与实践,理性地面对实践中可能存在的躁动。既不做旁观清谈者,也不做随波逐流者,努力以有深度有价值、有科学精神有人文情怀、有现实关注有未来视域的研究,为中国高等教育改革与发展贡献智慧。

　　正是出自上述初衷,中国高等教育学会高等教育学专业委员会与南京师范大学出版社,联合推出了"当代高等教育研究新视野丛书"学术专著出版计划。该丛书面向国内高等教育专业研究者,不拘泥于特定选题,尊重每位学者的兴趣和专长,期待以众说荟萃、集体亮相的形式,呈现当下我国高等教育理论研究的整体状貌。该出版计划将始终保持开放性,不断吸纳国内资深和新锐学者的最新研究成果,希望它不仅能成为一览高等教育学理论景致的窗口,为该学科的持续探赜索隐、钩深致远提供些许幽微之光,而且也能够从中感受到中国高等教育研究始终与时代变革气息相通的脉动。其中有热切的呼应,也有冷静的慎思,有面向未来远景的思索探问,也有洞鉴古今史海的爬梳钩沉。不同主题纷呈,个性风格迥异,从而构成一个多姿多彩、供读者各取所需的学术专著系列。

　　最后,高等教育学专业委员会特别感谢南京师范大学出版社所给予的慷慨支持与悉心指导,出版社在丛书的策划、编辑、出版和发行等方面投入了巨大的精力,也为编委会的组建、著者的遴选、成员之间的沟通等各项工作的有序展开提供了便利条件。

"当代高等教育研究新视野丛书"编委会
中国高等教育学会高等教育学专业委员会
二〇二二年十二月

目 录

总　序 ………………………………………………… 001

导　论 ………………………………………………… 001

第一章　大学精神之解析 …………………………… 024

　第一节　大学精神的界定与功能 ………………… 025

　第二节　大学精神与时代精神 …………………… 032

第二章　西方大学精神之演进 ……………………… 044

　第一节　中世纪：大学充盈着学术自由精神 …… 045

　第二节　文艺复兴时期：大学洋溢着人文精神 … 049

　第三节　18—19世纪：大学形成追求真理的科学精神 … 054

　第四节　20世纪以来：大学坚守着社会服务精神 … 059

第三章　西方大学精神之示例 ……………………… 063

　第一节　牛津大学精神 …………………………… 063

第二节　剑桥大学精神 ·· 070

第三节　哈佛大学精神 ·· 074

第四节　耶鲁大学精神 ·· 080

第五节　洪堡大学精神 ·· 085

第六节　莫斯科大学精神 ·· 091

第七节　东京大学精神 ·· 099

第四章　中国大学精神之沿革 ······················· 106

第一节　中国大学精神的孕育与萌生 ···················· 107

第二节　古代中国大学精神的形成与发展 ············· 110

第三节　近代中国大学精神的变革与交融 ············· 122

第四节　丰盈中国大学精神的书院 ······················· 125

第五章　中国大学精神之举隅 ······················· 135

第一节　北京大学精神 ·· 135

第二节　清华大学精神 ·· 144

第三节　南开大学精神 ·· 156

第四节　西南联大精神 ·· 166

第五节　复旦大学精神 ·· 177

第六节　厦门大学精神 ·· 186

第七节　香港中文大学精神 ···································· 194

第六章　新时代大学精神之要义 ·· 203

　第一节　大学科学精神 ··· 203

　第二节　大学人文精神 ··· 214

　第三节　大学学术自由精神 ··· 226

　第四节　大学批判精神 ··· 237

　第五节　大学创新精神 ··· 250

第七章　新时代大学精神之培育 ·· 259

　第一节　当代大学精神的式微 ··· 259

　第二节　大学精神培育的现实矛盾 ································· 266

　第三节　新时代大学精神培育的价值取向 ················· 271

　第四节　新时代大学精神培育的基本原则 ················· 289

　第五节　新时代大学精神培育的辩证关系 ················· 299

主要参考书目 ·· 304

后　　记 ·· 308

导　论

　　党的十八大以来,习近平总书记对传承红色基因、赓续精神血脉、讲好革命故事、培育时代新人,作出了一系列重要指示批示。在党的二十大报告中,习近平总书记强调"增强实现中华民族伟大复兴的精神力量","满足人民日益增长的精神文化需求","提炼展示中华文明的精神标识和文化精髓",要求"弘扬以伟大建党精神为源头的中国共产党人精神谱系,用好红色资源,……着力培养担当民族复兴大任的时代新人"。这一系列重要指示和战略部署,为我国高校传承、研究、弘扬和践行中华民族精神、中国共产党人精神和大学精神,培养德智体美劳全面发展的社会主义建设者和接班人,指明了前进方向,提供了根本遵循。同时,也为我们进一步研究、阐发、弘扬大学精神,培育、完善和践行新时代大学精神,确定了新理念、新视域、新路向和新境界。

一

　　何谓"精神"? 精神有何特征? 精神的意义和作用有哪些? 精神力量的伟大和威力如何?

　　一般来说,"精神"有三种含义:一是指人的意识、思维活动和一般心理状态;二是指表现出来的活力;三是指宗旨、要义、核心内容。简言之,精神是指个人或集体的精气神状态、意志力品质和生机活力。它是一种无形的东西，却有着强大的力量，正所谓"一点浩然气，千里快哉风"。

在中国古代，"精"和"神"最初是两个独立的概念。《黄帝内经》云："生之来谓之精，两精相搏谓之神，随神往来者谓之魂，并精而出入者谓之魄。"《淮南子·精神训》曰："精者，人之气；神者，人之守也。本其原，说其意，故曰精神。""精神"一直是中国几千年来从不同层面和视角争相论述的一个恒久话题，意涵丰厚，言约旨远。《吕氏春秋·尽数》曰："精神安乎形，而年寿得长焉。"《庄子·刻意》曰："精神四达并流，无所不极。"《史记·太史公自序》曰："道家使人精神专一，动合无形，赡足万物。"宋代王安石《读史》言："糟粕所传非粹美，丹青难写是精神。"鲁迅《汉文学史纲要》言："运笔极古雅，精神极流动。"诺贝尔生理学或医学奖得主伊丽莎白·布莱克本（Elizabeth H. Blackbum）认为，人延缓衰老的秘密是精神活动，"正念"使人保持年轻。可见，精神博大精深，精神气象恢宏。本书从哲学、伦理学、教育学、心理学、宗教学、史学、文学、生理学等多学科视角，从学理角度、价值诉求、历史流变、大学特性等多层面视域，客观地去追溯精神、理解精神、研究精神、阐发精神。

王阳明诗曰："人人自有定盘针，万化根源总在心。"这里的"针"，就是目标和精神。我们说，精神贵在"志""气"，即志贵高远，气贵雄浑。所谓"强者"，不是没有眼泪，而是噙着泪水依然锚定目标、提振精神，继续向前奔跑。一种"精神"，只有真正内化于心、外化于行、固化于制时，才能最大限度地彰显其社会价值和奋进动能。精神作为意识形态的一种表现形式和文化形态，拥有常讲常新、与时偕行的强大支撑力和推动力功能，具有承前启后、鉴往致远的时代传承弘扬意义，由此构成一种恒久的价值载体。正如1818年黑格尔在柏林大学的开讲辞中所慷慨陈词的那样，要"相信精神的力量……精神的伟大和力量是不可以低估和小视的"。①

---

① ［德］黑格尔.小逻辑［M］.贺麟，译.北京：商务印书馆，1982：36.

精神是发展力的源泉、价值观的诉求,是照亮黑暗、导引航向的灯塔,是人们对一定的思想观念、伦理道德、价值取向、文化习俗、审美旨趣等进行选择性继承、时代性丰富和创造性转化而形成的"意识形态产物",是人类求真、向善、尚美、创新的内在动力和文化精粹。马克思、恩格斯当年曾多次提到"希腊精神""日耳曼精神""法兰西精神"等,我们也经常谈到"延安精神""长征精神""雷锋精神"等。开国上将萧华在《长征组歌》中写道:"风雨浸衣骨更硬,野菜充饥志越坚。官兵一致同甘苦,革命理想高于天。"这种由理想信念凝聚而成的精神力量,是百折不挠和坚不可摧的。1956年,毛泽东在中共八届二中全会上说:"人是要有一点精神的,无产阶级的革命精神就是由这里头出来的。"这个"精神",是一种信念、一种意志、一种情怀、一种境界。如举世闻名、撼人心魄的"万里长征",红军那钢铁般的顽强精神和不屈不挠的极限人生,为后人树起了一座仰望生命巅峰的辉煌界碑。人无精神不立,国无精神不强。正如习近平总书记所言:"一个没有精神力量的民族难以自立自强,一项没有文化支撑的事业难以持续长久。"①就高等教育事业而言,大学精神亦复如此。

二

大学是什么? 大学有哪些特征? 大学的价值和使命有哪些? 大学与精神的关系怎样?

"大学者,大人之学也。"这是宋代著名理学家、儒学集大成者朱熹的诠释。"大学者,囊括大典、网罗众家之学府也。"这是北京大学"永远的校长"蔡元培的灼见。"所谓大学者,非谓有大楼之谓也,有大师之谓也。"这是清华大学的老校长梅贻琦的论断。"大学是探索各种知识的场所。"这是英国著名哲

---

① 习近平.在同各界优秀青年代表座谈时的讲话[N].人民日报,2013－05－05.

学家纽曼的理念。"大学是一个由学者与学生组成的、致力于寻求真理之事业的共同体。"这是德国著名教育家雅斯贝尔斯的名言。在英语中,大学(university)和宇宙(universe)、普遍性(universality)源于同一词根"univers",意指博大、普遍、广泛、全面、统揽,包罗万象,绵延不断。

在中国古代,"大学"有四个指向:一指"成人"教育;二指"大人"教育;三指"大学问";四指"大学校"。从大学的内涵与外延分析,现代大学可从广义、中义和狭义三个方面理解:广义的大学,泛指各种性质、各级各类的高等学校;中义的大学,是指能够实施本科及以上学历教育或学位教育的高等学校;狭义的大学,特指综合性大学。笔者曾在拙著《大学理念论纲》中写道:大学之"大",因有"大家"(思想解放、富有远见、敢为人先的大学校长)而谓大;因有"大师"(德高望重、造诣精深、诲人不倦的大学教授)而谓大;因有"大业"(校舍充足、设施先进、资料丰富的大学物业)而谓大;因有"大度"(囊括大典、网罗众家、学术自由的大学涵养)而谓大;因有"大雅"(尚德求真、校园文明、美化人生的大学氛围)而谓大;因有"大学生"(风华正茂、与时俱进、祖国栋梁的大学主体)而谓大。①

大学是人才的智慧源,大学是人生的加油站。大学时代,笔者曾废寝忘食地疯读了高尔基的《我的大学》,真真切切地受到了一次灵魂的穿刺和精神的洗礼,内心如雨后晴空般清新、明净、敞亮,尽管他的"社会大学"有别于我们的"学问之府"。大学之美,美的是静水深流;大学之圣,圣的是真理追求。大学是青春绽放的广场,大学是梦想飞翔的天堂。大学是一种兼容并包的思想,大学是一种穿越时空的光芒。大学是崇高道德的榜样和先进文化的方向,大学是一种精神能量和价值弘扬。大学一如既往地气度恢宏、胸怀宽广,名师荟萃、桃李竞芳,洋溢着一种大象无形的圣洁、神韵和灵光,"状似明月泛云河,体如轻风动流波",其性灵、风骨、志趣、情采、悟性贯通其中。置身于大

_____

① 韩延明.大学理念论纲[M].北京:人民教育出版社,2003:22 - 23.

学校园,颇有一种"蓬生麻中、不扶自直"的感觉,催人积极向上! 大学立德树人、阐扬学问、推进文明、教化社会,与生俱来地彰显着一种"独立之精神、自由之思想",被国学大师陈寅恪赞为"与天壤同久,共万世永光"。可以说,"谈笑有鸿儒,往来无白丁"的大学,本身就是一个"风从这里过,风也有墨香;云从这里过,云也有思想"的精神故乡。

大学里洋溢着智慧和学问,大学里充满着问题和辩论。大学书山高耸,叠翠峰峦曲径通幽;大学学海广阔,蔚然深秀浪涌激流。大学是培养人才的摇篮,大学是发展科技的源泉,大学是云集大师的圣地。大学是导引社会的灯塔,大学是精神文明的家园。大学是社会发展的加速器和动力站,大学是高新科技的孵化器和辐射源。大学,永远是莘莘学子一直心心念念的知识海洋和学术殿堂。正如美国著名教育家艾伦·布鲁姆所言:"大学是一个以理智为基石的国家的神殿……如果没有大学,所有理性生活的美好结果都会跌回原始泥泞中,永远不能脱身。"①

"大学之道,在明明德,在亲民,在止于至善。"这既是儒学经典《大学》的理念,也是文化圣地大学的精神。大学素有"社会之光""精神殿堂"之誉。大学的精髓在于"精神"。精神是大学的灵魂和血脉。大学之为大学,不仅在于其是一种客观存在,更因为其是一种精神存在。流芳百世的大学归功于其精神,名噪一时的大学也归咎于其精神。大学之所以经久不衰、能够承载历史的考量和淘洗,就是因为大学拥有历久弥新的精神特质,特别是理想、信念、价值、智慧、文明、进步、修养、境界等精神要素。大学就是一座桥梁,每一个从这座桥梁上经过的人,都被其注入了人类文明的新鲜血液,又带着这种血液走向未来,去谱写人类历史的新篇章,这就是精神的传承与超越。精神使大学敢于迎难而上、敢于挑战权威、敢于捍卫真理和正义、敢于领先时代和世界。即使是闻名遐迩的大学,也只有在精神上达到一定的高度和强度时,才

---

① 《大学活页文库》(第1辑)[M].上海:华东师范大学出版社,1998:11-13.

能在历史的滚滚洪流中巍然屹立、勇毅前行。否则,只能是一种"失去灵魂的卓越"。

　　教育就是解放人的心灵、点燃人的精神的火焰。真正的大学教育,不是声嘶力竭地去追风头、赶潮流,而是始终聚焦全面提高人才自主培养质量,注重学生精神世界的充盈、丰满和完善。正如叶澜先生所言:"教育是直面人的生命、通过人的生命、为了人的生命质量的提高而进行的社会活动,是以人为本的社会中最体现生命关怀的一种事业。"①大学至今经世独立而历久弥新,其令人肃然起敬的原因之一,乃在于其追求人文、追求科学、追求创新的精神和追求至真、追求至善、追求至美的精神。正如清华大学原校长刘达在清华大学80周年校庆时所说:"如果有人问我,你最留恋清华的是什么? 我会毫不犹豫地回答,我最留恋的就是清华的精神。一种百折不挠、追求真理的精神,一种严谨、勤奋、求实、创新的精神,一种自强不息、奋发向上的精神!"②

三

　　什么是"大学精神"? 如何表述广义与狭义的大学精神? 大学精神具有什么功能? 大学精神与时代精神的关系如何? 研究大学精神的意义何在?

　　何谓"大学精神"? 对大学精神的界定,目前也是取向多维、莫衷一是:有的人从学理概念界定,有的人从价值视角界定,有的人从发展过程界定,有的人从事物特性界定,不一而足。借鉴诸家观点,笔者认为,所谓大学精神,就是大学在长期的办学过程中积淀形成的动力系统、意志品质及其价值体系。换言之,大学精神就是一所大学在自身生存和发展中积淀融通而形成的师生广泛认同、自觉践行、世代传承的价值观念体系和群体自我意识,是国家意志、社会趋势与学人精神相互融合的结晶。大学精神是大学安身立命之本、

---

① 叶澜,郑金洲,卜玉华.教育理论与学校实践[M].北京:高等教育出版社,2000:136.
② 清华大学《刘达纪念文集》编辑小组.刘达纪念文集[M].北京:清华大学出版社,1996:260.

校园文化之根,是推动大学健康发展的内在精神力量,既体现了大学独特的办学理念、个性气质、时代特征、道德水准和文化品位,又体现了师生共同的理想信念、价值追求、精神风貌、行为守则和行动指南。作为高校生存与发展的根基和命脉,大学精神既是大学人学识、睿智、方略、创新等要素的多重集成,也是大学人品德、才能、胸襟、眼界等特质的内在综合,更是大学人精神力量和人格力量的具体彰显,构筑了大学人的精神家园,濡染了大学人的精神本色。这里的"大学人","不是宏大叙事语境下被祛魅的抽象人、概念人、泛化人,而是复魅后有血肉、有感情的具体人"。① 大学精神之于大学,正如土壤、空气、阳光、水分之于植物一样,是其生存、生长的基本前提。

大学精神有广义和狭义之分,广义的即一般的大学精神,指各类大学所普遍拥有的相对稳定的群体心理定式和精神状态;狭义的即个别的大学精神,是一所大学在长期的教育实践中积淀的特定的校园精神的人格化和个性化,是最富典型意义的精神特征。我们崇尚的"北大之创新,清华之严谨,南开之笃实,浙大之坚韧",便是人们对这些国内著名学府所特有精神的高度概括。

大学精神,既潜藏于大学之中又弥漫于大学之外,既可内化为大学的操守和观念,又可外化为大学的实践和贡献,是大学感召力、生命力、创造力的源泉。作为德性和理性的凝聚之所,大学精神具有激励、导向、陶冶、感化、辐射、矫正、规范、拓展、创新等功能。它既是大学引人入胜的魅力所在,也是大学持续发展的动力,还是大学竞合创新的潜力。大学精神生成于厚重的办学传统、独特的文化根脉和强大的培植主体,见证了大学基因的赓续传承,赋予大学以生命、气质、活力,并映照其历史传统、观念形态、社会声誉、人际关系、师生心态、校风校貌和学校个性化特色。中国大学精神传承的是中华民族优秀文化的价值诉求,能够穿越时空,是大学与时俱进、历久弥新的动力之源。

大学精神与时代精神互补共融、同频共振,在人类社会发展、文化传承、文明进步中共同发挥着精神引领和价值感召作用。二者的融汇共进,既为时代精神的革故鼎新和自我完善提供了理性参照,也为大学精神的与时俱进和自我精琢提供了全局视野。对此,本书在《大学精神之解析》一章中进行了宏观论述。首先,大学精神是时代精神的体现,能够助推、丰富和拓展时代精神。大学精神对时代精神具有前瞻作用、驱动作用、导向作用、辐射作用、省察作用和修正作用,是构筑中国精神、中国价值、中国力量、中国气派不可或缺的宝贵资源。其次,时代精神是大学精神的底色,能够滋养、引领和感召大学精神。时代精神具有集体性、综合性和共识性等特征,具有强劲的号召力、推动力和价值统摄力,是大学精神的价值准线和德性标准。就群体维度而言,时代精神反映了一个民族或国家的精神风貌、文化属性和发展活力;从个体维度来说,时代精神具有重新塑造和优化社会成员精神结构、文化品性、价值观念的力量。时代精神的本质是与时俱进,要义是开拓创新,特征是充满生机。时代精神中所蕴含的以人为本的发展理念、崇尚科学的理性精神、民主法制的责任意识、和而不同的包容品质以及公平正义的价值观念,对大学精神具有文化引领和社会感召作用,以不同的方式浸润、规约和导引着大学精神。再次,大学精神与时代精神相得益彰、同频共振,共同指向构建、巩固与完善美好社会的目标。时代精神提供了建设美好社会的总体构想、价值导向、精神风貌和行动方案,大学精神提供了建设美好社会所必需的高端人才、高新科技、知识创新和精神的传承与发扬。党的二十大报告强调,要"在全社会弘扬劳动精神、奋斗精神、奉献精神、创造精神、勤俭节约精神,培育时代新风新貌"。这些"精神",在大学精神中多有体现。

为什么要研究大学精神? 笔者认为,深入研究大学精神,对于消解学术资本主义、学术功利主义等思潮对新时代大学健康发展的冲击,对于推动世界一流大学和一流学科建设,对于促进高等教育高质量发展,具有重要的理论意义和现实意义。就其理论意义而言,本书一是从多学科视角对大学精神进行多维度研究,坚持"纵向深入"研究与"横向拓宽"研究相结合,避免了仅从教育学科单一研究的局限性,促进了学科交叉与融合,拓展了大学精神的研究范式;二是将大学精神的研究置于社会的大背景之中,凸显了大学精神的价值理性,阐明了大学精神与社会政治、经济、文化、科技、教育等的相互关系,从而能够深入剖析社会发展对大学精神的深刻影响,并不断丰富和完善大学精神的理论体系。从其现实意义来说,本书一是通过对大学精神的系统阐释,能够影响和规范大学的办学行为,矫正大学办学过程中存在的价值偏差,避免由于过分崇尚工具理性所导致的资本化、功利化、官僚化和媚俗化倾向,进而提升大学的核心竞争力和人才自主培养能力;二是对涵养和培育新时代大学精神的研究,强化了大学精神的育人价值,有助于传承、丰富、弘扬和践行新时代大学精神,使大学的精神价值与时代的文明发展融会贯通,促进大学卓有成效地"坚持中国特色、世界一流大学建设目标方向,为服务国家富强、民族复兴、人民幸福贡献力量"。

四

西方早期大学建于何时?西方大学精神的发展进程和阶段特征如何?世界一流名校之大学精神的内蕴和成因怎样?西方大学精神对全球大学精神有何影响?

社会存在决定社会意识。物质决定精神,而精神又能动地反作用于物质。大学精神具有可感性、可塑性、可培育性、可传承性、可发展性和可转化性。历史是精神发展的根基。大学历史从哪里开始,大学精神就从哪里产生。沿着大学历史发展的轨迹探寻大学精神的演进,这是理解大学精神的"秘钥"。我们要从"历史的大学精神"中领悟"大学精神的历史",从"沉淀的大学历史"中探寻"大学历史的沉淀",由此而深刻理解这些精神所共有的价值取向和生成渊源,拥抱从那历史深处穿透而来的精神之火和信念之光,矢志不渝地继承、宣传、弘扬和践行大学精神,坚守大学这块信仰高地和精神家园。大学源于西方,大学精神也肇始于西方大学。法国人类学家列维-布留尔认为:"每个图腾都与一个明确规定的地区或空间的一部分神秘地联系着,在这个地区中永远栖满了图腾祖先的精灵。"①大学是遗传与环境的产物。任何得以流传后世、蔚成风气的大学精神,无疑都是其历史基因与时代脉动完美结合的成果。

抚今追昔,大学源远流长。大学的发展不是一种静态的空间呈现,而是一个动态的展开过程。回眸大学精神的生成、发展历程,亦是一个由浅入深、由表及里的不断认识、阐发和完善的过程。在此过程中,既有学理层面对大学精神内涵去粗取精的挖掘和提炼,也有实践层面对大学精神内涵与时俱进的丰富和彰扬。

在西方,古代大学有公元前200年左右古希腊创立的雅典大学,而后兴起的还有拜占庭大学和阿拉伯大学等。近代大学滥觞于欧洲中世纪,其标志是意大利的博洛尼亚大学的建立,它还被称为"世界大学之母"。博洛尼亚大学始建于公元1088年(罗马帝国时期),迄今已有900多年的历史。在1988年由400多所欧洲大学校长共同签署的《欧洲大学宪章》中,博洛尼亚大学被正式宣称为"欧洲所有大学的母校"。其后建校的是英国的牛津大学,西班牙的萨拉曼卡大学,法国的巴黎大学,英国的剑桥大学,意大利的帕多瓦大学,法国的蒙彼利埃大学,葡萄牙的科英布拉大学,奥地利的维也纳大学,德国的海德堡大学、哥廷根大学。而美国最早的大学——哈佛大学建于1636年。据说,第二次世界大战激战期间,纳粹德国元首希特勒曾下达了一条命令:德国空军在轰炸英国本土时,决不能轰炸牛津大学和剑桥大学;与此相回应,英国首相丘吉尔也严令其空军,决不能轰炸德国本土的海德堡大学和哥廷根大学。是否确有此事尚待考证,但至少说明了这4所欧洲古老的大学在世人心

---

① [法]列维-布留尔.原始思维[M].丁由,译.北京:商务印书馆,2017:95.

目中的神圣地位。

　　西方大学自诞生之日起,就一直致力于大学精神的培育、积淀、发展和丰富,对世界各国大学精神的发展影响深广。作为西方学者的一种学术行会组织,作为现代大学的直接策源地,中世纪大学如意大利的博洛尼亚大学和萨莱诺大学,法国的巴黎大学以及英国的牛津大学和剑桥大学等,一直在与教会和王国的不断抗争中维护着学术主体的基本权利,充盈着学术自由精神,形塑着大学的精神品质与价值追求,成为追求真理的学术殿堂。文艺复兴时期的大学,较有代表性的有意大利的帕多瓦大学、西班牙的萨拉曼卡大学、波兰的雅盖沃大学、丹麦的哥本哈根大学、德国的莱比锡大学等,均彰显着人文主义的价值旨趣和个性化特征。特别是由国家或教会新建的一些大学,其人文主义精神日渐凸显。博雅教育、古典教育和人文研究勃兴,艺术和雄辩术等的繁荣,推进了人文主义教育在大学的广泛开展,同时促进了科学人文主义教育的兴起,对西方科学复兴运动和科学世俗化变革产生了积极的推动作用,使大学的理念、内涵、学科、机构、机制更加人性化、人本化、人文化,为近现代高等教育机构的形成和发展奠定了基础。18—19世纪的大学,逐渐锤炼并生成了追求真理的科学精神。尤其是进入19世纪之后,随着国家力量的愈益强大和教会势力的日渐弱化,大学终于在某种程度上摆脱了教会的控制和干扰,在德国柏林洪堡大学的引领下,实现了国家本位与学术本位的有机结合。大学在"教学与科学研究相统一"的氛围中宏图大展,教师的探究式教学与学生的个性化学习得以凸显,讲座制、导师制、学院制、学分制、推荐制、奖助学金制等应运而生,沙龙、论坛、研讨会、实验室、图书馆等成为师生向往的"圣地"。大学通过各种形式积极开发科学课程,科学精神在大学日益深入人心,科学教育成为时代的强音。20世纪以来,伴随着大学通过人才培养和科技服务等途径为社会发展和人类进步服务所日益凸显的社会价值,特别是美国威斯康星大学因广泛服务社会而形成的"威斯康星思想",打破了大学的传统封闭状态,促进了当地社会和经济发展,大学越来越受到国家和社会各界的重视,逐渐由社会的边缘走向社会的中心,直接服务社会发展成为大学精神的要义。这主要体现在三个方面:一是大学教育的职业性、技术性、应用性、大众化日渐彰显;二是大学与产业、市场、政府、社会的联系愈益密切;三是大学科研成果的推广与应用更加突出。

本书除在《西方大学精神之演进》一章中探索了西方大学精神的孕育形成和历史进路之外,还专列了《西方大学精神之示例》一章,对部分世界一流大学的精神——牛津大学精神、剑桥大学精神、哈佛大学精神、耶鲁大学精神、洪堡大学精神、莫斯科大学精神、东京大学精神等的内蕴和成因进行了深入分析和系统论述。通过梳理上述世界名校的大学精神,我们深刻地认识到:西方大学精神是主观与客观相互作用的产物,是伴随着社会的政治、经济、科技、宗教、文化和教育等的不断发展变化而逐渐形成、积淀和演进的一个动态性概念,是在长期的大学办学实践中总结、凝练和提升出来的理论系统或观念体系。这也与人们不断深化对大学教育思想和大学基本职能的认识密切相关。

五

中国早期大学建于何时? 中国大学精神的发展进程和阶段特征如何? 中国著名学府之大学精神的内涵与表征、源流与生成如何? 中国大学精神与中华优秀传统文化的关联度如何?

“欲知大道,必先为史。”中国的大学精神除受到西方大学的影响外,更有深刻的中华民族优秀传统文化的烙印。纵观中国教育发展史,中国大学同样在其自身发展和社会发展的长期历史积淀过程中孕育形成了厚重的大学精神。列宁曾指出:“不要忘记基本的历史联系。考察每个问题都要看某种现象在历史上怎样产生、在发展中经历了哪些主要阶段,并根据它的这种发展去考察这一事物现在是怎样的。"①一所大学的精神追求,必然会通过其薪火相传的民族文化和教育来传承。因为这是"基本的历史联系",亦是大学精神形成发展所经历的"主要阶段"。

在中国,古代大学如果追溯到公元前 2000 多年中国虞舜时代的"上庠",历史就久远了,"上庠"即指"古代的大学"。《礼记·王制》曰:"有虞氏养国老于上庠,养庶老于下庠。"郑玄注:"上庠,右学,大学也。"此后,夏朝的东序,商朝的瞽宗,周朝的辟雍,战国时代的学宫,秦汉的太学,隋朝的国子寺,均为当时位于京师的最高学府。唐朝的国子监,有固定的师资、学生、校园、假期、校长(祭酒),学生可选修课程,优异者可提早毕业,后来还增设了研究生部,"各学皆立博士",其看上去基本具备了近现代大学的大部分"要件"。后代出现的一些著名书院,如唐代的丽正书院、集贤书院等,宋代的白鹿洞书院、岳麓书院等,明代的晋阳书院、三立书院等,清代的梅溪书院、两湖书院等,也具有"大学"的某些性质、制度等。英语的 university、法语的 université、德语的universität 引入我国时,早期就被翻译为"书院",后来才统一改称"大学"。

中国大学与大学精神的近代嬗变,与清代初期、中期、晚期不同的政治变革、文化革新和学人的思想认知、治学理念密切相关,大致可分为三个阶段:17 世纪清代初期为经世阶段;18 世纪清代中期为求实阶段;19 世纪清代晚期为求变阶段。中国第一所现代大学肇始于 1895 年由盛宣怀奏议、光绪帝准办的天津中西学堂,1903 年更名为北洋大学(今天津大学);而 1898 年创办的京师大学堂,则是国人在变法维新、西学东渐背景下知耻后勇、救亡图存而建立的第一所国立综合性大学,1912 年改称北京大学。上海交通大学(原名南洋公学)建于 1896 年,其他的历史超过百年的大学还有北京师范大学、复旦大学、同济大学、清华大学、南开大学、厦门大学等,寥若晨星。

对此,本书以《中国大学精神之沿革》为专章,从历史流变、知识传承和大

---

①　中共中央马克思恩格斯列宁斯大林著作编译局.列宁选集(第 4 卷)[M].北京:人民出版社,1995:26.

学文化的视角,以中国大学精神的孕育与萌生、古代中国大学精神的形成与发展、近代中国大学精神的变革与交融三个阶段,追溯了中国大学精神的生成与进路,识读了中国大学精神的本质与价值,梳理了中国大学精神的影响与取向。同时,对饱含中国学人之君子人格、文化品格、治学风格和精神风貌的书院精神进行了考察与分析。在此基础上,本书又专列《中国大学精神之举隅》一章,对国内著名高等学府的精神——北京大学精神、清华大学精神、南开大学精神、西南联大精神、复旦大学精神、厦门大学精神、香港中文大学精神的内涵与表征、源流与生成进行了认真的探讨。

通过梳理上述大学精神,我们深刻认识到:中国大学精神源远流长。而中国传统文化中的仁、义、礼、智、信,忠、恕、孝、悌、勇,温、良、恭、俭、让,宽、敏、惠、韧、勤,以及党的二十大报告中提到的中华优秀传统文化——天下为公、民为邦本、为政以德、革故鼎新、任人唯贤、天人合一、自强不息、厚德载物、讲信修睦、亲仁善邻,都是具有人类共同价值的宇宙观、天下观、社会观、道德观、教育观的思想基础和理论基石,都是中国各个历史时期大学精神形成与发展的民族血脉和文化根脉。其中,儒学经典成为中国大学精神的逻辑起点、理论原点、历史支点和实践基点。1988 年,全球诺贝奖得主在法国巴黎聚会并发表宣言,其中说如果人类要在 21 世纪生存下去,必须回首 2500 年,去吸取孔子的智慧。这里所说的“孔子的智慧”,就是指以儒家文化为代表的博大精深的中华优秀传统文化。

具有深厚传统文化底蕴和鲜明时代文化特征的中国大学精神,是中华优秀传统文化的有机组成部分,但“‘传统’不是一个已经凝结成型的实体,而是流动于过去、现在并通向未来的一个‘过程’。它是隐存于文化系统内部并支配文化构架得以相对稳定的基本精神”。① 特别是晚清之后中国新文化运动的兴起、马克思主义的传播、五四运动的爆发和民主与科学精神的高扬,陶铸

---

① 魏建,贾振勇.齐鲁文化与山东新文学[M].长沙:湖南教育出版社,1995:39.

了中国大学的文化品性和进取精神,为中国大学精神的更新和完善带来了新的生机与气象,并逐渐生成了具有时代特色的新兴的大学精神。

六

新时代大学精神有何特点?新时代大学精神体现在哪些方面?新时代大学精神的价值是什么?如何培育新时代大学精神?新时代怎样研究和践行大学精神?如何使新时代大学精神既"顶天"又"立地"?这是我国新时代大学面临的重要课题和时代命题。对此,本书在《新时代大学精神之要义》和《新时代大学精神之培育》两章中进行了探讨和论述。

国务院《统筹推进世界一流大学和一流学科建设总体方案》明确提出,要形成推动社会进步、引领文明进程、各具特色的一流大学精神和大学文化。塑造、凝练与涵育理念先进、个性鲜明的大学精神,是一项长期、繁复、艰巨的系统工程。新时代大学精神的培育,亦是一个不断积淀、发展、完善的过程。马克思说过,人既是历史的剧作者,也是历史的剧中人。探寻"历史现场",从来都离不开"当代性"的意涵,因为历史既是时间的流逝也是精神的聚光。对大学人而言,"铭记历史"这个词,已经不是简单地对过去的回忆和纪念,而是化作了一种精神,一种生生不息、代代相传的精神,一种激励大学人自强不息、厚德载物、开拓创新、止于至善的伟大精神。这种精神体现了坚定的办学理念、坚厚的师德修为、坚实的奉献精神、坚强的意志品质和坚韧的责任担当。

我国新时代大学已在"贯彻新发展理念""构建新发展格局"中,迈入高等教育普及化新阶段。据教育部 2023 年 3 月 23 日发布的《2022 年全国教育事业发展基本情况》,2022 年全国共有高等学校 3 013 所,各种形式的高等教育在学总规模 4 655 万人,高等教育毛入学率 59.6%,已经步入高等教育普及化阶段,并将逐渐进入普及化深度发展阶段。较之以往,新时代大学在奋进新征程中服务国家战略的使命显得更为紧迫,肩负的建设高等教育强国的重任更加切实。俯瞰当今世界,精神力量愈益成为评价一个国家软实力的关键要素。正如习近平总书记所言:"我们要建设的社会主义现代化强国,不仅要在物质上强,更要在精神上强。精神上强,才是更持久、更深沉、更有力量的。"①

关于新时代大学精神的表达,迄今依然众说纷纭。大学精神具有丰厚的内涵和宽阔的外延,这使得人们对大学精神之要义的阐释见仁见智。融合各家诸说,笔者认为,新时代大学精神,主要包括大学科学精神、大学人文精神、大学学术自由精神、大学批判精神和大学创新精神等各具特质又彼此联系、既独树一帜又相得益彰的诸多方面。具体说来,大学科学精神,主要体现为追求真理、深化科研、推进科技成果转化与应用的探索精神及科学与人文相协调相融通的大科学精神;大学人文精神,主要指大学重视人的价值、张扬人的理性、强化通识教育、促进人的全面发展,以及追求大学文化、校园民主与社会进步、促进人文教育与科学教育深度融合的大人文精神;大学学术自由精神,主要指大学在履行社会责任、遵守教育法规和实施大学章程基础上的相对的教学自由、学习自由、研究自由、言论自由和享有一定的办学自主权的精神;大学批判精神,主要指大学坚持以追求真理为标准,对文化知识和有关社会问题进行理性的审视、评判、建言、导向,以坚守道义、捍卫良知、培养学生批判性思维、对社会负面现实进行理性反思和价值重构、引领先进文化风尚和社会文明发展的精神;大学创新精神,主要指大学通过创造性转化和创新性发展在传承和创新文化、研究和发展科学、培育人才及服务社会过程中所体现的鲁迅先生所说的那种"常为新""常向上"精神。这五种精神,本书在《新时代大学精神之要义》一章中分别进行了论述。

上述新时代大学精神,饱含着丰厚的道德分量、理论含量、活动能量和意志力量,既能固本强基又能凝心聚力,既能仰望星空又能密接地气,既有历史的穿透力又有创新的引领力,既凝结着人类的精神能量又彰显着时代的责任

---

① 习近平.在纪念五四运动100周年大会上的讲话[N].人民日报,2019-05-01.

担当,能够进一步增强全校师生员工的理念认同、情感认同、价值认同和行动认同,为大学基因赓续和大学文化建设提供原生态信息和原创性密码,由此而形成一所大学具有聚合性、标志性、引领性的前进旗帜和航行灯塔,催人奋进,弥足珍贵。正所谓"绿我涓滴,会它千顷澄碧"。

新时代大学精神的价值是育人。对此,理应牢记《老子》中的名言:"不失其所者久。"新时代大学精神是一种有底蕴、有情怀、有活力、有境界的大学文化传承,是大学文化的深层结构要素,是教师师德师风与学生品行学风的高度契合,是全校师生员工共同创造和认同的文化价值与道德价值取向的集中体现。教育之为教育,就在于对人的文化传承、精神引领和心灵唤醒而形成的连续的价值光谱,在涵养学生中使"沙粒变成珍珠""石头化作黄金",让"枯枝展出鲜果""沙漠布满森林",这是万世长青的大学精神之树。新时代大学精神是一所大学独有的血肉、筋骨和动力系统,是一种流动的、进取的、暖人的、深远的文化形态,是新时代大学天空中猎猎飘扬的文化风景和璀璨绽放的精神图腾,是一种永不歇息的历史传承。大学精神不仅蕴藏着大学"从哪里来"的精神密码,而且树起了大学"到哪里去"的精神路标。人人上进,事事能修,明德悟道,斯为大学。有学者曾尖锐指陈了个别大学生中严重存在的"精神荒芜"现象:"精于科学,荒于人学";"精于电脑,荒于人脑";"精于网情,荒于人情";"精于商品,荒于人品";"精于权力,荒于道力"。[①] 这确实切中了时弊!文化素质的核心是人文素质,人文素质乃做人的素质。新时代大学要站位高远、精神饱满,卓有成效地"为党育人、为国育才",提升人的生命价值。要培养大学生成为理想远大、热爱祖国的人,成为追求真理、勇于创新的人,成为德才兼备、全面发展的人,成为视野开阔、胸怀宽广的人,成为知行统一、脚踏实地的人,使其做到"为天地立心,为生民立命,为往圣继绝学,为万世开太平"。因此,培育新时代大学精神,是我国新时代大学实现高质量发展、培

---

① 杨叔子.人文教育 现代大学之基——关于大学人文教育之我感与陋见[J].南京农业大学学报(社会科学版),2001(1):67-68.

养创新型人才、冲刺世界教育高地，全面建设中国式现代化、创造人类文明新形态、实现中华民族伟大复兴的职责所在、动能所为、使命所系。

培育新时代大学精神，要坚持传承与创新相结合、共性与个性相结合、适应与超越相结合、本土化与国际化相结合的基本原则；要处理好高等教育目的与市场经济目的、高等教育规律与市场经济规律、服务社会发展与守护大学品格、学校生存质量与教师生命质量，以及规模、结构、质量、效益的辩证关系；要认识并解决好大学的独立性与依附性的矛盾、学术性与功利性的矛盾、学术权力与行政权力的矛盾、科学教育与人文教育的矛盾；要确立新时代大学精神培育更加凸显人文关怀、科学理性、文化自觉、创新意识的价值取向；要增强新时代大学的文化自省、文化自为、文化自信和文化自强意识；等等。

培育新时代大学精神，要高度重视校训、校歌、校史、校风（教风、学风、工作作风）的提炼、宣传、丰富和完善工作，并不断赋予其新的时代内涵，充分发挥其导向和激励作用。同时，作为大学独有的文化生态，大学中具有历史价值和传承意义的校园物质文化景观，承载了浓郁的大学精神元素，对我们培育新时代大学精神亦至关重要。而一所知名学府独树一帜的精神品格，往往浸透和附着在大学校园内各种物质文化载体及其行为主体身上，从而使人无时无刻不在切实感受到其存在，以及由其透射、激越和升腾出来的那种独特的校园感染力、凝聚力、号召力和生命力。同时，要形成较为全面的大学精神文化基因库，加强对国内外大学精神文化各类数据指标的长期跟踪和收集，保存各大学在不同历史时期的精神文化表征，为研究大学精神文化历史演进提供有力支撑。①

培育新时代大学精神，大学人要义不容辞地承担起大学精神创造者、传承者、诠释者、弘扬者和践行者的角色职责。大学精神实质上是"大学人的精神"。雅斯贝尔斯将"生命的精神交往"定为大学的使命，是颇有见地的。北

---

① 吴朝晖.新时代中国一流大学精神建构研究［J］.中国高教研究，2019（10）：18.

大、清华何以成为国内著名学府？哈佛、牛津缘何被誉为世界一流大学？无疑与其多年积淀的博大恢宏、兼容并蓄的,文理科神形交融、教学与科研同构兼济之学术精神和校园文化传统息息相关。大学校园中那种如影随形、潜移默化的文化氛围,犹如齐白石的水墨画,着墨的地方是画,耀眼夺目；留白的地方也是画,意味悠长。大学人是大学精神的"培植主体",在创造精神的同时也被精神所塑造。所以,大学人要时刻保持清醒和坚定,坚决遏制当今一些不良现象对大学精神家园的侵蚀,使大学真正找回其"卓越的灵魂",回归其"诗意的家园"。

培育新时代大学精神,大学要引导师生大力弘扬科学家精神,即胸怀祖国、服务人民的爱国精神,勇攀高峰、敢为人先的创新精神,追求真理、严谨治学的求实精神,淡泊名利、潜心研究的奉献精神,集智攻关、团结协作的协同精神,甘为人梯、奖掖后学的育人精神。新时代大学理应踔厉奋发、挺膺担当,以"科学家精神"为动力和引领,积极响应习近平总书记的号召,在石油天然气、基础原材料、高端芯片、工业软件、农作物种子、科学试验用仪器设备、化学制剂等方面关键核心技术上全力攻坚,瞄准人工智能、量子信息、集成电路、先进制造、生命健康、脑科学、生物育种、空天科技、深地深海等前沿领域。同时,新时代大学要坚守文化立场,强化价值认同,建设精神高地,聚焦新发力点、培育新增长点,促进教育链、专业链、人才链与产业链、创新链、就业链的有机衔接,"确保精神之光不断闪耀",永葆大学生命之树常青。总之,新时代大学应以超常的竞争意识和创新精神,融合时代使命、国家责任和社会需求,在服务国家重大发展战略中爆发出超强能量。

新时代研究和践行大学精神,我们理应从大学精神发展的百年纵贯和多维延展上,深入研究大学精神的独特理性内蕴和鲜明理论特质,探讨大学精神的意义输出、物化叙事与学理意涵,为传承大学基因、弘扬大学精神奠定理论支撑。同时,在新智媒发展的语境下,我们还要充分利用新时代新的介质载体、元素组合与传播链条,深入理解大学精神的本质内涵、生成基础和价值诉求,不断创新宣传弘扬大学精神的形式、载体和路径,积极推进大学精神理论研究的学术化转型,建构研究大学精神的话语体系和学术体系,并深入探讨践行大学精神应用研究的可行性路径,搞好大学精神的落地对接和研究成果转化,让大学精神真正融入血脉、注入文化、走入生活、深入人心,成为新时代新征程全面建设中国式现代化、实现中华民族伟大复兴的强大精神动力。

古人云:"躬行为启化之源。"大学精神作为一种主观层面的产物,其本源在于实践,同时又反作用于实践,并在实践中淬炼,其"伟力"在于既"顶天"又"立地"。大学精神不能只是写在文件上、刻在墙壁上、拓在石碑上,置于校园显要处让师生员工观赏,而更需要全校师生员工领悟其文化真谛和理性哲思,大力弘扬与践行大学精神。而今,全面建设中国式现代化的奋斗目标和中华民族伟大复兴的强烈追求,对新时代大学的人才培养、科学研究、社会服务、文化传承和国际交流与合作提出了更高的标准和要求。新时代大学要大力弘扬中国共产党人精神谱系,"让红色基因注入血脉代代相传",高质量建设以大学理念、大学精神、大学校训、大学章程、大学传统等为主体的大学文化,构建和谐健康的文化生态、学术环境和精神高地,为激发和提升大学师生的创新意识、审美能力、文化素养和道德行为提供精神动力,使大学求真求善地适应社会、服务社会,求新求变地评判社会、引领社会。面对当今世界大学日益凸显的治理现代化、质量多样化、信息数字化、培养个性化、学习终身化、教育国际化等特征,新时代大学要主动积极地对大学精神进行创造性转化与创新性发展。就其时间而言,"创造性转化"主要是着眼过去,"创新性发展"主要是面向未来;从其空间来说,"创造性转化"主要是将大学精神在中国大学文化系统之内进行反思与重构,"创新性发展"主要是将中国大学精神纳入世界大学精神坐标之中进行互鉴与更新。这既是新时代我国大学肩负的历史使命、政治责任和发展机遇,也是大学精神理应产生的一种强大动能、时代命题和精神力量。

七

本书如何研讨大学精神？撰写过程中注重了哪些方面？遵循了何种要求？本书撰著期间有哪些基础性的研究成果？笔者有何感悟和体会？

"活在当下，一念生花。"此"念"即指理念和精神。由于近些年人文精神与科学精神的失衡、办学理念与市场经济的碰撞，大学精神也有些黯然失色甚或悄然失落。我们常听说延安精神、"两弹一星"精神、雷锋精神、脱贫攻坚精神，却很少听到作为"人类精神家园"的大学讲大学精神。因此，追寻大学精神，研究大学精神，培育大学精神，塑造大学精神，是激励和推进大学高质量发展的需要，也是锻铸和升华大学理念与大学文化的需要。

本书从解析精神和大学精神入手，在探析西方大学精神之演进及示例、中国大学精神之沿革及举隅的基础上，阐发了大学精神的意涵、内容、特征、功能及其与时代精神的关系，论述了新时代大学精神的要义、培育、弘扬与践行策略。本书对大学精神的研讨，既注重从实践上论述大学精神的创造主体、内生动力、深刻内蕴和发展历程，又注重从理论上阐发大学精神的内在机理、生成逻辑、鲜明特质与变革进路；既注重言简意赅地揭示相关的概念、术语、命题、属性、逻辑、视域等，也注重深入浅出地明确特定的时空、本体、种差、类属、背景和前景等；既有学理层面对大学精神内涵去粗取精、由浅入深的挖掘和提炼，又有实践层面对大学精神传承与时俱进、知行合一的丰富和彰扬；既注重从感性到理性的理论认知的深化与跃升，也注重从拓展到还原的历史时空的回归与融通；既注重从外化到内化的由表及里的濡染与交融，也注重从认识到认同的由知情到意行的熏陶和化育，从动因和成因上深度揭示了大学精神的特质、实质和本质，深刻阐明了大学精神形成的精神原点、逻辑起点和实践基点。

当然，同样一个问题，同样一个事物，从不同的角度观察和思考，也会得出不同的答案和论断。比如一杯茶，佛家看到的是禅，道家看到的是气，墨家看到的是器,兵家看到的是计,儒家看到的是礼,商家看到的是利,而对一个干渴的人来说,看到的只是一杯解渴的水。对大学精神的理解和阐释也是如此。本书内容只是作者的一种肤浅的认识和粗浅的分析,是"一隅之说""一管之窥""一孔之见"。不妥之处,敬请大家批评指正。

在撰写《大学精神论要》过程中,我们力图通过深入挖掘、研究、诠释和传承大学精神,为进一步丰富、完善、升华和弘扬新时代大学精神提供些许新视域、新阐释、新路向,让大学人带着信仰、带着信念、带着信心去领悟和传承大学精神,带着感情、带着感悟、带着感动去弘扬和践行大学精神,让大学精神的宣传教育更加广泛化、常态化、艺术化、现代化。我们也尽力探寻大学精神与师生思想的结合点、与教育教学的切入点、与大学发展的契合点和立德树人的落脚点,以便使师生在弘扬以爱国主义为核心的民族精神和以改革创新为核心的时代精神中传承弘扬大学精神,将大学精神由精神形态蝶变为实践形态、升华为价值形态、转换为创新形态,让大学精神在落实、落细、落小、落成中磨砺并放射出更加璀璨的时代光芒。

鉴于各种原因,本书从酝酿到诞生经过了十几年的岁月,但在断断续续、心心念念的撰著过程中,笔者也获得了不少资料和信息,开阔了视野和思路。结合资料搜集和书稿进展,笔者分别对有关大学精神方面的专题进行细化研究,这为撰著本书奠定了良好的学术基础。本书作者韩延明先后撰写发表了《塑造大学精神与强化做人教育——创建一流大学的题中应有之义》(《求是》)、《论高等教育面向市场背景下大学精神的铸就》《强化大学文化育人功能》《当代大学学术自由的理性沉思》《论"教授治学"》(《教育研究》)、《论大学文化的构建》(《北京大学教育评论》)、《我国现代大学文化的价值取向》《学风建设:大学可持续发展的永恒主题》(《高等教育研究》)、《校训:培育大学生社会主义核心价值观的沃壤》《新时代大学质量文化探要》(《中国高教研究》)、《论教育正义的三重境界》《我国大学教学文化建设探析》(《大学教育科学》)、《论大学≠……》(《江苏高教》)、《论大学精神》(《山东高教》)、《大学理念及其相近概念辨析》(《教育发展研究》),《为实现民族复兴伟业提供强大精神动力》(《光明日报》)等文章。本书作者郭峰发表了《大学自我批判精神重塑》《全球化时代大学国际理解教育策略构建》(《教育研究》),《如何为教授治学创造良好的环境》(《北京大学教育评论》),《大学个性化发展的文化阐释》《中华优秀传统文化认同教育的困境及其超越》(《中国高等教育》),《大学教师作为知识分子语境下的教学文化重构》(《教师教育研究》),《大学教师自我批判精神的弱化与强化摭论》(《全球教育展望》),《铸就现代大学精神,引领时代精神发展》《论高水平本科教育语境下大学生学习文化生态的优化》(《江苏高教》),《教师聘任制与学术自由》《文化驱动:斯坦福大学创业教育的经验及其启示》《"学生学习中心"理念:一流学科建设题中应有之义》(《教育发展研究》),《社会文化批判:大学文化不应缺失的品格》(《山东社会科学》)等论文。"积跬步方至千里",这些从不同视角研究大学精神方面的论文,无疑为本书的完整呈现提供了思路和条件。

精神的涵育生成凝结着"现实的人"的价值考量和思想沉淀。以前我们总认为看过的史籍会成过眼云烟,走过的历程必定时过境迁,其实只要不忘初心、不改初衷,那些内化在心灵深处的精神元素,就能跨越时空而化为永恒,成为滋养与丰富新时代中国大学精神的瑰宝。孔子之所以伟大,因其"圣之时者也"。"苟日新,日日新,又日新",应是时代新人"养大学精神、担时代使命"的不懈追求。我们要与时俱进、励精图治,努力把对大学精神的认知和弘扬推进到一个新阶段、跨越到一个新水平、提升到一个新境界,并努力将其转化为新时代大学高质量发展的强大动力和生动实践,击鼓催征,披坚执锐,永远向着前方的目标。日月每从肩上过,江山常从风云看。永远是多远,永远就在征途间!

"肩扛千斤谓之责,背负万石谓之任。"这就是责任!进入新时代,践行新思想,开创新局面,新时代大学理应躬身入局、挺膺担当,尊时守位、知常达变,在研究、培育、弘扬、践行大学精神方面肩负起义不容辞的神圣责任!

第一章　大学精神之解析

　　公元 1381 年的一天,剑桥大学师生再次爆发了与驻地居民的冲突。一位名叫玛格丽特·斯坦的老太太愤怒地将大把灰烬抛向天空并高声吼道:"让大学见鬼去吧!"然而,几个世纪过去了,大学不但没有"见鬼去",反而伴随着时间的推移和社会的发展而逐渐壮大起来,成了"人类社会的动力站"。① 大学,经世独立而历久弥新,并以智慧的化身赢得世人的崇敬,这是因为大学的机体内涌动着一股生生不息的"价值和信念"的力量,这种力量便是大学精神。大学精神是一种无形无痕而又确实客观存在的内化气质的抽象,具有浓郁而厚重的文化底蕴,滋养着大学的理想,诠释着大学发展的内在逻辑,彰显着大学的品位,展示着大学的力量。历史从哪里开始,精神就从哪里诞生;精神是历史的升华,历史是精神的展现。任何一所大学,如不借助大学精神来传道,必定会缩短它存在的历史长度和高度。

---

① 韩延明.大学理念论纲[M].北京:人民教育出版社,2003:21-22.

第一节　大学精神的界定与功能

大学精神是大学的灵魂所在。大学精神之于大学,犹如人体之于血脉,对大学的建设和发展有着举足轻重的作用。大学作为一个吸引人、教育人、塑造人、完善人的精神领地,便是将追求科学知识和精神生活的人聚集在一起,而使之能相互切磋与研究。这种精神,不专属于个人,而能够为群体所共有;不专属于哪一种文化现象,而能够为同类或一切文化现象所共存。就此而言,大学精神实质上是"大学人的精神"。① 伴随着大学日益走进社会的轴心,培育大学精神对大学发展以及人类社会的文明进步所发挥的作用愈加凸显。特别是在我国把创新型国家建设和高校"双一流"建设作为国家发展战略目标的今天,培育大学精神对于我国发展战略目标的实现无疑具有重要的意义。

一、大学精神的界定

自 20 世纪 90 年代以来,大学精神成为我国高等教育界的热门话题,诸多专家和学者对"大学精神"这一概念进行了梳理、深究和省思,且从不同的维度进行了解释,这为我们探究大学精神的内涵和外延提供了有益参考。

从学理层面来界定,尽管专家和学者们的表述有异,但其实质相近,大多突出强调大学精神是一所大学最为核心的价值追求,代表着大学的根本特征,成为大学的品格。还有学者对"大学精神"与"大学理想"和"大学理念"等

---

① 韩延明.大学理念及其相近概念辨析[J].教育发展研究,2004(7/8):10.

概念之间的关系进行了梳理,认为大学精神乃是大学理念的具体化,是大学理念的延伸和深化。

从价值视角来界定,诸多专家和学者们突出强调大学精神之于大学的价值所在,认为大学精神是大学最为宝贵的财富,成为大学最为丰厚的底蕴,代表着大学的品格,大学在改革和发展过程中离不开大学精神的引领。

从发展过程来界定,专家和学者们认为,大学精神的培育不是一蹴而就的,是大学在长期的发展过程中,在大学理念的引领下,历经数代大学人的不懈努力而形成的稳定的、共同的价值追求、理想信念。大学精神的形成与发展,是大学与社会的政治、经济、文化、历史等多重因素长期共同作用的结果。

从事物特性来界定,专家和学者们认为,探讨大学精神应从事物的普遍性和特殊性两方面加以辩证认识,既要认识到大学精神的普遍性,也应该认识到大学精神的特殊性。大学精神的普遍性是大学在历史发展过程中最为普遍性的含义,代表着大学的共性;大学精神的特殊性是具体到某所大学在特定的条件下所形成的大学精神,代表着大学的个性。大学精神理应是共性与个性的有机统一。

笔者认为,大学精神就是大学在长期的办学过程中积淀形成的动力系统、意志品质及其价值体系。大学精神有广义和狭义之分。"广义的即一般的大学精神,指各类大学所普遍存在的优良校风、相对稳定的群体心理定式和精神状态。如求真求实精神、团结协作精神、开拓创新精神等;再如勤奋好学之风、团结友爱之风、为人师表之风等。狭义的即个别的大学精神,是一所大学整体风貌、水平、质量、效益、特色及凝聚力、感召力和生命力的体现。"[①]就此而言,大学精神是大学历史传统、观念形态、社会声誉、人际关系、师生心态、校风校貌和学校个性化特色的一种校园精神文化形态,是一所大学优良传统中最宝贵的部分,是大学历久常新的动力和源泉,是国家意志、社会趋势

---

① 韩延明.大学理念及其相近概念辨析[J].教育发展研究,2004(7/8):11.

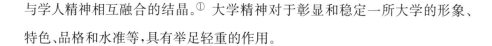

与学人精神相互融合的结晶。① 大学精神对于彰显和稳定一所大学的形象、特色、品格和水准等，具有举足轻重的作用。

二、大学精神的特征

大学精神作为大学最为核心和高度抽象的价值追求，是大学一切行为的最高指导，是大学的灵魂所在。大学精神虽是无形的，但它又是可感的。大学精神在不同的层面体现着不同的特征。

（一）哲学层面的大学精神的特征

胡适在其《中国哲学史大纲》一书中指出："凡研究人生切要的问题，从根本上着想，要寻一个根本的解决。这种学问，叫做哲学。"冯友兰在其《中国哲学简史》中认为，就他而言，"哲学是对人生的系统的反思"。可见，哲学是建立在物质基础上的社会意识形态。就此而言，大学精神首先是一个哲学层面上的概念，反映了一所大学所特有的哲学思想，是对大学的办学理念、教育方针、学术追求、治理模式的抽象概括，是对大学"文化群体"的意识形态的整合、凝练和升华。

（二）历史层面的大学精神的特征

大学精神不是一朝一夕就形成的，也不是某一位校长或大师头脑中的固有产物。正如英国著名教育家埃里克·阿什比（Eric Ashby）所说："大学是继承西方文化的机构。它保存、传播和丰富了人类的文化。它像动物和植物一样地向前进化。所以任何类型的大学都是遗传与环境的产物。"② 作为大学的

---

① 韩延明.塑造大学精神与强化做人教育——创建一流大学的题中应有之义[J].求是，2001（24）:55.

② ［英］阿什比.科技发达时代的大学教育[M].滕大春，滕大生，译.北京:人民教育出版社，1983:7.

灵魂,大学精神是大学在长期的发展历史过程中所积淀形成的核心价值观念及其行为方式。它是通过长期的历史沉淀、凝聚、发展而成的,是特定范围的"文化群体"所共同的稳定而持久的价值判断、价值选择和价值认同的必然结果。正是这种特定的价值观念及其行为方式,成为历代大学人所共有的个性特征,成为历代大学人所赋予大学的特殊"符号"。

(三) 文化层面的大学精神的特征

"大学本身是一个学术性机构,或者说它是一个知识传授和教学的机构。但从人才培养的基本含义而言,大学最根本的定位仍然是一个文化机构。"①大学是以传承和发展先进的文化作为自己的存在方式,而大学精神本身正是大学进行这种传承和发展先进的文化活动中所产生的价值追求和行为方式、行为准则的文明成果。大学不只是传授知识的物质场所,还向人们展示伟大的精神力量,升华人的品格和境界。概言之,大学精神是一种追求人文、科学、创新的精神,是一种追求至真、至善、至美的精神。优良而健康的大学精神一经形成,便会在教育活动中起到立德树人、激情励志、调整心态和规范行为的巨大作用。②

(四) 社会层面的大学精神的特征

大学精神是时代发展的必然产物,随着时代的变化而体现出鲜明的时代特色,是一面具有强烈内聚力和感召力的旗帜,是大学生存和发展的巨大动力。大学精神志贵高远、气贵雄浑,能够代言时代精神。大学精神作为社会主体精神的产物及其重要的组成部分,必定会以其先进性对社会主体精神的产生和发展产生巨大影响力,成为社会发展的推动力。

---

① 谢维和.大学是一个文化机构[N].光明日报,2014-10-20.
② 韩延明.塑造大学精神与强化做人教育——创建一流大学的题中应有之义[J].求是,2001 (24):55.

三、大学精神的功能

大学的传承与发展一部分理应归功于大学历久弥新的精神。现代大学若想实现可持续发展和高质量发展,肩负起社会的重托,胜任历史赋予的使命,满足社会的多元需求,必须坚守自身的大学精神。一方面,大学精神是大学发展的永久精神支柱,滋养着大学人的人格,孕育着大学人的智慧,内化为大学人的良知,在大学的发展中发挥着凝聚、激励、导向和规范等的作用。另一方面,大学精神能够通过对人们的思维习惯、价值观念和行为方式产生的积极影响进而推动社会的发展。

(一)激励功能

现代社会科学已无可置疑地证实:经济体制和社会体制并不是一切,它们的运作必须有另一种健全的文化精神与之配合。这种精神主要来自大学的高等教育。在现代社会中,大学是精神堡垒,有提高人的境界、丰富人的思想的重大功能。[①] 大学精神体现着特定的价值追求,当这种价值追求被内化为大学发展的底蕴后,便能够为大学的发展注入生机和活力,成为激发大学实现发展目标的强大力量。如清华大学"自强不息,厚德载物"的大学校训作为清华精神的集中体现,成为清华大学的精神支柱,激励着一代又一代的清华学子"更创新、更国际、更人文"。正如清华大学原校长刘达在纪念清华大学80周年校庆时所说:"如果有人问我,你最留恋清华的是什么?我会毫不犹豫地回答,我最留恋的就是清华的精神。"[②]

---

① 参见《岭南文化时报》,1995年3月28日。
② 清华大学《刘达纪念文集》编辑小组.刘达纪念文集[M].北京:清华大学出版社,1996:260.

（二）凝聚功能

大学这一学术共同体中，能够把握学术发展方向，协调学者的学术关系及社会关系的就是大学精神。一方面，由于"教育在广义上说，就是精神上的不断丰富、不断更新的过程，无论对受教育者还是教育者来讲都是这样"。①大学精神能够满足大学人精神上不断丰富和不断更新的需要，不断提升大学人的精神生活。另一方面，大学精神又在推动着大学的可持续发展，发挥着大学凝心聚力的作用。正如有学者所认为，大学之"大"，在于大学精神之伟大。没有伟大精神作支撑，大学理想与实践就会断裂。② 大学正是以其独具的精神气质凝聚和感召着大学人，促进着大学学术的发展，推动着大学发展目标的实现。

（三）定向功能

大学精神是在大学理念的基础上形成的。而大学理念对大学的发展发挥着导向作用，因而大学精神对大学的发展具有定向功能。这种定向功能主要体现为：一方面，大学精神规范着大学改革和发展的行为，指引大学改革和发展方向，使大学在经济全球一体化、高等教育面向市场经济背景下，依然能够抵制各种不良诱惑，坚守自身既定的发展理念，不忘初心使命，心无旁骛地朝着既定的目标砥砺前行；另一方面，大学精神规范着大学人的行为，使其在大学精神的浸润中，融入大学的改革和发展之中。比如，1996年11月，牛津大学否决了沙特阿拉伯亿万富翁瓦菲支·塞义德向牛津捐款340万美元建立一所"世界级的工商管理学院"的提议。因为牛津人认为，教育是让学生为公众服务，而不是对于赚钱有所准备。"有着古老传统的牛津大学应该远离沾

① ［苏］B.A.苏霍姆林斯基.帕夫雷什中学[M].赵玮，等译.北京：教育科学出版社，1983：1.
② 陈浩.大学之大与大学之道[N].光明日报，2015-08-06.

满铜臭味的工商教育。"①牛津大学之所以能够拒绝物质诱惑,正是大学精神的定向功能的彰显。

(四)陶冶功能

大学精神通过一定的思维方式、道德意识、价值观念、行为规范等,发挥着陶冶大学人的功能,这种功能直接作用于大学并向社会辐射。一方面,大学是培养高级人才的场所,每一位生活其中的大学人,都会感受到大学精神的熏陶,诗意地栖居在大学中自由对话、平等交流、彰显个性,使大学精神内化为个人的品格,进而被赋予坚定的理想信念,使之转化为大学人的价值追求。另一方面,大学精神以其特有的品格,通过社会平台加以扩散和传播,辐射到社会的各个领域,使得人们能够接受大学精神的熏陶,成为照亮社会发展的"灯塔"。正是因为大学人在探究高深知识、追求科学真理的过程中接受大学精神的洗礼,进而用大学精神去引领社会,大学方可冠之以"精神的殿堂"之美誉。

在此还应特别指出,大学的校训是大学精神的集中体现,是对大学精神的浓缩和凝结,是大学精神的载体。一所具有个性精神的大学,往往具有一则集中体现这一个性精神的校训;而一则契合学校历史传统、内蕴丰富、意境高远、提振人心的大学校训,则能够集中展示这所大学的办学理念和精神风貌。② 比如,清华大学的校训"自强不息,厚德载物",厦门大学的校训"自强不息,止于至善",南开大学的校训"允公允能,日新月异",山东大学的校训"气有浩然,学无止境"等,都精准地映照和展现了这些学校的大学精神。

---

①　郝书辰.普通高校向世界一流大学学什么?——赴牛津大学参加培训的见闻与感悟[J].理论学习,2006(11):56.

②　韩延明,徐慊芬.大学校训论析[M].北京:人民教育出版社,2013:18.

第二节　大学精神与时代精神

人无精神则不立，国无精神则不强。习近平总书记指出，我们要建设的社会主义现代化强国，不仅要在物质上强，更要在精神上强。精神上强，才是更持久、更深沉、更有力量的。大学精神对于政治、经济、文化、科技、社会的发展，乃至一个民族的进步都至关重要。时代精神凸显着时代发展的价值取向，深深影响着时代的政治、经济和文化的发展，成为构建社会核心价值体系的精髓。随着全球经济一体化的快速发展，在高等教育面向市场经济背景下，在加快推进高校"双一流"建设的要求下，深入探讨和理性把握大学精神与时代精神的相互关系，实现大学精神与时代精神的共振，对促进社会文化的发展和繁荣，推动我国社会主义从初级阶段向更高阶段迈进，具有深远的现实意义。

一、时代精神引领社会发展

"时代精神是一个社会在最新的创造性实践中激发出来的，反映社会进步的发展方向、引领时代进步潮流、为社会成员普遍认同和接受的思想观念、价值取向、道德规范和行为方式，是一个社会最新的精神气质、精神风貌和社会时尚的综合体现。在改革开放新时期，中华民族形成了以改革创新为核心的时代精神。"[1]以改革创新为核心的时代精神的本真价值追求，就是坚持以人民为中心，实现人民群众对美好生活的向往，这与社会主义核心价值观高度契合。在多元文化背景下，弘扬时代精神的深远意义愈发凸显。

---

① 核心价值观体现时代精神——六论学习贯彻习近平总书记五四重要讲话精神[N].中国教育报,2014-05-12.

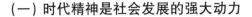

（一）时代精神是社会发展的强大动力

时代精神被一个时代的人们所广泛认同后，就会成为一种黏合剂，从各个方面将社会成员团结起来，从而产生一种巨大的向心力和凝聚力，激发出人们的内生动力和超强能量。在时代精神的感召下，人们为了使命、责任和荣誉在逆境中无所畏惧、勇往直前，表现出在社会发展过程中独具特色的时代精神风貌和优良品格，形成奋发图强、振兴祖国的强大精神动力，成为鼓舞人们积极进取、自强不息的引领旗帜，成为激发社会发展活力、推进民族复兴伟业的巨大力量。①

（二）时代精神凸显社会发展的价值取向

时代精神集中表现于社会的意识形态中，代表着社会发展的潮流，标志着一个时代的精神文明。时代精神依附在时代这个肌体之上，但又牵动着这个肌体的发展理念，时时刻刻左右着该时代人们的价值判断、思维品质和行为方式，是每一个时代的人们深层次的精神追求和行为准则，凸显着时代的价值取向，成为社会核心价值体系的精髓。时代精神是一个时代的人们的精神家园，它使人们的身心都深深地烙上这个时代的"印记"。时代精神最重要的功能，就是引导人们秉持时代的价值取向。

（三）时代精神规范着人们的社会行为

马克思主义认为："人的本质不是单个人所固有的抽象物，在其现实性上，它是一切社会关系的总和。"②生活在时代中的人们，不可能脱离他所处的时代精神来进行人生选择。人们总是在某种观念的支配下参与社会实践活

---

① 韩延明.为实现民族复兴伟业提供强大精神动力[N].光明日报,2021-09-23.
② 中共中央马克思恩格斯列宁斯大林著作编译局.马克思恩格斯选集(第1卷)[M].北京:人民出版社,1995:60.

动,通过社会实践活动形成符合现实的价值观,而不可能形成超越社会现实的价值观。这样就从价值观上规范了人们的社会地位及社会需要的层次,进而形成对自己行为的约束,形成与时代精神相统一的核心价值体系。践行时代精神,归根到底是要把精神写到实践中,把气质和品格升华还原到中国特色社会主义实践中。同时,要把崇高理想信念和道德品质追求转化为具体行动,体现在平凡的工作生活中。

二、大学精神助推时代精神

大学精神不是自发形成的,而是与时代的政治、经济、文化的现状与发展密切相关,受时代的政治、经济、文化等外在环境和校内师生员工的知识、素养等内在因素的影响,不同时代的政治、经济、文化等发展状况对当时的大学精神都会起到不同的制约作用。作为体现时代价值取向的时代精神也必然制约着大学精神的形成与发展,使各个时期的大学精神打上时代精神的烙印,与时代精神相适应。由大学自身的精神品格所决定,大学精神对时代精神的反映不仅仅体现其适应性,更是通过大学职能的发挥,对时代精神具有强化作用。

(一) 大学是传播知识和思想的殿堂,大学精神对时代精神具有前瞻作用

联合国教科文组织在 1998 年 10 月 5 日至 9 日通过的《世界高等教育宣言——为了 21 世纪:视野与行动》中明确指出,高等学校及其师生无条件地享有学术独立与自由,应当作为整体的权利与义务,要充分体现对社会的全面负责。通过经常分析新的社会、经济、文化和政治倾向,加强其预测与批判功能,从而构成一个预测、预警与防范的空间。世界大学的历史沿革轨迹同样昭示大学精神对时代精神的引领。从公元 1100 年左右直到工业革命,古老的

欧洲大学精神的传递大多以知识的传授为主,大学一直为社会培养绅士,培养有趣味、有教养的人。工业革命时期,"学术自由、大学自治、教授治校、教学与研究统一"等大学精神,突出大学的研究功能,以威廉·冯·洪堡(Wilhelm von Humboldt)引领的德国的大学成为近代的世界一流大学。19世纪中叶以后,美国的大学践行"直接为社会服务"精神,大学开始全面介入社会政治、经济、文化、教育的发展,预见并感应时代精神的前奏,助力时代精神的发展。

(二) 大学是理性探究真理的圣地,大学精神对时代精神具有导向作用

大学乃"学问之府"。大学产生与发展的历史原点和逻辑起点,是高深学问的选择、传递、批判和创新。换言之,大学是以传授高等知识、研究高深学术、培养高级人才、开发高新科技为主要(核心)内容的高投入教育机构。[①] 大学的根本使命是探究真理。德国著名哲学家雅斯贝尔斯在《大学之理念》中集中论述了这样的观点——大学是致力于寻求真理的共同体。他认为,大学也是一个学校,但是大学是一所特殊的学校,人们建立大学的初衷不是为了传授学问和进行职业训练,而是为了寻求一个可以不受限制地寻求真理,并且为了真理而真理的地方。[②] 美国著名高等教育学家布鲁贝克在《高等教育哲学》一书中引用美国历史学家亨利·斯蒂尔·康马杰(Henry Steele Commager)对大学的评价时提及:在我们的全部历史中,大学和教会一直是为全人类的利益和真理服务的,或者试图为人类的利益和真理服务的机构。没有什么机构能担当起大学的职能,没有什么机构能够占据这个大学已长久地注入了如此多的才智和道德影响的位置。[③] 大学产生的动因正是源于对真

---

① 韩延明.论大学≠……[J].江苏高教,2003(5):8.
② [德]卡尔·雅斯贝尔斯.大学之理念[M].邱立波,译.上海:上海人民出版社,2006:75.
③ [美]约翰·S.布鲁贝克.高等教育哲学[M].王承绪,等译.杭州:浙江教育出版社,2001:146.

理的理性探究,大学的发展历史,就是一部对真理不断探索与追求的历史,也正是对真理的不断探索和追求,推动了大学的发展。大学精神作为大学的灵魂,必然反映这一根本使命,并使之成为大学精神的核心价值取向,实现对时代精神的不断超越。

(三) 大学是人才培养的中心,大学精神对时代精神具有辐射作用

杜维明博士在环太平洋大学联盟校长年会上提到,大学应培养公众知识分子,而不仅仅是专家。大学生不一定成为社会灵魂,但应该成为核心价值的保卫者,他们要服务社会、为个人提供机会、自立、接近真理、理解人类以及具有人文精神。牛津大学前校长克林·卢卡斯(Colin Lucas)教授认为,大学从事的是人的教育,大学应该是这样一个场所,在这里能够培养独立思考能力、清晰的头脑、想象力等个人成功所必备的品质,而具有这些品质的人,是社会发展进步的保证。① 大学最为根本的职能是人才培养,大学正是通过人才培养服务于社会发展、传承创新文化。大学以人才培养为载体,实现大学精神对时代精神的辐射。大学通过人才培养来实现服务社会,向大学生传递人类文明成果,塑造其独立人格,使之形成价值观念,从而孕育时代思想。大学生进入社会,自然会带着大学精神的烙印,由此对时代精神产生辐射作用。

(四) 大学是社会批判的高地,大学精神对时代精神具有省察作用

法国哲学家库辛(Victor Cousin)有句名言:"批判是科学的生命。""每一个较大规模的现代社会,无论它的政治、经济或宗教制度是什么类型的,都需要建立一个机构来传递深奥的知识,分析、批判现存的知识,并探索新的学问领域。换言之,凡是需要人们进行理智分析、鉴别、阐述或关注的地方,那里就会有大学。"②大学具有一种强烈而严肃的使命,这就是思考。大学是独立

---

① 汪银生.论世界一流大学的文化特质[J].江淮论坛,2004(2):115.
② [美]约翰·S.布鲁贝克.高等教育哲学[M].王承绪,等译.杭州:浙江教育出版社,2001:13.

思想的中心,既然它是一个思想中心,一个独立思想的中心,那么,它也是一个批判的中心。① 大学承担着推动时代精神发展的责任,并对其所处的社会环境加以审视、省察和修正。

三、大学精神与时代精神共振

不存在脱离时代的大学,同样也不存在忽视大学的时代。综观大学发展与社会转型的历程,我们既能通过大学寻觅和捕捉到时代精神的烙印,也能从时代精神中理解和把握大学精神的走向。事实上,大学精神与时代精神共振,两者在人类社会发展和文明进步中共同发挥着精神引领作用。大学精神与时代精神的共振,既指向大学精神对时代精神的丰富和拓展,也指向时代精神对大学精神的价值引领和感召,还指向大学精神与时代精神的融汇共进所创造的推动民族振兴和国家富强的文化生态的构建与强化。

(一) 大学精神是时代精神的体现

大学精神是时代精神之体现,原因有三:一是大学精神契合社会主义核心价值观的内在要求,是新时期中国特色社会主义事业建设的时代性诉求在教育领域的体现;二是大学精神具有时代精神的发展性、实践性、民族性和开放性特质,体现出时代精神的文化特性;三是大学精神与时代精神具有相同的文化根基,均以爱国和开拓创新精神为价值源泉。

大学精神以培育德智体美劳全面发展的时代新人为己任,以培育中国特色社会主义伟大事业建设者和接班人为使命,自觉以社会主义核心价值观为价值引领。大学精神与社会主义核心价值观具有某种文化通约属性,均指向价值追求的同向和构成元素的同质,以文化人、守护道义、捍卫真理和坚守底

---

① ［美］罗伯特・M.赫钦斯.民主社会中教育上的冲突[M].陆有铨,译.台北:桂冠图书股份有限公司,1994:8.

线是大学精神的本真追求,同样也契合社会主义核心价值观的内在要求。虽然大学精神存在校际差异和表述差异,但大学精神共同的价值内核并未因此而改变,均指向立德树人和为经济社会良性发展提供支撑。这种为国育才和培育时代新人的大学精神,契合了社会主义核心价值观所推崇和强调的民族振兴与开拓进取等精神品性。同时,作为大学精神重要组成部分的大学校训,也是培育大学生社会主义核心价值观的文化沃壤和必要内容。①

作为微观系统的大学精神与作为宏观要求的社会主义核心价值体系的融通,既体现为社会主义核心价值观为主导理念来规范、指导、培育和传承大学精神的过程,也体现为大学精神悦纳、深化和融入社会主义核心价值体系的过程。以爱国主义为核心的民族精神和以改革创新为核心的时代精神,是中华民族生生不息、薪火相传的动力和支撑,是社会主义核心价值体系的精髓,也是大学精神的核心内容。② 社会主义核心价值体系明确了立德树人的文化依据和育才标准,明晰了新时期学校德育的内涵与要求。这表现为两个方面:一是对经济社会良性发展需要公民具备何种道德素养和知识素养进行规定,要求人才培养贴近社会主流文化、价值观念、意识形态和行为模式的根本要求。二是培养个体迈向社会生活领域所需的道德品质和伦理品性,进而保证个体在知识、技能、情感和道德等层面均得到充分发展。

大学精神具有时代精神所内蕴的文化特质。首先,一种精神的产生和发展始终根植于特定的历史文化情境,是继承历史传统和根植于特定经济社会文化生态的综合产物。大学精神作为时代精神在文化教育领域中的体现,它植根于大学的办学历史和大学所处的时代语境,这决定了大学精神既需要向内挖掘和凝练自身的办学理念,也需要向外紧紧把握时代发展趋势和社会转型的需要,并在此过程中完成办学理念与时代发展诉求的融会贯通。在此过程中,大学精神不能回避时代语境及其价值诉求,需要将整个民族或国家所

① 韩延明.校训:培育大学生社会主义核心价值观的沃壤[J].中国高教研究,2014(9):8.
② 韩延明.红色文化与社会主义核心价值体系建设研究[M].北京:人民出版社,2013:124.

倡导或推崇的价值理念融入办学过程,满足经济社会发展对知识、技术、文化和道德的迫切需求。大学精神能够成为大学人的信仰,成为社会高度认可和接纳的价值理念,关键在于大学精神与时代精神的成长一致性。

大学精神和时代精神都具有实践属性,均从实践中产生和发展,并借助理论进行修正后又重新回归实践。不同的是,大学精神是在文化教育场域内进行的人才培养活动,关涉的是人类社会进步所需的知识、文化和道德问题,而时代精神则是在整个社会生活场域内进行的实践活动,关涉整个人类社会进步的全部过程。在实践中被挖掘、归纳和锤炼的时代精神会深刻影响大学育人实践的目标、内容、方式等,进而实质性引领大学精神的生成与发展。

大学精神具有时代精神的民族性特征。某种程度上,大学精神反映的是一个民族在文化教育事业中的奋斗历程,具有鲜明的本土性和民族性。任何大学精神都根植于自身民族文化传统和生活实践空间,都需要从时代精神中汲取养分并融入人才培养的过程,确保整个民族或社会的精神财富和主流观念有效地传递给后代,实现时代精神的薪火相传。同时,大学精神具有时代精神的开放性。时代精神具有继往开来的属性,既从社会发展历程中汲取智慧元素,也注重保持和彰显自身的个性。时代精神的兼容并蓄品质创设了开放包容的社会文化生态,提供了社会组织及其成员以开放性眼光审视自身发展的可能。作为体现时代精神的大学精神,同样具有开放性,这种开放性既体现为吸收借鉴其他国家或地区大学精神的有益元素,也体现为始终保持自身精神气质和文化个性。

大学精神与时代精神均以爱国和创新为价值源泉。大学精神价值传承源于对民族对国家的热爱,以及追求这份挚爱过程中对科学精神的弘扬。[①]正是源自对国家和民族复兴的热切期盼,正是由于对科学救国和文化救国的笃信与践行,这才孕育和滋养了大学精神。倘若缺少了爱国的精神信仰支

---

① 李高峰,王学锋.基于时代精神的大学精神研究——西农精神是时代精神的体现[J].学理论,2020(7):118.

撑,缺少对科学真知的探求之心,大学人如何能够在办学条件艰苦和高端科技受限的背景下开拓创新? 如何能够孕育不畏险阻的"联大精神"、扎根西部的"西迁精神"? 如何能够培育出文化自信? 同样,时代精神所体现的整个民族或国家对社会发展走向及其所追求目标的凝练所形成的共同价值观,同样深植于爱国主义和开拓创新的文化基因中,并通过融入民族振兴和国家富强的进程而显现出来。如果时代精神丧失了为民族振兴和国家富强而提供精神动力和价值归属的文化凝聚力,也就不能称之为时代精神了,因为这种精神剥离了民族或国家兴旺发达的生命历程,所以就无法获得社会成员的认可与接纳。因此,大学精神与时代精神都以爱国和创新为价值源泉,都集中呈现了整个民族或国家为民族文化传承与创新、社会进步与发展所付出的努力以及在此过程中秉持和遵循的群体价值观。

(二) 时代精神是大学精神的底色

时代精神是特定时代中全体社会成员所拥有和遵守的普遍精神实质,它超越主观能动性和个人意志,具有集体性、综合性和共识性等特征。因此,时代精神具有极强的价值统摄力,能够被用于指导和引领社会生活的各个方面。总之,时代精神不但在群体维度上反映了整个民族或国家的精神风貌和文化归属,还在个体维度上具备重新塑造和优化社会成员精神结构和文化品性的作用。时代精神还表现在开拓事业和改革创新的坚持上。国家或社会要保持发展活力和思想深度,离不开与时俱进、开拓创新的精神价值引领,因而时代精神构成了其他的精神价值底色,从整体性、宏观性和洞见性的立场审视和规范其他的精神价值准线和德性标准。

时代精神对大学精神的引领感召,是由时代精神的丰富内涵决定的。时代精神的丰富内涵集中体现为以人为本的发展理念,崇尚科学的理性精神,民主法制的责任意识,和而不同的包容品质以及公平正义的价值观念。^①时代精神的这些内涵成为全体社会成员所共同认可与践行的价值准线,并通过与其他社会组织或成员的价值融通,使其实质性地获得影响其他价值观念或思想意识的能力。

时代精神对人性的关切,对人文社会构建的设想,对广大人民群众切身利益的保障,无不体现出"以人为本"的价值定位。这种人本精神要求大学在理念与实践层面处处以学生发展为中心,尊重学生个性,激发其学习兴趣,健全其独立人格,培育德智体美劳全面发展的时代新人。时代精神对探求科学真知的强调与践行,对人类社会发展规律的遵循与反思,提供了重新检视科学及其价值的可能。这种求真求实的科学精神渗透于大学场域后,便会继续强化和巩固科学理性在大学育人使命中的作用,进而渗透到人才培养、科学研究、社会服务和文化传承创新的过程之中,要求大学办学既要尊重人才培养基本规律,也要对科学理性进行审视与批判。时代精神倡导的民主法制意识,集中体现了社会主义市场经济建设和中国特色社会主义事业的内在要求,内蕴着培育具有民主精神和自治意识的合格公民的目标和方向。这种预期培育合格公民的价值观要求育才机构在人才培养过程中注重民主精神和法治意识的培养,在育才过程中始终坚持教育民主化和管理法制化。时代精神对不同民族、地区、信仰和受教育水平的社会成员采取的尊重差异的态度,有利于最大限度地消解差异,释放社会生产效能,构建和谐社会。这种讲求和而不同的包容理念也是大学精神完善发展的价值依据,不断澄明并强化尊重文化多样性、学生差异性和个体能动性的育人理念。时代精神对社会公平的强调与维护,对广大人民群众合理诉求的保障,对多重社会利益关系的统筹协调等,无不体现着捍卫社会正义的决心与信心。这种捍卫社会正义的共同价值诉求也深刻影响着大学精神的发展与完善,要求大学始终以保障学生

---

① 孟凡强.时代精神产生的依据、基本内涵及功能作用[J].思想政治工作研究,2008(11):36.

受教育权为根本价值立场,公平而真诚地对待师生的发展需求,确保师生能够和谐地栖居校园。

时代精神的丰富内涵构筑了大学精神创新发展的价值底色,从人本精神、科学理性、责任意识、包容品质及追求公正等方面指出了大学精神发展的目标、方向和要求,并以文化引领和价值感召的方式滋养着大学精神。

(三) 时代精神与大学精神相互融汇

时代精神是社会创造并激发出来的,能够引领社会趋势并广为其成员所接纳的价值观念、道德标准以及行为模式,集中体现了社会的整体精神风貌和价值状态。大学精神则集中体现了大学在求真育人过程中所秉持和遵循的价值理念与行为依据。只有在宏观与微观、整体与局部、抽象与具体的社会文化生态中相得益彰,才能在美好社会建设的过程中发挥各自的精神引领作用。时代精神提供了构建与巩固美好社会建设的总体构想和精神需求,为经济健康发展、人民安居乐业、企业平稳发展和文化健康繁荣等提供了具有指导性、前瞻性和操作性的行动方案。大学精神则体现出教育事业的时代性和现实性要求,为人才培养、科学研究、社会服务和文化创新等提供了理论依据和行动指南。事实上,时代精神与大学精神的内在关联构建了社会与大学协同共进、建设美好社会的价值循环链。一方面,时代精神要不断借助大学这一精神堡垒,对时代精神中落后、腐朽和不适应现实经济社会发展需要的内容进行理性识别、修正和删除,及时凝练、提升和优化时代精神的价值品位,进而实现借助大学精神重新萃取时代精神的文化品性之目的,并推进新时代大学建设质感厚重、充满生命活力、发展潜力和精神张力的大学文化,使大学文化深入流淌于高校每个充满生命的血脉和心灵之中,并成为引领大学高质量发展、内外协同创新的战略行动。① 经过大学文化和大学精神的浸润,

---

① 韩延明.新时代大学质量文化探要[J].中国高教研究,2022(9):32.

时代精神更能体现先进生产力的发展方向,先进文化的前进方向和广大人民群众的真切诉求。另一方面,大学无法回避时代发展的客观需要及其精神诉求;大学精神作为大学整体精神风貌和价值状态的表现,同样无法回避时代诉求。大学精神尽管具有动态性和开放性,但仍受限于教育视野而无法精准把握时代发展趋势的全貌,也无法对美好社会建设中的精神文明问题进行系统的思考与回应。大学精神应当也必须从时代精神中寻觅时代思潮和社会转型的新观点、新趋势和新模式,进而不断优化调整大学精神的价值定位,规避大学精神的"离群化"危机。

总之,时代精神与大学精神的相互融汇,提供了从彼此立场审视和完善自我价值定位和行动模式的合理性空间,为时代精神的革故鼎新和自我完善提供了超越经验认知的理性参照,为大学精神的与时俱进和自我精琢提供了全局视野。二者共同为构建美好的社会文化生态,发挥着精神引领和价值感召的作用。

第二章 西方大学精神之演进

世界大学的发展史也是一部大学精神成长史。大学源于西方,研究大学精神,必然要对西方大学精神的发展历程进行梳理,全面掌握大学精神的起源、发展历程及其走向,这对我们解析中国大学精神的培育现状、探寻重塑中国大学精神的路径大有裨益。

西方大学作为大学精神的策源地,自诞生之日起就沉浸在丰厚的人文精神的传统之中。中世纪大学人文主义世界观的兴起,使高等教育对人的重视达到前所未有的高度,这不仅体现在教学活动之中,而且扩展到人的价值的方方面面,对社会发展发挥了巨大的促进作用。19 世纪,英国著名教育家约翰·亨利·纽曼(John Henry Newman)主张:大学实施自由教育,倡导古典人文主义精神;培养具有绅士风格的人是大学的目的;大学的任务是制定正确的标准,以此根据学生特点发展其智力。19 世纪初期,德国著名教育家威廉·冯·洪堡(Wilhelm von Humboldt)在柏林大学提出并践行新人文主义精神,其核心是对科学的探索和个性与道德的修养,主张大学相对独立、学术自由和教学与科研的统一。纽曼和洪堡所提倡的大学精神,在对人的价值的肯定以及理性精神的推崇上,具有异曲同工之妙。他们所倡导的人文主义精神在大学教育实践中影响深远,绵延至今。自 20 世纪以来,传统的大学人文精神受到了较大程度冲击。

第一节 中世纪:大学充盈着学术自由精神

中世纪大学是欧洲留给人类最宝贵的精神财富,是世界各国现代大学的直接策源地。在自由与专制、学术与信仰相对峙的历史时期,学术自由精神是中世纪大学建立的重要条件。但中世纪的学术自由并非现代意义上的学术自由。在理性精神被禁锢的时代,大学的学术自由具有学术组织独立和学术主体特权的双重意蕴。其中最具有典型意义的大学是意大利的博洛尼亚大学和萨莱诺大学,法国的巴黎大学以及英国的牛津大学和剑桥大学等。

一、大学是学术主体自由集聚的圣地

中世纪大学自孕育之初就带有对理性和学术追求的自觉意识。中世纪大学不是以制度之名得以成形,而是由一批追求新知的师生自发地聚在一起,在城市中已经存在的主教学校之外,慢慢地、自然而然地演化而来的。大学作为各类讲学之所的自然集合而出现,饱含着学者和求学者孜孜不倦的学术热情和理性精神的自然觉醒。

博洛尼亚大学有着悠久的讲学和研究传统。博洛尼亚在罗马时期就曾经出现过不少讲授文法、修辞和法律的学校。同时由于在该地区发现了东罗马时期的《查士丁尼法典》,因而吸引了来自各地的对法律感兴趣的学者在此研究和讲学。

萨莱诺大学所处之地环境幽美、气候宜人,是一个理想的疗养地,同时拥有著名的医学工作者和悠久的医学研究传统,吸引了诸多有志于医学工作的青年学生慕名前来拜师学艺。随着求学者的增加和医学研究成果的积累,萨莱诺大学自然成为欧洲最早的医科大学。

巴黎大学的发源之地在公元 9 世纪末就汇聚了不少前来演讲的著名学者（其中最为著名的是以讲授雄辩术和逻辑著称的阿伯拉尔），学者的个人魅力吸引了国内外慕名而来的学生前来求学，并取得了良好的国际声誉。

牛津大学在讲学和研究的发展中逐渐演化而成。由于牛津周围的教堂和宗教社团纷纷涌现，人们需要教士做弥撒、布道和其他宗教活动。许多学者聚集在一起，遂产生了钻研高深学问之需要。学者不断招生培养学徒，师生规模逐步扩大，加之商业和人口的快速发展等有利社会因素，牛津大学得以形成。

剑桥大学起始于来自牛津的一些学者。1209 年的悲剧事件之后，牛津逃亡者来到剑桥定居并被剑桥的研究风气所吸引，与剑桥原有 3 所寺院的学者们自行组织、实施教学和开展研究工作，成为了剑桥大学的首批教员。此后，其吸引了各地研究者陆续来到剑桥。

总之，在中世纪，大学在诸多学者追求真理的过程中顺势自然地生长、发展起来。学者为传播知识而乐于讲学，求学者为寻求知识而不畏长途跋涉的艰辛。大学作为自由学者的一种学术行会组织，从一开始就拥有从事自由的学术研究的指向。

二、早期大学获取学术自由的艰难抗争

中世纪大学的独立地位和特权是学术主体自行争取而非顺应社会势力的产物。这一过程充满了权力和利益的争斗，甚至充满了流血和暴力事件。客观来说，外在的世俗压力和教会压力一方面是大学和学者发展和研究的阻碍因素，但另一方面又是学术自由精神得以激发和迅速发展的诱因。由此，在现实的不利因素下，中世纪学术主体对学术自由的追求更体现着一种悲剧精神：表现为学术主体对现实困境的反抗和超越，面对困难时的一种自觉选

择,为争取学术权利而去努力的自由精神。

在博洛尼亚大学,大部分求学者来自国外,往往会受到当地的歧视性对待,并经常与当地市民发生冲突。这部分学生为了争取自己的权益,通过集体罢课、迁校等方式与地方当局进行对抗,并成立了自卫性和互助性的行会组织,团结起来进行交涉和谈判。经历了1217年的集体迁校事件后,最后求学者争取到了一些优惠和特权。在罢课和迁校的对抗与不断交涉和谈判之下,异国求学者坚决捍卫自己的权益,保障了自己学习、生活的合法权益。

巴黎大学的独立地位和获得的各种特权,是师生在与城镇居民、主教的不断反抗和斗争中所取得的结果。在1200年的流血事件中,教师们要求赔偿并威胁迁校,最终争取到了治安特权、尊重学者的特权、免除赋税的特权等;1209年在教师和主教之间关于教师资格证书发放权的斗争中,最终教师方取得了胜利;在1215年,罗马教皇取消了圣母院对巴黎大学的控制权;在1229年的暴力事件、集体罢课之后,罗马教皇在1231年以谕令肯定大学的自决权。大学的生存空间是通过斗争获得的,大学的特权是各种政治势力和各方利益相互博弈的结果。

牛津大学自成立之初就是自我管理的机构,尽管牛津面临着与教会、市民之间的矛盾冲突,经历过1209年由住宿问题引发的骚乱、1937年教士与罗马教皇使节的直接冲突等事件,但在国王的祖护下,牛津大学始终是特权的占有者和在反抗中的有利的一方,并陆续获得学者的自由权等诸多特权。相对于博洛尼亚和巴黎大学,牛津大学的主动地位和特权是在有利条件的保护下得以实现的。

三、大学学术自由的实践与勃兴

中世纪大学的组织独立和各种特权保障了学术主体的基本权利,与师生的自主地位、独立意识和自由研究相契合。各种特权为当时专门的知识阶层提供了相对独立的活动空间,尽管有一定限度,却为学术的自由探索创造了某些有利的客观条件。在大学提供的相对自由的学术环境里,学术主体有了突破束缚和讨论新思想的可能,也迎来了文艺复兴前期的12世纪的知识复兴。

学者在理性与信仰的争论中争取学术自由。经院哲学作为中世纪时期占据主导地位的哲学,是中世纪大学的重要研究和教学内容。尽管经院哲学是为教会服务、捍卫信仰权威的,它却从科学的兴趣出发,鼓励和赞许自由研究精神,它把信仰的对象变为思维的对象,把人从绝对信仰的领域引导到怀疑、研究和认识的领域。由此可见,大学学者结合辩证法的使用,加入了自己的逻辑分析和思考,超越了对经院哲学的本义解读,为理性打通了道路;在教学过程当中,学者对基础的材料提出观点和疑问,与学生一起进行探讨,注重通过逻辑训练和辩论等方式培养学生的思想表达能力。牛津大学和剑桥大学的考试也采取口头辩论的方式,重视学生的理性训练,部分学者由此放弃了神学研究而走向理性。1255年,面临的托钵修会信仰至上的压力,巴黎大学出现了一股倡导理性的力量。他们提出"在宗教和哲学的领域存在两种迥然不同的二重真理"的学说,不受神学的禁锢而专心致力于奔放的理性探究活动。

文化交融、平等开放的学术传统营造了自由研究的风气。萨莱诺大学被称为"希腊、罗马、阿拉伯和犹太文化的聚集所"。在12世纪,康斯坦丁·阿非利加努斯(Constantinus Africanus)翻译的诸多希腊语和阿拉伯语的医学著作,为萨莱诺大学提供了极为丰富的医学研究资料。随着医学研究的发展,萨莱诺大学的教学活动也更加丰富,教科书既使用古希腊人的著作,也采用古罗马人的著作;既有犹太人的著作,也有穆斯林的著作。医学生除了需要学习医学理论和实践,还需要接受自然科学和哲学上的学术训练。哲学、科学和医学相互交叉的理论研究,希腊、阿拉伯、罗马等的文化交融,促成了萨莱诺大学在医学上的辉煌成就。此外,中世纪大学还具有学术开放、来者不拒的特征。博洛尼亚大学作为平民创建的大学,其目的是满足平民学习罗马法及其生计需要,这在一定程度上向平民阶层开通了接受高等学问的渠道;巴黎大学的索邦神学院中,听课的学生不分贵贱和贫富。在古朴庄重的神学院,大家一起学习、研究和讨论。

学术自由是西方大学的灵魂,是大学教师最为核心的权利,形塑着大学的精神品质与价值追求。中世纪的大学,学者们普遍追求教学的自由和研究的自由。这种学术自由精神保证了大学人能够根据一定的传统和法则自由地进行教学和研究活动。因此,我们完全可以认为,大学的起源和发展与学术自由精神相伴而生,使得大学成为追求真理的场所,成为新知识、新思想、新文化的发源地。

第二节 文艺复兴时期:大学洋溢着人文精神

文艺复兴运动在中世纪晚期滥觞于佛罗伦萨、米兰和威尼斯,后扩展至欧洲各国,是 14 世纪中叶至 17 世纪初期在欧洲大陆生发的思想文化运动。伴随着社会生产力发展水平的不断提高,新兴资产阶级对教会在精神领域的控制极为不满,发起了文艺复兴运动。文艺复兴运动的核心是倡导人文主义精神和个性解放,主张以人为中心而不是以神为中心,认为人是现实生活的创造者和主人。文艺复兴运动所倡导的人文主义精神对欧洲的大学精神产生了深远的影响。

一、由国家或教会新建大学的人文主义精神日渐凸显

在欧洲文艺复兴之前的诸多大学,是在原有学校的基础上为适应社会发

展而自发成立的,如巴黎大学是以巴黎圣母院附属天主教学校为中心,逐渐聚集大批来自欧洲各地的学者和学生而建立起来的一所大学。也有一些大学是由学者们在迁移过程中创办而成的,如英国的牛津大学就是许多在巴黎大学学习的英国学者由于受当地官员的迫害,多次返回本国后建立的大学。到后来从牛津大学分离出去的师生又在剑桥建立了剑桥大学。

文艺复兴以后,由于大学在社会生活中的作用日益凸显,原先由学者们自发形成和组织的大学日益减少,而由国家或教会新建的大学迅速增加。在法国,继巴黎大学建立之后,许多城市在原主教学校、法律学校和医学学校的基础上相继建立了卡奥大学、奥朗日大学、普瓦提埃大学、多勒大学和南特大学。伴随着文艺复兴运动的不断发展,德国相继建立了弗莱堡大学、杜宾根大学、维腾贝格大学、法兰克福大学、马尔堡大学、哥尼斯堡大学和耶拿大学。苏格兰相继创建了圣安德鲁斯大学、格拉斯哥大学、阿伯丁大学等。

据统计,从 13 至 15 世纪,欧洲各主要国家新建立的大学数量分别是:意大利 17 所,法国 16 所,德国 16 所,西班牙和葡萄牙 15 所,英国 4 所,其他国家 6 所。[①] 这些新兴大学是在文艺复兴所倡导的人文主义思想的指导下建立起来的,彰显着人文主义的价值旨趣。到 16 世纪,大学已在欧洲大陆的许多国家纷纷建立起来。这一时期,欧洲各国的大学虽然在办学目标、课程设置以及大学的精神特质等方面高度契合,但也逐渐呈现出更多的民族性特征。民族国家之间的经济竞争、政治纷争和信仰差异,导致大学成为一个竞争的焦点,刺激了大学数量的骤增,使得统一性很强的中世纪大学演变为特色各异的大学机构,促进了大学的发展。[②]

---

① 黄福涛.欧洲高等教育近代化[M].厦门:厦门大学出版社,1998:63.
② 张应强.高等教育现代化的反思与建构[M].哈尔滨:黑龙江教育出版社,2000:80.

二、人文主义精神在大学广泛传播

中世纪后期,欧洲各国的大学发展严重滞后于社会生产力的发展水平,以经院主义哲学为核心的大学教育排斥新的知识。直到 14 世纪初期,由于受到文艺复兴运动的影响,人文主义精神得以在大学广泛传播。

在意大利,帕多瓦大学的弗吉里奥(P.P.Vergerio)是第一个系统阐明人文主义教育思想并将人文主义精神渗透于大学教育之中的人文主义学者。他撰写的《论绅士风度与自由学科》一文,全面概括了人文主义教育的目的和方法。他说:"我们称那些对自由人有价值的学科为自由学科,通过这些学科我们能获得美德和智慧,并成为美德和智慧的躬行者。博雅教育唤起、训练和发展那些蕴含于人身心之中的最高才能,正是这些才能使人变得高贵。"①在意大利的大学里,大学的新旧传统能够长期和谐共处,大学的组织方式也使人文主义思想很容易通过文学院而渗透到法学院、医学院和神学院中去。

在法国国王弗朗索瓦一世的推动下,法国大学在教学中纷纷开设人文主义课程。著名人文主义学者纪尧姆·布代在弗朗索瓦一世的支持下,于 1530 年创建了法兰西学院,以古典教育和人文研究为宗旨,设立了古希腊文、拉丁文、法文和哲学系列讲座,促进了法国的古典学研究。1534 年,安德烈·古维亚在波尔多创办了奎恩学院。法兰西学院和奎恩学院被认为是当时法国人文主义大学的典范。

在德国,1462 年,人文主义学者彼得·路德在莱比锡大学发表演说,拉开了德国大学人文主义教育的序幕;意大利人文主义学者康拉德·策尔提斯(Conrad Celtes)于 1486 年从艾尔富特来到莱比锡,讲授诗歌艺术;1476 年,阿格里科拉从意大利留学回国后到海德堡大学执教,进一步推动了人文主义

---

① 褚宏启.走出中世纪　文艺复兴时代的教育情怀[M].北京:北京师范大学出版社,2000:63.

思想在德国大学的传播。诸多人文主义学者主张学习修辞、文体和诗学,倾心于诗歌和书信艺术,与经院主义学者的思想有着明显的不同。到16世纪,人文主义学科被德国的艾尔富特大学、哈勒-维滕贝格大学、海德堡大学和巴塞尔大学纳入大学的课程体系中。

在英国,15世纪末期,一些外国学者如尼德兰的伊拉斯谟,把希腊的"新学"和人文主义思想带到了英国,同时一批曾经留学意大利的早期人文主义者也开始在英国的大学中传授人文主义知识。1481年英格兰人文主义先驱威廉·格罗辛(William Grocyn)在牛津大学讲授希腊语言和文学,被誉为"教授希腊文的第一个英国人"。1510年英国皇家内科医生学会的创始人之一托马斯·林纳克(Thomas Linacre)在牛津大学讲授医学、希腊文和拉丁文,其是牛津大学一位多才多艺的学者。1502年英格兰主教、反宗教改革者约翰·费希尔在剑桥设立了玛格丽特夫人神学教授席位。他还通过设立拉丁语、希腊语和希伯来语选修生奖学金的方式,极力促使剑桥圣约翰学院成为教授三种语言的学院。这些人文主义学者推动了英国大学人文主义教育的快速发展。

此外,人文主义精神在西班牙的萨拉曼卡大学、波兰的雅盖沃大学、丹麦的哥本哈根大学等广为盛行,这对大学精神的形成和发展发挥了重要的作用。

三、人文主义精神推动了西方科学复兴运动和科学世俗化变革

文艺复兴运动促进了人文主义精神在大学的广泛传播,同时对西方科学复兴运动和科学世俗化变革都发挥了重要的推动作用。

文艺复兴时期,无论是文学人文主义还是科学人文主义运动都得到了空前的发展,但自然科学的地位依然很低。著名科学史家杜布斯指出,14世纪的牛津大学和巴黎大学,对古代的科学教程采取了批判的态度,这种传统也许部分冲淡了16、17世纪许多著名大学里的保守主义。这种批判工作与经院哲学的结合,已证明尤其有益于关于运动的物理学的研究。在16世纪的帕多

瓦和意大利北部其他一些大学里,这种学术传统仍然很明显。①

意大利帕多瓦大学宽松自由的政治和宗教环境,对科学人文主义者的成长及其科学研究活动产生了重要影响。14世纪,当巴黎学院派关于冲力学说与动力理论的大论战传到意大利各大学时,得到帕多瓦大学的热烈欢迎和积极响应。16世纪,原动力学说在帕多瓦大学得到发展,这所学校后来发展成为近代科学革命的重要基地和世界著名的学术中心。

在帕多瓦大学的影响下,欧洲其他大学对于科学世俗化的发展也开始做出审慎的选择,并在一定程度上改变了大学的既定目标和学术传统,使其更趋向于实用主义和世俗主义的文化取向,从而远离原来的宗教文化。法国著名史学家雅克·勒戈夫(Jacques Le Goff)指出,大学自身日益重视自己的社会作用。它们为国家培养出越来越多的法学家、医学家和学校教师,他们之中献身于较实用而较少虚名的职业的社会新阶层,努力追求一种更适合他们职业等级的知识。大学也为宫廷培养人才,宫廷确保了个别脱离教学的科学家的面包和荣誉。② 教育目标的调整和学术传统的变迁,为促进大学的科学研究活动奠定了基础。

波兰的雅盖沃大学自15世纪中叶起,把数理和天文等学科作为科学研究的重心。1410年,由斯托普耐捐资建立的数学与天文学教研室是当时欧洲最早的教研室。1459年,玛尔琴·克鲁尔又捐资建立了星占学教研室。15—16世纪,雅盖沃大学通过这两个教研室共培养了整整三代优秀的数学家和天文学家,他们卓著的科研成就推动了天文学的蓬勃发展,并形成了天文学界的"克拉科夫学派"。

英国的牛津大学、剑桥大学等,自16世纪始逐渐设立自然科学课程。1526年,英国植物学之父威廉·透纳来到潘布鲁克学院从事植物学研究,并

---

① [美]埃伦·G.杜布斯.文艺复兴时期的人与自然[M].陆建华,刘源,译.杭州:浙江人民出版社,1988:6.

② [法]雅克·勒戈夫.中世纪的知识分子[M].张弘,译.北京:商务印书馆,1996:158.

于 1538 年出版了《草药名称》一书,后来他还在伦敦西南部建立了举世闻名的皇家植物园,吸引了当时英国各地不少学者前往剑桥研究植物学。

16 世纪末,荷兰的莱顿大学在自然科学方面的研究取得了重要进展。1592 年,植物学家科鲁西斯在莱顿大学建立了一个供教学和观赏用的植物园,并在医学中开始设立解剖学直观教学课程。同年,学校建造了一座解剖学直观教学大讲堂,当时欧洲许多老牌大学还没有这样的设施。解剖学直观教学课程的开设使医学教学前进了一大步,极大地促进了医学科学的发展。

文艺复兴时期,各民族国家从不同的教育理念与追求出发,建构出不同类型的大学或教育机构,丰富了大学的形式和内涵,出现了大学的多样化,改变了中世纪大学的单一性特征,从而使"大学"与"高等教育"出现分离,为现代高等教育体系的形成奠定了基础。① 历史证明,没有文艺复兴运动就不会有宗教改革运动的产生,更不会有后来的思想与学术的发展。因为哲学与自然科学,以及史学和人文科学,无一不是在文艺复兴运动的雨露滋润下成长起来的。② 文艺复兴运动推动了欧洲传统大学逐步发展为近现代高等教育机构。

第三节　18—19 世纪:大学形成追求真理的科学精神

进入 19 世纪,伴随着国家力量的发展壮大,大学彻底摆脱了教会的控制,集教学和科研于一身,大力开发世俗课程,追求真理的科学精神逐渐形成。

---

① 张应强.高等教育现代化的反思与建构[M].哈尔滨:黑龙江教育出版社,2000:80.
② [德]弗·鲍尔生.德国教育史[M].滕大春,滕大生,译.北京:人民教育出版社,1986:61.

一、科学教育成为时代的里程碑

17 世纪至 18 世纪,科学得到很大发展,涌现出了哥白尼、伽利略、开普勒、笛卡尔、牛顿和莱布尼茨等卓有成就的科学家。但这一时期的科学家所取得的巨大成就并不是在大学取得的,这一时期的大学还未来得及接受新的洗礼,较为普遍地呈现出衰败的景象,以至于被誉为"十七世纪的亚里士多德"的戈特弗里德·威廉·莱布尼茨(Gottfried Wilhelm Leibniz)认为"以置身于这样的大学为耻辱"。18 世纪,基于大学自身创新发展的内在逻辑的要求,各国大学改革围绕国家建设和发展之需,纷纷大力发展科学事业,实施科学教育,彻底与宗教神学决裂,从而使大学的面貌焕然一新,走向一个开天辟地的未来,为大学的近代化之路拉开了帷幕。这一近代化的标志性特征体现在两个方面:一是各国积极创办新型大学以及传统大学开始向现代大学转型;二是从微观角度而言,就是将科学引进大学,并使之成为占主导地位的课程,科学教育取代古典人文教育而成为大学教育的主角。[①] 19 世纪中期以后,就连以保守著称的牛津大学和剑桥大学,也设立了不少与科学和技术教育有关的教授、高级讲师、讲师等职位。一批新型大学,如伦敦大学等,更是完全以近代自然科学教育为核心。英国大学持续了 200 多年的对新科学的反对,也开始崩溃。德国经历了 18 世纪和 19 世纪初期的大学改革运动,不仅恢复了德国大学在学术和科学上的地位,而且开创了大学的"德国世纪"。这一时期最具有典型代表意义的大学是哈勒大学和哥廷根大学。

1694 年,哈勒大学得到国王的支持,由一所骑士学院升格为正式的大学。哈勒大学的快速发展得益于托马西乌斯(Chistian Thomasius)和沃尔夫(Christian Wolff)先进办学理念的引领。托马西乌斯被称为"哈勒大学的第

---

① 刘亚敏.大学精神探论[M].青岛:中国海洋大学出版社,2006:100.

一位教师"和新大学学术的奠基人,他同时也是一位伟大的思想家和"启蒙运动"代表,被称作"启蒙运动之父"。他认为,大学的许多知识是无用的、卖弄学问的,并隐伏在过时的教学方法和一种废弃的语言之下。[①] 托马西乌斯最先采用德语讲学,打破了拉丁语在大学讲课中的垄断地位,并在授课中强调实际知识和现实生活,重视对生活有用的科学的运用。沃尔夫是德国著名的哲学心理学家、数学家,是创建现代哲学体系的第一人,是第一个用自己的母语——德语来写作哲学文章的思想家。哈勒大学之所以是欧洲第一所具有现代意义的大学,原因就在于它抛弃了教会教义原则和经院哲学的思维方法,首次让现代哲学和现代科学跨进大学的门槛,依据自由研究的原则使大学从此成为科学研究的原创基地和真理的拓荒者。

继哈勒大学之后,哥廷根大学成为中欧主要的科学和学术中心。1734年,时为英国国王及汉诺威大公的乔治二世决定委派其重臣冯·明希豪森在哥廷根创办一所大学,旨在弘扬欧洲启蒙时代学术自由的理念,哥廷根大学也因此一开欧洲大学学术自由之风气。大学创办之初,即设有神学、法学、哲学和医学四大经典学科,尤以自然科学和法学为重。让哥廷根大学成为世人瞩目的科学中心的是其自然科学,尤其是数学。被称为"最重要的数学家"的高斯就于18世纪任教于此并开创了哥廷根学派。20世纪美国著名数学家桑德斯·麦克兰恩教授对哥廷根大学这样评价:"世界上没有其他任何地方可能同它相比。它是一个真正的智能活动中心,那里进行着十分激动人心的工作。不论什么都让人感到那是真正的本质,是事物的中心。……我曾在芝加哥念研究生,它比芝加哥强得多,我曾在耶鲁当大学生,它比耶鲁强万倍!"在谈到美国的哈佛、伯克利等大学后来也有活跃的学术气氛时,他特别强调"但是哥廷根是头一个"。国学大师季羡林先生在《留德十年》一书中这样写道:"哥廷根仿佛是我的第二故乡。"校长费顾哈曾讲道,在哥廷根大

---

① 贺国庆.德国和美国大学发达史[M].北京:人民教育出版社,1998:20.

学,"逢人必知季羡林,他是我们学校的骄傲,我们将永远尊敬和怀念他"。他的著作《留德十年》已被译成德文,"这将使我们国家的人民永远记住他"。

二、研究精神落地生根并深入人心

对科学教育的尊重,进一步激发了学者的研究精神。在世界高等教育史上,德国 19 世纪著名的高等教育思想家、改革家威廉·冯·洪堡(Wilhelm von Humboldt)是第一个提出大学教学应与科研相结合的人,他倡导大学教学与科研相结合。洪堡认为,所谓高等教育机构,其立身之根本在于探究深邃博大之学术,并使之用于精神和道德的教育。[①] 在他的理念里,大学与学术是分不开的,学术是一个探索知识的过程,而探索就是研究。学术研究是大学的关键所在,没有学术研究,就谈不上大学。他提出的"教学与科研相结合"的原则,使研究精神体现在一系列的教学改革过程之中,在德国的大学落地生根并蔚然成风,至今仍被推崇为大学治学的指导思想,使德国高等教育长期以来在世界上享有盛誉,且引领世界高等教育改革和发展的方向。洪堡由此被誉为"现代大学之父"。

德国大学的教学改革为科学研究铺平了道路。德国柏林大学的知名教授弗利德里希·鲍尔生(Friedrich Paulsen)在《德国大学和大学研究》一书中,曾对德国大学教学改革做了以下系统的总结:(1)以独立的人类理智为原则,建立在近代科学,尤其在数学和物理学基础之上的哲学,取代了亚里士多德的经院式哲学;(2)研究和教学的自由原则取代了僵化、生硬的教学;(3)系统的讲座取代了苦口的照本宣科;(4)研讨班代替了经院哲学式的论辩;(5)生动活泼的新人文主义研究代替了对古代生硬语言的模仿;(6)德语取代了艰深晦涩的拉丁语成为教学语言,通俗活泼的民族语言首次进入大学,

---

① 　陈洪捷,施晓光,蒋凯.国外高等教育学基本文献讲读[M].北京:北京大学出版社,2014:2.

大学教育不再使用非常人所能掌握的艰深、晦涩的古典拉丁语。①

柏林大学在完成培养和振兴民族精神之使命的同时,又立足于学术本位,实现了国家本位与学术本位的有机结合。首先,柏林大学将哲学作为一切知识的根本和基础,一切知识的传授和研究都归于哲学为最终目的。同时,还继承和发展了德国黑格尔、康德等哲学家的思想,将世间万物归结为有机的理性统一。其次,大学除了传统的教学之外,还肩负着研究的使命,并且通过教学与研究的结合,促进各种新知识的产生,使其更加趋于系统化。因此,有助于培养学生的批判态度和探究精神,使学生在具备基本概念或知识的基础上获得知识。在这一过程中,学生研究能力的形成、研究方法的选用,以及对自然和社会无畏的科学探索精神的培育比知识学习更为重要。"大学教授的主要任务并不是'教',大学学生的任务也不是学;大学学生需要独立地自己去从事'研究',至于大学教授的工作则在诱导学生'研究'的兴趣,再进一步去指导并帮助学生去做'研究'工作。"②柏林大学还设置了被称为"习明纳"(Seminar)的研究班和各种研究所,以利于大学师生从事各种专门或特定领域的研究,促使各门知识不断分化或组合,新学科不断涌现,也由此改变传统大学中教师与学生的分离关系。通过共同的讲座或研究,学生由过去被动的学习者,转而成为教育过程中积极的参与者。

洪堡所倡导的大学教学应与科学研究相结合的教育理念,对世界高等教育的发展产生了深远的影响,正如法国著名史学家雅克·勒戈夫(Jacques Le Goff)所言:"从19世纪初到纳粹主义出现前夕这近百年的时间里,德国大学是学术机构的楷模。一个美国或英国的科学家如果没有去德国留学一段时间,师从某一位著名学者,他的教育就会被认为是不全面的。目前尚在流行的大学概念及教授的定义,都发端于19世纪的德国。此外,正是在当时的德

① 黄福涛.欧洲高等教育近代化[M].厦门:厦门大学出版社,1998:125.
② 冯增俊.现代研究生教育研究[M].广州:广东高等教育出版社,1993:22.

国大学中,科学研究的发展由浅入深,由粗入细,出现了许多拥有专门方法论和系统化内容的'学科'。学生要想真正了解一门学科,必须阅读德文教科书;科研人员要想跟上科研的发展,就必须阅读德文杂志。"①

第四节 20 世纪以来:大学坚守着社会服务精神

20 世纪以来,大学逐渐由社会的边缘地带进入社会的中心,与社会的关系愈益密切。大学通过人才培养和科技服务等途径体现其社会价值,促进社会的发展和人类的进步。大学作为"人才的摇篮"、"科学的苗圃"和"技术的园地",越来越受到国家的重视,服务社会发展日渐成为大学精神之要义。

1862 年,美国国会颁布了对高等教育发展具有里程碑意义的《莫雷尔法案》。该法案是美国高等教育史上最重要的教育法令之一,主要内容包括:联邦政府无偿向各州赠拨一定数额的土地,各州须以此土地出售所得资金为资本,开办以讲授农业和机械制造工艺知识为主的专门学院,以满足平民子弟接受高等教育的要求,为产业界培养实用技术人才,进而推动美国经济的发展。《莫雷尔法案》的颁布,不仅促使美国率先将大学推向社会,通过服务社会凸显大学的价值,增强大学的生存和发展能力,同时对世界各国高等教育的发展产生了深远影响,致使诸多国家的大学不断调整办学理念,提升社会服务能力。大学成了经济社会发展的"服务站""智囊库""动力站"。大学的社会服务意识得以不断增强,服务范围不断扩展,服务对象不断增加。

---

① J.Ben-David, A. Zloczower. Universities and Academic Systems in Modern Societies[J]. European Journal of Sociology,1962(3):45.

一、大学教育的职业性日渐彰显

20世纪以来,高等教育受市场经济的影响已成为不争的事实。市场经济对大学的影响主要体现为竞争机制和效益观念。竞争机制和效益观念是传统大学与现代大学的主要区别,而这也正是市场经济的主要特征。从高等教育的发展趋势来看,竞争和效益观念不断深入,经济价值对大学的影响也会不断加深。在经济诱因下,有些大学逐渐放弃自身的精神价值从而走上了追求经济价值之路,并根据经济发展需求而改造自身。无论是人才培养目标的确立,还是学科门类、课程设置的数量,大学教育在某种程度上都具有明显的职业性特征。一方面,大学极力迎合利益相关者的口味,不论利益相关者是国家、集团或私人,其通过附加条件给予大学一定的经济资助,使大学满足自己的需求;另一方面,大学的人才培养被迫适应市场经济对人才的即时需求,致使大学不断调整培养目标、学科和课程等,以便尽可能解决与市场需求的矛盾。

伴随着工业革命和科学技术的发展,诸多国家的大学依靠国家的改革,纷纷进入革新或转轨的新阶段,加快了对大学内部学科、专业和课程的调整或改造,促使大学更多关注社会的发展变化,提高社会服务意识,同时满足高等教育大众化的需求。这一时期,职业至上正成为大学的核心取向。大学的学科日益分化,大学教师所从事的学术研究领域日益细化,大学紧紧围绕职业需求加强专业设置和课程建设。美国教育家、永恒主义教育流派的代表人物赫钦斯(Robert Maynard Hutchins)针对这一现象描述道:"如果公众对都市报纸感兴趣,那么新闻学院就会立刻如雨后春笋般出现。如果公众对大企业的发展怀有敬畏之心,那么同样受到尊重的商学院也会纷纷出现。如果一个行政当局由于扩大联邦政府的活动范围导致公务员队伍的增加,那么公共服务方面的培训就会成为大学的首要责任。"①总之,大学的教育活动通过学科、专业和课程设置等方面,不断满足利益相关者的需求,不断彰显社会的服务意识,从而导致自然科学课程与人文科学和社会科学课程之间比例的失衡和分裂。

二、大学与产业的联系愈加密切

基于国家间经济实力竞争的现实需要,大学与产业界之间的联系日益密切。为提高国家的经济实力,世界各国普遍认识到高等教育对经济发展的促进作用,诸多国家都把为社会经济发展培养所需人才视为大学的根本使命。举例而言,瑞典政府为使高等教育更好地适应国家经济发展,强调"一切高等教育都应以向学生传授某些职业技能为目标"。泰国政府尤其重视工程学、农学、兽医学以及其他自然科学领域中高级人才的培养,强调要加强"为满足市场需求和国家发展所必需的那些领域的教育"。为满足工业发展的需要,英国催生了伦敦大学等一批城市大学,并使它们成为工业发展的研究中心,如谢菲尔德学院是研究钢铁工业的中心,伯明翰学院是研究酿酒业的中心,利物浦学院和纽卡斯尔学院是研究海运业的中心,伦敦学院是研究电机工程的中心。

大学与产业之间的联系,不仅体现在大学的人才培养方面,同时也体现为对技术变革的要求,认为大学科技人员应与企业建立直接的联系,开发和利用大学中宝贵的科技资源,帮助企业进行技术创新,为国家经济振兴做出贡献。举例而言,19 世纪下半叶,英国出于与德国、美国等新兴工业国家经济竞争的需要,特别是通过两次世界大战,深刻认识到科技创新的重要价值,通过大量削减政府对大学经费的投入等手段,不断给大学施加外在压力,迫使

---

① [美]罗伯特·M.赫钦斯.美国高等教育[M].汪利兵,译.杭州:浙江教育出版社,2001:4.

大学与产业不断加强联系。1957 年 10 月,法国学者在东南部工业城市格勒诺布尔(Grenoble)召开了一次重要会议,中心议题就是研究如何加强大学与企业的合作。德国在 20 世纪 70 年代开始注重大学与市场的结合,认为大学应按照市场需要加强人才培养和开展科学研究。

大学在加强与产业之间的联系、提高社会服务能力的同时,自身也能够增加财政收入,改善办学条件,提升办学水平。企业也能够通过大学的智力支撑,不断提高技术水平,提升产品质量,增强企业的发展活力。这样,大学在与企业的互动发展过程中实现着双赢。

三、大学的工具理性更加突出

毋庸置疑,大学的根本职能是人才培养。然而,大学培养什么样的人,则不是基于大学自身发展的内在逻辑要求,而是基于"社会需要什么样的人,我们就培养什么样的人"的社会需求。大学的价值理性逐渐被工具理性所替代。赫钦斯曾指出,越来越多的"服务站"大学正在设计能够满足付钱者——学生、私人捐助者和州的立法机构——的政策。典型的学术之府既没有了自由,也没有了独立,因为它们不得不追求资金以支持其各种任务。[①]

梳理西方大学的发展历史及其所展示的大学精神,能给重塑、传扬我国的大学精神,留下诸多深层次的思考。

---

① 施晓光.美国大学思想论纲[M].北京:北京师范大学出版社,2001:216.

第三章　西方大学精神之示例

列宁曾经指出,在社会科学问题上,有一种最可靠的方法就是不要忘记基本的历史联系。考察每个问题都要看某种现象在历史上怎样产生,在发展中经历了哪些主要阶段,并根据它的这种发展去考察这一事物现在是怎样的。① 大学精神集主观、客观于一体,是伴随着社会的政治、经济、科技、文化和教育等的不断发展变化而逐渐形成和演进的一个动态性概念,是从大学实践经验中总结、提升和推导出来的理论系统或观念体系,是与人们对大学教育思想的升华和对大学职能的认识紧密联系在一起的。因此,为了更透彻地认识和理解大学精神,我们也必须通过透视基本的历史联系和发展的主要阶段,对西方大学精神的内蕴及成因进行梳理和阐扬。

第一节　牛津大学精神

牛津大学(University of Oxford)创建于 1167 年,是一所位于英国牛津市

---

① 中共中央马克思恩格斯列宁斯大林著作编译局.列宁选集(第 4 卷)[M].北京:人民出版社,1995:26.

的公立大学,它在英国社会享有"天才与首相的摇篮"之美誉。作为英语世界中古老的大学之一,牛津大学在世界高等教育系统中占有极其重要的地位,产生了深广的世界性影响。牛津大学设有 1 个中央学校(包括校和系图书馆,以及科学实验室),38 个学院以及 7 个永久私人公寓。有些学院只接受研究生,这些通常都是新建立的学院。牛津大学的学院系统产生于该大学诞生之时,并逐渐成为牛津市独立机构的集合体。

一、牛津大学精神的内蕴

牛津大学作为世界上历史悠久、影响深广的大学之一,拥有着独特的精神内蕴,主要包括自由精神、独立精神和理性精神。

(一) 自由精神

牛津大学以探究真理、培养具有完善人格的学生为己任,始终坚守着自由的精神。在 800 多年的历史演进中,牛津大学积淀了深厚的传统,铸就了特色鲜明的精神文化。尽管牛津大学的教育也曾出现过衰退或停滞的时期,但其对学术的景仰和对自由的追求始终贯穿了数百年历史的兴替轮转。

大学的自由精神具体体现在学术自由方面,学术自由是学者们传授和探索真理的前提和保障。正如布鲁贝克所言:"大概没有任何打击比压制学术自由更直接指向高等教育的要害了,我们必须不惜一切代价防止这种威胁。学术自由是学术界的要塞,永远不能放弃。"①学术自由不是以拥有经济利益和政治地位为目的,而是一种不断追求真理的精神。正如纽曼所说:"自由知识本来就是为了引起我们思索,自由知识立足于自己的要求,不受后果支配,不期望补充,不受目的的影响(如人们所说),也不会被任何技艺所同化。最

---

① [美]约翰·S.布鲁贝克.高等教育哲学[M].王承绪,等译.杭州:浙江教育出版社,2001:59-60.

普遍的追求具有这种特征,只要这些追求是充分而完整的。而最崇高的追求也会失去这种特征,只要这样的追求是为了获取追求之外的某种东西。"①大学的学术自由是不可替代的,带有功利主义色彩的自由不是真正的自由。英国牛津大学校长安德鲁·汉密尔顿(Andrew D. Hamilton)在牛津接受专访时介绍了他对大学精神的看法:"我认为大学精神的核心有两点,第一是在每件事情上对卓越的追求,第二是自由而公开的辩论。""牛津是一个开放的地方,所有的事情都可以拿出来公开讨论,无论是学术上的还是行政事务上的。"他还专门提到,牛津大学特有的导师制非常有助于培养自由辩论的精神。牛津的导师制是从本科就开始的,每名本科生都会有指定的导师,每位导师一般只带两三名学生。每个星期,导师与学生之间都会进行 1 小时左右面对面的讨论,这种讨论是完全平等的,学生既可以自由地提出问题挑战导师,也需要在辩论中捍卫自己的观点。这些都体现了牛津大学的自由精神。

(二) 独立精神

大学的独立精神,是由基督教会在中世纪的特殊地位所决定的。"大学在与市民、各种行会、王权发生冲突的过程中,均以享有修道院式的豁免权而未受制裁。大学这种自治独立性的更高发展,则是在与教会组织的摩擦矛盾中逐步摆脱控制,而终于成为王权、教会与各种世俗势力不得侵犯的神圣领土。质而言之,大学是世俗化时代一个神圣的独立王国。"②牛津大学的学术自由需要独立精神的保障,这正如哲学家贺麟先生所讲的,学术在本质上必然就是独立的、自由的,不能独立自由的学术根本不能算是学术。学术是一个自由的王国,它有它神圣的使命,它有它特殊的、广大的范围和领域,别人不能侵犯。假如一种学术只是政治的工具、文明的粉饰,或者为经济所左右,成为完全被动的产物,那么这一种学术就不是真正的学术。因为真正的学术

---

① [英]约翰·亨利·纽曼.大学的理想[M].徐辉,等译.杭州:浙江教育出版社,2001:28.
② 尤西林.大学人文精神的信仰渊源[J].高等教育研究,2002(2):3-4.

是人类理智和自由精神最高的表现。它是主动的,不是被动的;它是独立的,不是依赖的。独立精神为牛津大学的学术自由提供了宽松的环境和宽容的氛围,保障了学者们去自由地探索真理、培育人才。

大学的独立精神还体现为大学自治。牛津大学自中世纪诞生以来,就不断与教会、王室、世俗机构进行不懈的斗争,争取大学的自治权。正是在这种不懈的斗争中逐渐形成了其独立管理大学内部事务的传统。1920 年,由于受到国家财政困难的冲击,皇家委员会规定大学每年都应重新授权,每年都应重组以确保承担教学的责任。进入 20 世纪 90 年代,高等教育财政紧缩政策使牛津大学的自治传统受到进一步的挑战。为应对财政危机,牛津大学把应用科学列入人文主义核心课程之中,以此来加强它作为国际学术中心和学术争辩论坛的传统地位。总之,这一时期大学自治的传统,尽管受到财政困难的冲击,牛津大学仍坚守大学的自治权,彰显着大学的独立精神。

大学的独立精神也体现在大学内部各自独立的学院制。学院制是英国中世纪大学运作的一个传统模式,它不是单纯的教育实体,也不是单纯提供住宿的场所,而是为学生提供一个活动、交往和适合于居住的生活与学习中心。学院中的学生可以学习不同的学科,读不同的年级。据牛津大学官网信息,牛津大学共有 36 个学院,每个学院都是独立和自治的,有一个由枢密院批准的章程,根据该章程,它由一名众议院议长管理,由管理机构直接选举和任命。理事机构由一些研究员组成,其中大多数还担任大学职务。牛津大学的学院制管理模式,充分凸显了牛津大学的独立精神。

(三) 理性精神

牛津大学自创建之日起,就把探求真理、崇尚科学作为大学教育的目的,在探究真理、崇尚科学的过程中张扬着大学的理性精神。在社会服务的过程中,牛津大学通过培养具有理性的人和对社会的批判彰显大学的理性精神。因此,牛津大学是一个不折不扣的"理性王国"。

大学的根本职责在于探究学术、追求真理,而探究学术、追求真理的过程乃是一个理性的思考、批判的过程。牛津大学从中世纪沿用至今的校徽上写有"DOMINVS ILLVMINATIO MEA",既是表明大学的"保守",更是强调"启示"是知识和真理的源泉,旨在激发大学人对于真理的理性探索。"在洛克看来,人应当走的寻求真理之路,既不是单纯依赖启示的飞升,也不是依靠他人施舍的懒惰。他也应当运用自己心智的力,用脑力劳动来生产知识、充实心智,真正使自己的思想有所归着,让自己的心智安定下来,使欲望和意志指向正确的方向。"[1]牛津大学虽然几经沧桑巨变,但始终以实事求是的科学态度,体现出对人类社会的终极关怀,鼓励大学人不断进行独立思考和质疑批判,使得"一种以自由、公平、冷静、克制和智慧为特征的终生思维习惯得以形成",[2]在理性光环的照耀下,坚守着对学术的景仰和对真理的孜孜以求。总之,牛津大学即使被社会因素所抑制而不能进行自由的批判,也始终坚守着800余年的学术传统,将培育、弘扬大学的理性精神视为自身不可推卸的责任。

二、牛津大学精神的成因

牛津大学的自由精神、独立精神和理性精神,其产生、发展和践行具有特殊的历史原因、宗教原因,并受到社会的政治因素、文化因素的影响。

(一) 历史原因

牛津大学诞生在中世纪,行会的组织形式使牛津大学获得了一定的自主权和较强的适应能力,其还可以通过教皇的"谕旨"或皇帝的"敕令"享有多种特权,取得了类似行会甚至超越行会的地位。通过这种形式,牛津大学对外

---

① 渠敬东,王楠.自由与教育:洛克与卢梭的教育哲学[M].北京:生活·读书·新知三联书店,2012:95-96.

② [英]纽曼.大学的理想[M].徐辉,等译.杭州:浙江教育出版社,2001:22.

倡导自治,对内主张学术自由,成为一个独立研究学问、追求真理的场所。与此同时,教皇允许大学的知名教授同时在几所大学供职任教,也允许学生自由地迁往不同的大学,大学之间不断加强交流,共同探索真理,使得先进思想和多元文化得以传播。在此氛围下,牛津大学得以实施民主化管理,学术自由有了实现的机会。

(二)宗教原因

"牛津大学在一定程度上可以说是宗教真空状态下的产物。"①宗教对牛津大学的影响是深远的,大学保留下来的传统与教会有着千丝万缕的联系。牛津大学从成立之日起由于得到了教会和国王的宽容,学院就是一个自治的团体,自己制定院院规并自我管理,学院独立完成教学任务,以培养有教养的牧师或神职人员为主要目标,以神学和古典学科为主要教学内容。1817 年,威尔士布雷肯教区副主教杰拉尔德(Gerald of Wales)考察了牛津大学后预言"牛津将成为一所有尊严的大学"。从大学形成初期罗马教廷和英国国教会通过各种特许状、任命权以及代理权等为牛津大学谋得了为数不少的特权和学术自治地位,使大学拥有内部自治权、独立审判权、免除赋税及兵役权、学位授予权及到各地任教权、自由演讲、罢教及迁校权等。正是拥有了这些特权,才能够拒绝教会神权和世俗王权的权威意图,免于屈从他们的意志,摆脱了不利于大学发展的种种束缚,保证了真正做到学术自由和大学自治,成为大学具有自由精神、独立精神的前提。直到 1871 年颁布《大学考试法案》,宣布取消宗教宣誓,并准许非国教徒和无神论者注册入学,拉开了大学世俗化的序幕。但这并不意味着大学与宗教的结束,神学一直是牛津大学所关注的领域。

---

① [英]海斯汀·拉斯达尔.中世纪的欧洲大学(第三卷)[M].邓磊,译.重庆:重庆大学出版社,2011:70.

(三) 政治因素

英国是一个拥有悠久的民主法制传统的国家,其民主制集中体现为一种契约关系,建立民选式契约式政府,实现社会管理的法制化,决定了国家政府的权力是有限的,它必须在法律许可的范围内活动。牛津大学是一个独立的自治机构,各学院也都是自治的法人团体,具有相对独立的法人主体身份并拥有依据自身章程进行自我管理内部事务的权利。牛津大学与英国政府之间存在着法律意义上作为平等主体的契约关系,这种关系赋予了大学组织以自我管理内部事务的权利,保障了牛津大学能维护自身组织的个性、抵御来自国家政府和公民社会对学术发展的过多干预。同时英国的非营利性社会中介组织,能够在很大程度上影响国家政府的政策制定或实施,在大学与政府之间发挥"缓冲器"的作用。这一组织有利于保障牛津大学的学术自由权,确保政府能够实现对大学的有限管理,为牛津大学永葆自己的精神特质提供了政治保障。

(四) 文化因素

英国是一个注重传统的现代文明国家,强调社会发展的连续性,社会的变革大多是渐进式推进的。英国社会的传统作为一种文化,存在于民众的心理、习惯、行为方式以及生活之中,具有深厚的社会基础,与社会密不可分,甚至在某种程度上传统成了社会成员信仰或认同的载体。大学的发展进程自然要受到社会文化传统的影响。牛津大学作为英国社会的文化中心,深受社会文化传统的熏染,正如《牛津手册》上所记载:"牛津的历史就是一部英国史,西方文化艺术的每一次思潮,都可以在牛津找到一些痕迹。"[1]这从牛津大学的校徽上也得到充分的验证:校徽上的王冠昭示着大学教育的高贵和荣

---

[1] 郝书辰.从感悟牛津看向世界一流大学学什么[J].中国高等教育,2006(20):29.

耀,其上这两王冠的平行摆放,象征着弘扬皇家文化的重要作用。正是在社会文化的影响下,牛津大学始终延续着多年的文化传统,坚守着自身的办学理念,有力地保障了牛津大学无论是在文艺复兴、宗教改革、工业革命,还是在现代化进程等社会变革的大潮面前不是随波逐流,而是处乱不惊,始终坚守着其保守性和独立性,展现着独特的"牛筋"品格,彰显着大学的精神风貌。正是这一延续多年的文化传统和信念坚守,有力地保障了牛津大学的独立性。

第二节　剑桥大学精神

英国剑桥大学(University of Cambridge)创建于 1209 年,是一所公立研究型大学。剑桥大学为书院联邦制大学,现在共有 31 所住宿书院,而各个学术部门则被归入 6 个主要的学术学院。剑桥大学也是众多学术联盟的成员之一,为英国其中一所"金三角名校"。

一、剑桥大学精神的内蕴

剑桥大学历经数载,无论国际、国内风云如何变幻,却始终屹立于世界学林之巅,这与剑桥大学始终坚守的自由精神、独立精神、人文精神等密切相关。

(一)自由精神

剑桥大学自创建以来沉淀下来的第一条核心价值观就是"思想与表达的自由"(freedom of thought and expression)。剑桥大学的自由精神主要体现在学术自由方面,学术自由成为学者心中普遍的价值取向。学术自由主要是指大学成员教学和研究的自由,即他们有权按照自己认为正确的传统和法则自由地进行知识探索和学术研究。在剑桥大学,学术自由是一种适度自由,它是一种工作的条件。大学教师之所以享有学术自由乃基于一种信念,即这种自由是学者从事传授与探索他所见到的真理之工作所必需的;也因为学术自由的气氛是研究最有效的环境。^① 学术自由体现的是一种追求真理的精神,这种追求不是以拥有经济利益和政治权势为目的,而是为了追求真理本身。学术自由是剑桥大学的核心,体现为一种传统的价值取向。

曾任剑桥大学校长的亚历克·布罗厄斯认为,剑桥大学的繁荣发展,得益于剑桥的一大特色——赋予个体以学术自由,使他们能够去追求自我的理念、思想、观点,并保留他们自己的知识产权。在剑桥生活了 20 多年的布罗厄斯这样诠释剑桥的自由精神,即活跃的文化融合和高度的学术自由。而形成这一精神氛围的重要形式,他认为就是下午茶和喝咖啡时自由随意的交流。在拥有 31 所学院的剑桥,其学院的定义并非是以某一学科为核心的学术机构,而是一种打破学科界限的学生组织机构。^② 剑桥人的这种自由精神,开阔了剑桥人的眼界和心胸,培育了剑桥人的理想主义情怀,孕育了剑桥人的创新意识和创造能力。

(二)独立精神

剑桥大学的独立精神主要体现在大学自治上。大学自治初始作为一种管理理念而存在,随着大学的发展逐渐向制度化转变。剑桥大学自中世纪诞生以来就有自行管理学校内部事务的传统,学校每年都要选出两位学监,代表大学与市镇和世俗权力部门进行谈判,以保护大学的财产和书籍,主持考试和掌管所有典礼。到了 19 世纪,理事会成了剑桥大学唯一的权威机构。

剑桥大学成立之时,为了维护自身的利益、有效地进行防卫和斗争,便组

---

① 金耀基.大学之理念[M].北京:生活·读书·新知三联书店,2001:173.
② 夏红卫,程瑛.剑桥校长剖析剑桥奇迹[N].北京青年报,2002 - 04 - 15.

成了"universitas"这一行会性的学生组织。通过"universitas",他们集体迁移到此地,从城市当局获得了"universitas"的内部自治权,并利用政教矛盾,在教皇和国王那里争取到一些特权,由此保证了大学的独立性。大学自治权的获得,使得大学能够摆脱政府和教会的干涉,不受政治左右而改变大学的办学方向,不因社会动荡而中断学术的研究,成为一个由教师和学生共同组成的学术组织,进行传播知识、探究真理、人才培养,推动社会的进步。

为了坚守大学的独立精神,剑桥大学始终谨慎地对待社会捐赠,做到不被眼前利益所驱动,不被提供经费的单位制约大学的发展进程,不因为接受社会捐助而影响大学的基本信念和长远价值观。举例而言,剑桥大学担心学生的价值观受到不良影响,断然拒绝了某烟草公司数亿英镑的捐助。

(三) 人文精神

剑桥人认为,人文精神在延续人类文明、消解功利主义价值观的影响等方面发挥着至关重要的作用。剑桥大学不仅涌现了牛顿、达尔文、霍金等一代又一代的科学巨匠,也不乏诗人拜伦、哲学家罗素这样的人文大师。剑桥大学前校长亚历克·布罗厄斯认为,当不断进步的科学技术日益改变人类的境况时,我们越来越需要两件事:对伦理问题的精确分析研究;对过去的了解,尤其是对人类过去经验的了解。"以一种独特的人文精神去诠释哲学和历史,关于理念、宗教、文学、社会、政治等的历史,都是与当今生存环境密切相关的。"[①]剑桥大学建立了艺术社会科学、人文科学研究中心,以加强人文科学的研究。

剑桥大学的人文精神主要体现在更具个性化的小组教学方面,它被认为是世界上最好的教学模式之一。剑桥的各个学院就像一个大家庭,被誉为"一个可以称之为家的地方"。据剑桥大学官方网站信息,剑桥大学每个学院

---

① 夏红卫,程瑛.剑桥校长剖析剑桥奇迹[N].北京青年报,2002-04-15.

都有一个图书馆,其中包含标准课程文本和其他相关材料,还提供了一个安静舒适的工作场所。每个学院都有计算机,连接到大学网络,并可用于(通常全天候)工作和收发电子邮件。每个学院的学生组织了很多娱乐和社交活动。教学主要采用讲座、研讨会、小组会议、实践、独立研究等形式。大学提供一系列涵盖艺术、人文和科学的课程,其显著的特点是,它们在最初几年通常广泛地涵盖学科领域,然后在以后的几年中提供广泛的专业选择。

二、剑桥大学精神的成因

英国是一个历史悠久、文化传统深厚的国家,社会中的宗教传播、自由主义、保守主义等文化因子经过历史的沉淀深深扎根于民族的思想和行为中,自然也深深影响着剑桥大学精神的形成和发展。

(一)宗教传播因素

宗教传播在英国社会文化传统中占有极其重要的地位,特别是基督教对教育的影响十分深刻。在人类文明之初,教育成为宗教的主要职能,是宗教为教育提供了物质条件和精神文明成果。中世纪大学便是基督教的产物,大教堂学校便是它的雏形。构成中世纪大学最初的学院多由教会捐助成立,剑桥大学的第一所学院——彼得豪斯学院便是由艾利修道院的休·德·巴尔夏姆主教于1284年在剑桥圣彼得教堂旁边建立的。当然,宗教在发展和变革的过程中,既能促进高等教育的发展,也会阻碍高等教育的发展。但不可否认的是,宗教传播中对大学的保护和支撑,为剑桥大学的发展提供了重要保障。

(二)自由主义因素

英国的自由主义是在抗拒王权、限制王权的斗争过程中逐渐形成的。文艺复兴时期,英国著名的思想家和哲学家约翰·洛克(John Locke)在《政府论》中系统阐述了自由主义思想,这不仅使洛克成为古典自由主义思想的集大成者,而且对于后世的现实政治产生了深远的影响。英国的自由主义思想主要涉及政治自由、经济自由、个人主义和思想自由,这使得剑桥大学能够广泛享有大学自治权和学术自由。政治自由保障国家对大学只是通过资助和监督的方式参与大学管理,这样大学能够享有最大限度的自由和独立;经济自由使得政府通过高等教育基金会等中介组织对大学实施宏观调控,使大学自治成为可能;个人主义强调充分发展人的个性,把人从形形色色的束缚中解放出来,认为教育的目的就是培养绅士;思想自由使得大学师生有权利自由地传播新观点、形成新思想,使大学的学术活动避免受到外界的干扰。

(三) 保守主义因素

保守主义是英国社会文化的显著特色,深刻影响着剑桥大学的发展。在建筑方面,剑桥大学一直在守护着高密度的哥特式或巴洛克建筑。在生活仪式方面,国王学院的中央草坪只允许穿黑袍的教授行走,三一学院的餐前祈祷只能使用中世纪的拉丁语等。在管理制度方面,剑桥大学的学院制、导师制等一直延续至今,并且成为剑桥大学的特色。保守主义使得剑桥大学在面对纷繁复杂的现代社会的发展时能够保持理性,不断凸显大学的使命担当。在保守主义的传统中坚守自身的特色并使之成为发展的优势,是剑桥大学孜孜不倦的追求,也成为剑桥大学不断保持世界一流大学的深厚文化底蕴。

第三节　哈佛大学精神

哈佛大学(Harvard University)是美国历史最悠久的高等学府,也是常春藤联盟的成员之一,哈佛大学本部位于美国马萨诸塞州剑桥市。1636 年 10 月,马萨诸塞海湾殖民地议会通过决议,决定筹建一所像英国剑桥大学那样的高等学府,每年拨款 400 英镑。学校成为全美第一所高等教育机构。1638 年 9 月,牧师兼伊曼纽尔学院院长的约翰·哈佛病逝,他把一半的积蓄 700 多英镑和 400 余册图书捐赠给这所学校。为了纪念在成立初期给予学院慷慨支持的约翰·哈佛牧师,1639 年 3 月 13 日马萨诸塞海湾殖民地议会通过决议,把这所学校更名为"哈佛学院"(Harvard College),1780 年哈佛学院正式改称"哈佛大学"(Harvard University)。哈佛大学共设有 13 所学院,其中本科生院 2 所,研究生院 11 所。哈佛大学是一所在世界上享有顶尖学术地位、声誉和影响力的教育机构,被誉为"美国政府的思想库"。

一、哈佛大学精神的内蕴

哈佛大学被公认为当今世界上最顶尖的高等教育机构之一,在美国有着"先有哈佛后有美利坚"的说法。哈佛大学是一个培养具有"独立之思想、自由之精神"的智者摇篮,将"求是"和"崇真"视为立校兴学、培养人才的基本准则,形成了追求真理、独立思想和注重人文的大学精神。

(一) 追求真理精神

"追求真理"源于哈佛大学"与柏拉图为友,与亚里士多德为友,更要与真理为友"的校训。哈佛人认为:"大学绝不仅仅是为了解决现实社会问题和适应当前社会需求而设立的,大学还有它更为重要的任务,它要传授的是一代又一代学生终其一生都需要的最基本、最重要的思想、知识和方法,它要探求人类最有普遍意义和恒久价值的真理和学理,它更多地关注'应当怎样'的理想境界,而不是实际的操作和现实的妥协方案。正因为如此,大学有时就是要像一座'象牙塔',就是要与现实社会、特别是不够理想的乃至异化的现实

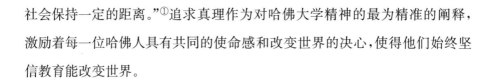

社会保持一定的距离。"①追求真理作为对哈佛大学精神的最为精准的阐释，激励着每一位哈佛人具有共同的使命感和改变世界的决心，使得他们始终坚信教育能改变世界。

(二) 独立思想精神

独立思想是哈佛大学最为根本的大学精神。早在一百多年前，哈佛的毕业生、著名哲学家和心理学家威廉·詹姆斯就曾说过："就培植自主与独立思想的苗床而言，除了哈佛大学，无出其右者。哈佛的环境不只允许，而且鼓励人们从自己的特立独行中寻求乐趣。相反地，如果有朝一日哈佛想把她的孩子塑造成单一固定的性格，那将是哈佛的末日。"哈佛大学的学生入校时就能够感受到："你们到这里，不是来发财的。你们到这儿来，为的是思考、并学会思考！"②

哈佛大学把独立思想的精神落实到具体的教学过程和对学术的研究上，特别强调学术规范和学术道德。独立思想是哈佛大学的最高精神境界。哈佛人甚至认为：学生所受到的最严厉的惩罚，不是因为迟到旷课、夜不归宿甚至打架斗殴、损坏公物，而是因为学习上抄袭剽窃。为保证学术研究的独立思想，哈佛大学确立并严格执行了著名的"学术自由"（Academic Freedom）、"学术自治"（Academic Autonomy）和"学术中立"（Academic Neutrality）之"三 A 原则"。

(三) 人文精神

哈佛大学作为一所综合性大学，非常重视人文精神，正如哈佛大学历史上第一位女校长德鲁·吉尔平·福斯特（Drew Gilpin Faust）所言：人文教育使得人们有更为超越的眼光，不只看到自己，还可以从不同的视角看待这个

---

① 王诺.我所体验的哈佛精神[J].中国高等教育,2002(18):44.

② 向洪.哈佛理念[M].青岛:青岛出版社,2005:36.

世界,更可以挑战那些人们习以为常的事物。而这种思维方式将影响人的一生。这突出体现在其享誉世界的通识教育和核心课程中,要求每一名哈佛大学的本科学生必须修满涵盖八大学科领域的 32 门核心课程。该课程体系主要包括外国文化、历史研究、文学艺术、道德伦理、数理伦理、科学和社会分析这七大类。课程目标主要包括五个方面:"能够清楚而有效地进行思考和写作;对某一专业有一定深度的认识;具备文学艺术的审美能力和理性知识,能够用历史的方法认识现实问题和人类社会历史的进程,能够运用现代社会科学的概念和分析方法,掌握物理学和生物学的计量方法和实验方法;对道德问题有一定的认识和思考经验;有广阔的社会经验。"[①]显而易见,课程目标主要为培养学生的人文精神。

二、哈佛大学精神的成因

哈佛大学倡导人文精神。哈佛大学的建校宗旨就是追求真理,它也成为大学的校训;倡导学术自由和创新发展,为此需要学人有独立的思想,没有独立思想就没有学术的创新发展。

(一)追求真理精神的成因

追求真理的精神源于哈佛大学的校训。1642 年的《学院法例》这样写道:"让每一位学生都认真考虑以认识神与耶稣基督为永生之源,作为他人生与学习的主要目标,因而以基督作为一切正统知识和学习的唯一基础。所有人既看见主赐下智慧,便当在隐秘处认真藉着祷告寻求他的智慧。"从 1607 年在詹姆斯敦建立殖民地开始,直至 1776 年的美国独立战争,除少数例外情况,北美洲各英属殖民地都有法定宗教。这些校训都是在美国建国前的宗教单一

---

① 王诺.我所体验的哈佛精神[J].中国高等教育,2002(18):45.

时期确定下来的。后来,美国取消了基督宗教的唯一性,以宗教中立取而代之。追求真理和发展科学文化教育的事业逐渐兴旺,哈佛大学校训最终确定为"追求真理"。

追求真理的大学精神不仅体现在校训中,同样也在校徽中很好地体现出来。其中还发生了一个小故事。1643 年 12 月 27 日,哈佛大学举行了一次会议决定它的校徽,它由三部分组成,主体部分以三本书为背景,上面的两本书分别刻有"VE"和"RI",下面一本书上刻有"TAS",连起来"VERITAS",在拉丁文字里就是"真理"的意思,同时也表明真理是在众多的书籍里。时任校长亨利·邓斯特(Henry Dunster)在会议之后,便把会议记录放在一大堆文件中,而那张校徽设计图也夹在会议记录中。直到哈佛 200 周年校庆时,这个以"真理"为主题的校徽才从堆积如山的历史文件中被发现。这似乎在向每个哈佛人昭示,真理是不会被遗忘的。①

(二) 独立思想精神的成因

哈佛大学独立思想精神的形成,一方面源于哈佛大学一直所积极倡导的学术自由。1863 年,查尔斯·威廉·艾略特(Charles W. Eliot)前往欧洲考察和研究高等教育制度,1865 年回国后,把欧洲特别是德国大学的学术自由引入哈佛大学,从此便成为哈佛大学的传统。艾略特认为:大学是世界上最容不得独裁者的地方。学术自由应成为学术研究的基本原则,也是一所大学能否取得成功的关键。劳威尔(A. Lawrence Lowell)继承了艾略特时代学术自由的传统,他认为大学是学术研究的场所,应为教师和学生提供自由地探究、发现和传播真理的环境,特别是在课堂上其应该有绝对自由的权利。他说:"教师在课堂上应绝对自由地讲授其研究的课题,责无旁贷地传授他所发现的真理。这是学术自由的首要条件,违背这一原则就会危及知识的进步。"②

---

① 刘湘丽.美国名校的大学精神及其影响[N].中国信息报,2007 - 04 - 11.
② 郭健.哈佛大学发展史研究[M].石家庄:河北教育出版社,2000:156.

在哈佛大学,教师享有学术自由,学生也享有选择学习的自由,拒绝参加礼拜的自由,平等地竞争学期奖学金的自由,选择自己朋友的自由。美国心理学之父、美国本土第一位哲学家威廉·詹姆斯(William James)认为,"真正的哈佛"乃是一个"无形的、内在的、精神的哈佛",这就是"自由的思想"与"思想的创造"。[①]

哈佛大学独立思想精神的形成,另一方面源于哈佛大学一直所积极倡导的创新发展。创新发展在哈佛大学得到全方位的展现。如哈佛大学的创建,本身就是一种创新。1669年至1682年,哈佛大学年收入的52.7%来自政府或政府支持的拨款,而捐赠只占12.1%,学费只占9.4%。这种多渠道的融资模式,保证了哈佛大学在资源匮乏的情形下能够得到发展,这也是一项创新。校长劳威尔在任职期间,实施荣誉学位,执行指定选修课程、导师制,这也是一项创新。哈佛大学的创新发展,为独立思想精神的形成奠定了坚实基础。

(三) 人文精神的成因

哈佛大学人文精神的形成,首先体现在课程设置上。由于哈佛大学的建设是以剑桥大学为蓝本,课程的设置大多沿用旧制,整个学院中弥漫着古典主义的气息,散发着宗教神权的味道,神学毫无疑问占据着"王冠"的地位。1909年,哈佛校长劳威尔为凸显大学的人文精神,对学校设立的语言、文学、音乐和艺术,自然科学,历史、政治和社会科学,哲学等四个宽泛的学科大类进行改革,要求学生根据一些严格的规定,在每个领域中选修课程。

哈佛大学人文精神的形成,还体现在对文学艺术教育的重视上。从20世纪70年代开始,哈佛大学要求学生背诵诗歌的传统一直延续至今。哈佛大学还经常聘请著名诗人做住校诗人,如爱尔兰诗人、1995年诺贝尔文学奖得主谢默斯·希尼(Seamus Heaney)在哈佛主持了一个"诗歌工作室",带领学生

---

① 刘东霞,刘金玉.对话教学——寻找大学精神、回归大学本质的途径[J].江苏教育学院学报(社会科学),2011(4):52.

朗诵诗、创作诗、欣赏诗、讨论诗。诗歌朗诵会、新诗发布会、诗歌研讨会是哈佛最常见、最有影响的课外活动。哈佛第 26 任校长尼尔·鲁登斯坦（Neil Rudenstine）认为："诗进入我们的校园，使得哈佛不仅是学术胜地，更是人性胜地。"关于回答铭刻在爱默生大楼北大门上方"什么样的人让你难忘"的问题，鲁登斯坦的答案是：理解人、同情人、尊重人的人。哈佛培养的学生不仅要在各自的专业领域独领风骚，甚至更重要的是他们还要成为"令人难忘的人"。要成为这样的人，就必须学习人文科学。① 注重人文精神，不仅使哈佛大学的学生难以忘记，更使得哈佛大学本身成为令人难忘的精神家园。

第四节　耶鲁大学精神

耶鲁大学（Yale University），坐落在美国康涅狄格州纽黑文市。1701 年，康涅狄格州立法机构通过了一项宪章，"建立一所大学学校"。学校于 1718 年正式更名为耶鲁学院，当时为了纪念威尔士商人 Elihu Yale 而更名，他捐赠了出售九包商品的收益以及 417 本书和乔治一世国王的肖像。耶鲁大学校园的两百多座建筑物涵盖了各个历史时期的设计风格，曾被誉为"美国最美丽的城市校园"。

耶鲁大学是美国 8 所常春藤盟校中最重视本科教育的大学之一，其本科学院与哈佛大学、普林斯顿大学本科生院齐名，历年来共同角逐美国大学本科生院前三名的位置。耶鲁大学包括耶鲁本科学院、文理研究生院以及 13 所专业学院。耶鲁大学秉持"光明与真理"的校训，培育出了大批影响美国乃至世界的风云人物，其中包括塔夫脱、福特、老布什、克林顿和小布什这 5 位美国

---

① 王诺.我所体验的哈佛精神[J].中国高等教育，2002(18):45.

总统,德国前总统卡斯腾斯和墨西哥前总统塞迪略也是耶鲁大学的毕业生,耶鲁大学因此被称为"总统摇篮"。作为世界一流大学,耶鲁大学的发展道路独具特色,于保守中创新,于稳健中发展,形成了特有的精神品格。

一、耶鲁大学精神的内蕴

"永远强调对社会的责任感,蔑视权威,追求自由和崇尚独立人格",被认为是耶鲁大学精神的精髓,是耶鲁人奉献给社会的宝贵精神财富。

(一) 求真精神

耶鲁人认为:"大学要创造新的人类文明就要为了真理而追求真理,追求真理本身就是目的,因此它天然地反对功利,与社会即时的、功利的需要保持一定的距离。"[1]在耶鲁大学校长托马斯·克莱普(Thamas CLAP)设计的耶鲁大学的校徽上,以拉丁文写成的"光明与真理"(LUXET VERITAS)映射出耶鲁人的这种一贯追求,体现了耶鲁人在世俗化的世界中追求纯洁的教育,保持独立的个性,享有"真知"的自由品质,体现了追寻目标的高度和超凡脱俗的精神境界。正如耶鲁大学第 20 届校长贝诺·施密德特(Benno Schmidt)校长在 1987 年迎新典礼上所讲的:"在任何一所大学,只要为知识而忠于知识的思想占支配地位,对真理、或者至少是对近似真理的无止境追求便价值无上。"[2]

(二) 独立精神

耶鲁大学认为,大学的目标和使命注定了大学必须具有独立精神,正如校长金曼·布鲁斯特(Kingman Brewster)所指出,最终一般社会上的人士将

---

① 王英杰.论大学的保守性——美国耶鲁大学的文化品格[J].比较教育研究,2003(3):7.

② 陈宏薇.耶鲁大学[M].长沙:湖南教育出版社,1990:9.

会了解,只有在学校拥有全部的自治权利,每个教师及学者皆有研究自由的条件下,整个社会才会有完全的自由与平等,而这也正是耶鲁的真正完整精神所在。坚持独立精神始终是耶鲁大学恪守的信条。建校以来,耶鲁大学不屈服于政治压力或物质诱惑,一直坚持独立精神。1752年,耶鲁50年校庆,时任校长托马斯·克莱普为抵制地方政府的各种干扰,以维护耶鲁大学的独立精神而不惜更改校庆日期,并于1756年在州府审讯庭上以杰出的辩才取胜,把耶鲁的独立精神推向合法化。越战期间,耶鲁大学面对美国政府"凡是自称以道德或宗教理由反战的学生一律不准得到奖学金的资助"的命令,依然坚守学术独立的一贯作风,仍坚持以申请者的成绩为考虑奖学金的唯一原则。这使得耶鲁大学失去了一大笔来自联邦政府的办学经费,但其独立精神依然不变。

(三)自由精神

耶鲁大学认为,大学必须有自由的思想和自由的学术空气,允许各种思想流派自由地争鸣。尊重自由,尊重选择自由、言论自由和信仰自由,是追求光明、探索真理的至关重要的前提。保障思想的绝对自由,是耶鲁大学数百年来的一贯宗旨。"耶鲁大学主张思想的绝对自由及对智力的不可动摇的信奉,它们是追求真理不可缺少的条件。有了它们,追求真理才有意义及价值。"[①]与此同时,耶鲁大学倡导百家争鸣,主张各种思想学说在校园学术中的相互碰撞,以促进学术的自由发展。举例而言,耶鲁大学生物系的悉尼奥·特曼(Sidney Altman)教授,在其开始研究课题的几年中,有不少人认为其研究是错误的,但学校却给予了他充分的自由和支持,那并不为人看好的课题最终于1989年获得诺贝尔化学奖。

---

① 陈宏薇.耶鲁大学[M].长沙:湖南教育出版社,1990:9.

（四）批判精神

耶鲁大学校长理查德·雷文（Richard Levin）在其著作《大学工作》中强调，作为大学教育的核心，"通识教育培养学生的才智，增强他们的推理和理解能力。通识教育的目标不是传递特定的具体内容，而是发展一种智能素质，那就是批判与独立思维的能力。具有创造与创新性，能超越偏见和迷信，能筛选信息以汲取精华、摒弃糟粕"。① 耶鲁大学鼓励师生在寻求真理的过程中，质疑每一个假设，钻研每一个论点，积极在学术领域开拓创新。比如，"在研究生教育方面，新生从入学之日起，耶鲁便鼓励学生既要使用'显微镜'窥见本学科的本质和奥秘；也要经常使用'望远镜'去掌握未来发展的方向及其他学科的进展"。② 耶鲁大学在教育教学过程中，不断鼓励学生进行公开讨论和相互批判，充分利用各种资源培养学生的批判性思维，促进学生的个性发展。

（五）保守与创新精神

美国《时代》周刊曾撰文指出："耶鲁在传统上有意识或无意识地等待其他人去探路，观察他们的进程，然后选择一条中间道路。如果说它的进步不快，其进步却是有选择的和基本上正确的。如果它开拓了新疆界，它就迅速去坚持传统的、实实在在的原则。在最好的和最真正的意义上，耶鲁大学一直坚持从创建就有的保守主义。"③耶鲁大学自建校以来，一直以拥有保守精神而著称。耶鲁大学的保守精神并不意味着顽固僵化、不思进取，而是基于耶鲁人对高等教育发展规律的深刻认识和对社会发展实际的深度思考，以其丰厚的文化积淀而表现出的自尊和自贵。"它在静谧中发展，在稳定中前进，以其保守的文化品格营造出一所循序渐进的世界一流大学。创新型人才和

---

① ［美］理查德·雷文.大学工作［M］.王芳，等译.北京：外文出版社，2004：105.
② 张金辉.耶鲁大学成就一流学府的经验分析［J］.河北大学学报（哲学社会科学版），2007（2）：69.
③ Brooks Mather Kelly.Yale：A History［M］. New Haven：Yale University Press，1974：431.

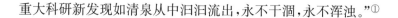

重大科研新发现如清泉从中汩汩流出,永不干涸,永不浑浊。"①

二、耶鲁大学精神的成因

(一) 17 世纪清教派宗教观点的影响

耶鲁大学是 17 世纪在纽黑文殖民地种植园上创办的高等学府,其大学精神的形成深受清教派宗教观点的影响。耶鲁大学 1701 年成立时的历史条件就决定了其保守性与开放性共存的品格特点。一方面,耶鲁从创办之日起,办学宗旨便十分明确:继承欧洲人文科学传统,为教会、更明确地是为公理会培养为民众服务的神职人员。要求遵守严格的教规,使得宗教价值贯穿于教学的全过程。这就确定了耶鲁"保守拒变"的品格基础,也使得耶鲁大学教育教学中的神学色彩一直保持到殖民地后期。另一方面,相对于耶鲁大学所移植的英国牛津大学、剑桥大学的教学及其管理体制而言,耶鲁无疑是激进的,展示了大学的开放性,使得耶鲁得以迅速发展并成为可与哈佛齐名的殖民地学院。可以认为,耶鲁大学自成立以来,从未放弃适宜大学发展的改革和创新,"创造了大学必备的三个条件:高质量的本科生学院,建立在学院基础上的研究生院或专门学院,一大批享有国际声誉的文理科学者"。②

(二) 住宿学院制的影响

进入 20 世纪以来,耶鲁大学实行住宿学院制,这成为区别于美国其他高校的一大特色,"住宿学院制是耶鲁既能培养杰出的学者,又能造就优秀公民的原因了"。③ 住宿学院制为耶鲁大学强化人文科学教育提供了便捷。第二

---

① 王英杰.论大学的保守性——美国耶鲁大学的文化品格[J].比较教育研究,2003(3):8.
② 陈宏薇.耶鲁大学[M].长沙:湖南教育出版社,1990:39－40.
③ 陈宏薇.耶鲁大学[M].长沙:湖南教育出版社,1990:61.

次世界大战后,美国成为世界头号科技强国,这为耶鲁大学提供了良好的发展环境和雄厚的资金支持。自第16任校长艾尔弗雷德·惠特尼·格里斯沃尔德(Alfred Whitney Griswold)起,耶鲁大学以开拓进取的姿态,坚持质量优先和规模控制的原则,追求卓越的办学理念,对学校的学科结构进行了调整,保持着人文教育的优良传统,大力发展科学研究水平,以引导世界发展为己任,在反对实用主义教育理念、解决20世纪六七十年代的美国高等教育的发展危机中发挥了重要作用,并对当前美国各大名校形成人文教育与科学教育并重的教育理念产生了重要影响。

（三）人文教育与科学教育相融合的办学理念的影响

进入21世纪以来,耶鲁大学着重强化人文教育与科学教育相融合的办学理念。耶鲁大学第21任校长理查德·雷文主张,促进、形成、发展交叉学科,形成新的知识增长点,并确立了培养各行各业的世界领袖的人才培养目标。与办学目标相适应,耶鲁大学非常重视本科教育,所有的教授都开设了面向本科生的课程。耶鲁大学的课程体系,更加强调宽松的选课制度,要求学生既要加深专业课程的学习,更要加强人文艺术、自然科学和社会科学等课程的学习,不断增强写作能力、定量推理能力和外语能力。耶鲁大学确立了引导人类知识发展,培养全世界各行业领袖和建立全球性大学的发展目标,展示了耶鲁大学开放的办学理念。

第五节　洪堡大学精神

洪堡大学是柏林洪堡大学的简称。柏林洪堡大学(Humboldt-Universität zu Berlin)的前身柏林大学,成立于1810年。这所国家资助、男女合校的高等学府是当时的普鲁士教育大臣、德国著名学者、教育改革家威廉·冯·洪堡（Wilhelm von Humboldt）创办的，在成立之初共有法律、医学、哲学和神学这 4 个传统学院。物理学家爱因斯坦、普朗克，哲学家费希特、谢林、黑格尔、叔本华，神学家施莱马赫，法学家萨维尼都曾在此任教。马克思主义奠基人马克思和恩格斯、欧洲议会主席舒曼、哲学家费尔巴哈、著名诗人海涅、铁血宰相俾斯麦及作家库尔特·图霍尔斯基等曾就读于柏林大学。1948 年柏林大学一分为二，部分师生在美英控制的西柏林地区成立了柏林自由大学，原柏林大学则于 1949 年更名为柏林洪堡大学。柏林洪堡大学是欧洲最具影响力的大学之一，也是世界上第一所将科学研究和教学相融合的新式大学，被誉为"现代大学之母"。

一、洪堡大学精神的内蕴

创办于德意志民族最困难时期的洪堡大学，一经开办就体现了与旧大学和传统大学的不同，新的大学观随之形成，并迅速成为领导世界潮流的顶尖大学。洪堡大学历经沧桑，在其 200 多年的发展历程中形成了独树一帜的大学精神，深刻影响了世界各国大学，洪堡大学的成功，标志着一个新的时代的开始。洪堡大学精神包括：自由精神、独立精神、科学精神和"研究与教学合一"精神。[1]

（一）自由精神

自由精神是洪堡大学精神的核心。洪堡大学认为进行学术研究应当依循学术自身内在的规律性加以研究，不需要政府的行政命令。政府所做的事情就是为学术研究提供所必需的资源，制定必要的制度，从而能够保障开展自由的学术生活。如果国家对大学的学术研究工作越俎代庖加以干预，就很

---

[1] 韩延明.大学理念论纲[M].北京：人民教育出版社，2003：122 - 123.

容易成为一种障碍。需要说明的是,洪堡大学在主张学术自由、强烈反对国家对大学的过度干涉的同时,也坚定地相信办大学是国家的职责。国家保障并支持大学及其科学这种正面、积极、纯洁的形象,在现实中能够使人们无理由地信任国家,自觉或不自觉地忽视国家与大学之间的矛盾。

具体而言,洪堡大学的自由精神体现在学习自由和教学自由两个方面。一是关于学习自由。在学制方面,学校没有规定固定的学习年限;在教学管理方面,学生在学习过程中较少受到行政管理强制;在课程学习方面,达到规定最低限度的必修科目的前提下,学生可自由选课,整个学业不必服从某种规定的课程计划,学生可以自主安排学业,选学什么课程也没有限制;在学习形式方面,学校广开讲座,既能使学生自由选择,又有利于促进教学与科研相结合;在考试制度方面,学校没有严格的考试制度。二是关于教学自由。教授在教学过程中没有规定的教学大纲需要遵守,不必承担辅导工作,可以根据自己的兴趣确定讲座的主题。教授有从事任何研究的自由,并可自由地以讲座或出版物的形式公布其研究成果。教学自由如同学习自由,教授在教学过程中不受行政管理的干涉。由此可见,洪堡大学的学术自由贯穿于学校整个研究和教学过程之中,而不仅仅是教授拥有的权利。

(二) 独立精神

洪堡在 1809 年至 1810 年担任教育大臣期间,主要围绕洪堡大学的创建阐述了大学的独立精神。洪堡认为,大学应是"独立于一切国家的组织形式"。大学的科学活动是一种精神活动,与任何较严密的组织形式均格格不入,国家任何形式的介入都是一种错误。国家的唯一行动领域就是保障安全,这也是国家的唯一任务。洪堡对此解释道,国家决不应指望大学同政府的眼前利益直接地联系起来,却应相信大学若能完成他们的真正使命,则不仅能为政府眼前的任务服务,还会使大学在学术上不断地提高,从而不断地开创更广阔的事业基地,并且使人力、物力得以发挥更大的作用,其成效是远非政府的近期布置所能预料的。① 这种独立精神,有助于大学的更好发展,其根本目的在于更好地服务于国家建设。洪堡还认为,大学应独立于社会生活。他认为大学所追求的"纯科学"并不是为了满足社会生活对知识和技能的需要,"当科学似乎多少忘记生活时,它常常才会为生活带来至善的福祉"。

大学的独立精神,还体现在大学甘于寂寞。寂寞意味着不为社会的政治、经济利益所左右、所诱惑,而是与之保持距离,强调大学在管理和学术上的自主性和民主性。在洪堡看来,自由与寂寞是相互关联、彼此依存的。没有独立和寂寞,就没有自由。大学全部的外在组织即以这两点为依据。

(三) 科学精神

洪堡大学基于科学在大学中核心地位的认识,形成"为科学而生活"的大学新校风,科学研究成为教授的正式职责,甚至是第一位的职责。教授以科学为业,以科学成就确立自己的学术声望和职业前途;大学生"为科学而学"得到弘扬,"以谋生为学"遭到鄙视;大学确立了教学与科学研究相统一的最为基本的原则,使得探究式教学成为大学教学的主要方式;个性化学习得到充分彰显,研讨班、实验室、图书馆成为学生与导师进行研究和对话的主要场所。哲学家黑格尔、律师冯·萨维尼、医生胡菲兰在这里进行讨论与对话;马克斯·普朗克、罗伯特·科赫和弗里茨·哈伯等 29 位诺贝尔奖获得者在这里进行学术研究;奥托·冯·俾斯麦、海因里希·海因和卡尔·马克思都曾是这里的学生。

洪堡大学所倡导的哲学与人文学科的"科学"理想培养出来的"为科学而生活"的科学精神可谓是无价之宝。新的科学思想带给世界的不只是科学发现和科学成果,还有其蕴含的伦理价值,后者甚至比前者更为重要。正如梅尔茨所说:"当我们看到一个民族的大部分最有天赋的成员都在摆脱名利的

---

① 陈洪捷.德国古典大学观及其对中国大学的影响[M].北京:北京大学出版社,2002:44.

可能诱惑而从事一项纯理想的事业时,这实在是人类历史上的罕见事例。……科学——对纯粹真理和知识的追求至少暂时能把人类的大部分从世俗生活的低级区域提升到理想的高空,并能提供一个额外证据,证明这样的信念:我们的真正的家在那里,而不在尘世间。"①它不仅培养了一大批人文科学大师,而且作为科学遗产传承给了后来的科学工作者,包括从事实验科学和应用科学的工作者。因为这些目的性明显的工作同样离不开热情和无私奉献的勤勉。

(四)"研究与教学合一"精神

洪堡大学首次将科学研究引入了大学。洪堡在《论柏林高等学术机构的内部和外部组织》一文中认为"大学立身的根本原则是,在最深入、最广泛的意义上培植科学,并使之服务于全民族的精神和道德教育",大学的主要任务是追求真理,科学研究是第一位的,科学研究是大学这个高等学术机构的根本价值所在。只有教师在创造性活动中取得的研究成果,才能作为知识加以传授,只有这种教学才真正配得上是大学水平的教学。追求科研与教学合一是洪堡大学精神的重要实践之所在。这一大学精神,主张科研与教学相统一,强调将科研与教学相结合,目的在于将科学精神贯穿到教学中,培养学生哲学的、理性的认知方法,从而形成科学的素养与探求真理的精神,使学生达到自身修养的完善。洪堡大学不是仅仅注重讲课的技巧和方法,而是更看重教授自身的研究素养,及其引导和激励学生通过研究获取知识和训练思维并加深体验的能力。为使教学与科研相结合,洪堡大学采用了讲座制;为鼓励高深研究,重视"习明纳"方法;为保证教授研究的自由和学术的权利,实行研究所制度。英国著名诗人、评论家马修·阿诺德(Matthew Arnold)认为,法

---

① ［英］约翰·西奥多·梅尔茨.十九世纪欧洲思想史(第一卷)[M].周昌忠,译.北京:商务印书馆,2016:189－190.

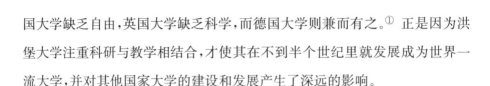

国大学缺乏自由,英国大学缺乏科学,而德国大学则兼而有之。① 正是因为洪堡大学注重科研与教学相结合,才使其在不到半个世纪里就发展成为世界一流大学,并对其他国家大学的建设和发展产生了深远的影响。

二、洪堡大学精神的成因

(一) 德国启蒙运动的影响

洪堡大学精神的形成,首先是深受德国启蒙运动的影响。在这场持续近百年的思想解放运动中,反对封建专制、反对教会和宗教迷信,普及文化和教育,倡导人权、平等、自由等诸多新理念,启迪了人们的心智,拓展了人们的视野,改变了人们的文化观和政治观。具体体现在大学观上:一方面表现在唤起人们对科学观念、自由意志、人的发展以及大学教育的普遍关注;另一方面表现在激发大学创建者和管理者对大学的使命、大学的目标、大学与政府和社会的关系以及内部管理等问题进行理性思考和重新审视。启蒙运动为大学改革和发展奠定了坚实的思想基础,为洪堡大学精神的形成创造了条件。

(二) 德国哲学理论的影响

德国哲学理论的形成和发展,极大促进了对大学理念与大学精神的思考和升华。十八世纪末,德国哲学理论的研究,特别是康德提出的纯粹理性批判、实践理性批判、判断力批判的"三大批判"理论对洪堡大学精神的形成和发展产生了重大影响,康德也被誉为"近代大学发展史上正式展开大学论说的第一人"。其他哲学理论也产生了重要影响,如新人文主义将"修养观"与对古希腊文化中以神喻人呈现人文价值的崇拜结合起来;以黑格尔、谢林为

---

① 田园.现代教育之父洪堡的前世今生[N].光明日报,2017 - 05 - 17.

代表的唯心主义哲学和新人文主义对"科学"的认识深刻影响着施莱尔马赫、费希特等人的大学教育观。洪堡大学精神正是在康德等新哲学理论的基础上进行锐意创新,超越了实用主义观而形成的。

(三)洪堡办学理念的影响

洪堡的办学理念为洪堡大学精神的形成奠定了基础。1806 年 10 月爆发的耶拿战争以普鲁士惨败而结束,战后的普鲁士亟须一场自上而下的全面改革来树立民族精神、提高综合国力,而教育无疑是最重要的手段。恰当其时,威廉·冯·洪堡(Wilhelm von Humboldt)于 1809 年 2 月 10 日由普鲁士驻罗马教廷代办国家枢密顾问以及文教局局长。同年 7 月,他向国王德里希·威廉三世奏请开办柏林大学并得到批准,洪堡受命制订建立新大学的计划,组建柏林大学。德国政府在负担着沉重的战争税,在生活必需品也非常昂贵的情况下,仍为柏林大学拨款 15 万塔勒(当时旧货币名称),并选址在华丽的王子宫殿——海因利希宫。英国著名历史学家约翰·西奥多·梅尔茨(John Theodore Merz)把此举称之为"如同战场上最勇敢的行为"。在洪堡的筹办下,洪堡大学于 1810 年 10 月正式开学。洪堡所主张的国家至上、重视学术研究、强调培养"完人"以及营造丰厚的学术文化等办学理念,为今天洪堡大学精神的形成奠定了坚实的基础。

第六节　莫斯科大学精神

莫斯科大学的全称是莫斯科罗蒙诺索夫国立大学,位于俄罗斯首都莫斯科,老校区地处莫斯科市中心的红场近旁,新校区坐落在莫斯科市西南方的列宁山。1755 年 1 月 25 日,伊丽莎白·彼得罗芙娜女王亲自批准建立了莫斯科大学。1940年,为了纪念伟大的科学家、莫斯科大学的主要奠基人米哈伊尔·罗蒙诺索夫,莫斯科大学开始以他的名字命名。莫斯科大学师资力量雄厚,教学设备完善,是现今俄罗斯最大的教学、科研和文化中心,对俄罗斯社会的发展与进步有着重大意义。

一、莫斯科大学精神的内蕴

作为俄罗斯历史最悠久、规模最大、科系最全、学术水准最高的高等学府,莫斯科大学不仅拥有资源优势、制度优势等,其自主精神、爱国精神、科学精神、人文精神等大学精神,犹如大学主楼上那颗永远闪耀的红星,照耀着这所古朴而静谧的大学,展现着独特的魅力和丰厚的内涵。

(一)爱国精神

爱国精神是莫斯科大学所坚守的具有俄罗斯风格的重要精神之一,其校训就是"祖国、科学、荣誉"。俄罗斯是一个有着强烈爱国精神的国家,爱国主义精神在莫斯科大学得到充分的彰显:在主楼大厅的墙壁上刻有全部参加卫国战争的师生的姓名;在主楼两侧的配楼分别有两座小型纪念碑,上面镌刻着英勇牺牲的莫斯科大学教师的名字;莫斯科大学文科楼前建有一座高高的二战纪念碑,碑前的永恒之火燃烧至今,令所有到过这里的人在心灵上产生强烈的震撼。莫斯科大学的校史馆、纪念墙等建筑为整个学校营造出浓重的爱国主义氛围,潜移默化地激励着莫斯科大学的师生。也正是受到这种浓厚的爱国主义精神的鼓舞,在苏联解体后莫斯科大学陷入财政危机时,有很多教授自愿留下来继续为俄罗斯的教育事业奉献力量。莫斯科大学这所美丽的花园式校园,无处不彰显着莫斯科大学人对自己先辈的崇高敬仰之情和作为莫斯科大学人的无比自豪感。

（二）科学精神

科学精神是莫斯科大学的传统精神,正如莫斯科大学的奠基人罗蒙诺索夫所提出俄罗斯高等教育的宗旨:"俄罗斯人民的荣誉要在科学领域显示他们的才能和智慧,使我们的祖国不仅可以在英勇善战和其他重要事业中,而且在研究高深知识中使用自己的儿子们。"①莫斯科大学科学研究的氛围相当浓厚,各院系在教师和学生之间定期召开各种形式的学术研讨会,研讨会多以最新学术研究成果为主题,以严谨的态度展开极具活力的辩论,这不仅能够启迪智慧,更是极大地提高了广大师生对科学研究的热情。莫斯科大学的科学精神凝聚着先进的科学力量,吸收国外优秀人才到校任教,这些杰出人才为俄国培养了大批各类高级专门人才。

莫斯科大学的科学精神包含了为国奉献、为科学献身的崇高品质。莫斯科大学有一个很好的传统,就是在新生入学第一天时组织"校园漫步"活动。这个活动的宗旨在于让学生继承莫斯科大学科学严谨的学术态度,树立为科学而献身,为祖国、为学校而奋斗的远大志向。正如俄罗斯科学院院士瓦季姆·乌鲁索夫所评价的:"莫斯科大学一开始就是作为真正的古典大学建立的。这里有人类感兴趣的所有知识,从人文到自然科学,从数学到生物。莫斯科大学一直都在发展,这对于国家意义重大,因为没有知识的增长、没有现代知识青年,就不会有工业的发展、不会有国家现代科技的发展、不会有生活水平的提高。"②

（三）人文精神

莫斯科大学的爱国精神和科学精神之所以很好的得以传承,是由于学校意识到人文精神对于培养德才兼备人才的重要性,诚如莫斯科大学校长维·

---

① 周光礼.俄罗斯走上高等教育强国的历程及其经验[J].赣南师范学院学报.2009(2):29.
② 曹绪中.莫斯科大学:伟大的统一力量[J].创新人才教育,2018(3):92－93.

安·萨多夫尼奇教授所强调:"在莫斯科大学,我们努力扩大学生的知识面,其中包括把大量人文学科的知识深入自然科学系的教育学大纲内。狭窄的专业视野不仅有害于学生文明的个性发展、人道主义的品质和为世界为社会进步创造财富的志向,而且有害于培养学生创造性能力。人文学科的教育可以使学生丰富的感性世界和艺术想象力得到发展。"①

莫斯科大学通过不断强化人文教育,培育大学的人文精神。为加强人文教育,莫斯科大学创建了"社会—人文"中心。教师在课堂上进行人文教育,开设包括国家和世界历史、文化、哲学、经济、法律、艺术等课程。学生可以按自己的计划在不同的系学习,聆听著名专家讲课。学校还增加"社会—人文"课程的比重,通过课堂教学培养学生的世界观、伦理道德和心理素养。这充分体现了学校重视人文精神的培育,使学生在学习知识中提高自身道德修养。莫斯科大学还通过加强体育训练培育大学的人文精神,通过加强体育训练培养学生坚强的意志品质,养成学生良好的合作、友谊等道德修养。莫斯科大学充分利用体育馆、游泳池、滑雪基地、田径场、运动场、网球场、曲棍球场等完备的训练场所进行体育教学,在多种形式的体育教学活动中促进了人文精神的提升。

(四)自主精神

关于莫斯科大学的自主精神,该校历史系主任谢尔盖·卡尔波夫教授这样描述:"很重要的是要保持学校的自主权,当大学有了这种自主权,全体教职工及学生将会认真选择自己的校长、系主任、领导,当然也包括所有的教授,大学就会变得更为强大。所以,我们的学校应该是自由的、对世界开放的,同时我们要维护民族的利益和国际经济社会的利益。"②自主精神为莫斯科大学进行科学研究、探索真理、培养人才提供了自由的环境。

---

① 王健红,肖甦.莫斯科大学德育之魂:祖国 荣誉 科学[J].教书育人,2006(12):54.
② 曹绪中.莫斯科大学:伟大的统一力量[J].创新人才教育,2018(3):91.

莫斯科大学的自主精神通过大学章程的制定和实施得以充分彰显。1804 年 11 月 5 日,俄罗斯沙皇亚历山大一世签署了《莫斯科帝国大学章程》(简称《章程》)。《章程》赋予莫斯科大学以自治和法治,在内部运行和社会定位上有了参照的标准。《章程》在大学管理机构设置、人员配备、权力支配和制约等几个方面,赋予莫斯科大学相对的自主和自治。《章程》明确了校长在大学管理中的核心地位,规定校长是大学的总负责人,负责学校的全面工作,维护学校利益。《章程》规定设立大学委员会,规定委员会成员由在籍功勋卓著的教授组成,校长担任委员会最高领导,主持委员会例行会议。大学委员会不仅仅是学校的管理机构,同时也是民主机构、权力机关和司法机关,负责学校各项事务的审核和表决。《章程》肯定了教授在大学学术建设治理中的中坚力量地位,并以明确条文规定教授的职责和业务要求,形成了以教授为中心、以教授带研究员的阶梯式师资培养模式。《章程》规定各系由系主任负责管理。《莫斯科帝国大学章程》是俄国大学法治、自治的代表性文本,把高等教育管理的基本原则皆以法律的形式确立并传承下来,极大地影响了俄罗斯现代高等教育的发展和变革。

莫斯科大学在发展过程中,对大学章程进行了多次修改和完善。2007 年 3 月,经学校学位委员会、全校代表大会审议通过并于 2008 年获得政府批准的《俄罗斯国立莫斯科大学章程》,进一步明确了莫斯科大学的最高权力机构是学校代表大会,学校代表大会选举校学术委员会委员,校学术委员会负责全面把握学校的教育教学和科研等活动,经总统任命的校长则直接领导和管理学校具体事务。该章程对学校的教学和科研工作提出明确要求:莫斯科大学的教学工作立足于促进学生的智力、文化和道德发展,培养学生的公民意识、劳动能力和道德文化观念;学校要求科学研究要坚持科研活动与教学活动相结合的原则,致力于传承和促进俄罗斯科学的发展,同时加强与其他高校、科研机构的交流和合作并积极参与国际学术交流活动。该章程的实施,虽凸显出政府对高校自主权在一定程度上的干预,如废除校长选举制、建立校长任命制,在保障学校教科研自由的前提下政府与学校之间权责的调整等,但仍保留了大学自治的传统,成为俄罗斯唯一一所享有独立自治权的大学,它不再属于教育部,而是直属俄罗斯联邦总统府主管。莫斯科大学所拥有的这种自治权为大学自主精神的彰显提供了根本保障。

1992 年 6 月,俄罗斯总统叶利钦签署命令,批准莫斯科大学获得俄罗斯自治高等学校地位,莫斯科大学从此成为俄罗斯唯一接受国家最高权力机关直接领导的享有充分自治权力的大学。"莫斯科大学最高的自治管理机构是莫大学术委员会代表会议,它由校学术委员会和各系、所学术委员会以及学校后勤机构委员会的代表组成。经该代表会议广泛讨论后通过的《莫斯科大学章程》是处理学校重大战略问题、选举校长的依据。学校日常工作的领导由校学术委员会负责。"①

二、莫斯科大学精神的成因

(一)崇高的民族使命感

莫斯科大学作为俄罗斯历史最悠久、规模最大、系科最全、学术水准最高的综合性高等学府,承担着推动国家政治、经济、科学和文化不断前进的光荣使命。自创建以来,始终秉持米哈伊尔·瓦西里耶维奇·罗蒙诺索夫提出的"适应时代发展的需要"的办学理念,与俄罗斯各个历史时期的荣辱兴衰紧密相连,彰显出崇高的民族使命感,激励着莫斯科大学不断强化科学精神和人文精神,培养具有人道主义品质和立志报效祖国的有志青年。如,学校传统的新生第一天"校园漫步"活动;莫斯科大学主楼前后两个大门旁边各有的展示青年大学生勤奋学习、报效祖国的大型青铜雕塑,以及普希金和高尔基的

---

① 肖甦.俄罗斯的最高学府——莫斯科大学巡礼[J].世界教育信息,2004(1/2):109.

雕像等建筑,用以激发学生为学校、为祖国奋发学习的动力,增强学生的社会责任意识。又如,学校每年1月25日的塔吉娅娜日,集中体现同学之间深厚的友谊、师生之间真挚的情感以及与这座城市荣辱与共的精神,代表着对大学精神的传承。

(二) 爱国主义的优良传统

俄罗斯一向十分重视爱国主义教育,是最早把爱国主义教育写入国家教育法中的国家之一。无论是从俄罗斯悠久的历史传统还是面临的现实危机来看,爱国主义一直贯穿俄罗斯社会发展的始终,成为俄罗斯多民族团结的支点、俄罗斯复兴的基础。爱国主义作为沙皇俄国的"官方意识形态"被定义为最高尚的情感。被俄国伟大诗人普希金评价为"让俄罗斯腾空而起"的彼得一世更是一位爱国主义者;俄罗斯唯物主义哲学家车尔尼雪夫斯基认为"俄罗斯人应当是彼得大帝那样的爱国主义者"。在伟大的卫国战争时期,爱国主义成为战胜法西斯的强大精神力量,莫斯科大学对卫国战争做出了不朽贡献。据统计,莫斯科大学有3 000多名师生参战上前线,其中不少人英勇献身,他们的名字已镌刻在莫斯科大学校园里的"二战纪念碑"上;有1 000多人立下了战功并获得各种光荣称号和奖励。留在后方的莫斯科大学学者、专家,在极其残酷的战争岁月里,仍然完成了1 600多项与国防和国民经济密切相关的科研任务和理论课题,充分表现了俄罗斯知识分子的爱国主义激情。[①]当今,普京敦促俄罗斯公民"团结起来",建立"深厚的爱国主义情感",强调团结和爱国主义的重要性。可以说,莫斯科大学作为俄罗斯最著名的大学,深受爱国主义传统的影响,成为培育莫斯科大学精神、特别是爱国主义精神的沃土。

---

① 苏东崛,武伟.蜚声世界的莫斯科大学[J].现代企业教育,2001(11):60.

（三）厚重的民主传统

莫斯科大学的主要奠基人罗蒙诺索夫是在西方民主氛围下成长起来的科学家,这就注定了莫斯科大学从一开始就具有追求民主的传统,正是这一传统深刻地影响着莫斯科大学精神的形成。

根据罗蒙诺索夫的办学宗旨,莫斯科大学区别于西欧各大学的主要特点在于它的民主性和世俗色彩。学校打破了当时西欧大学中根深蒂固的阶层制度,允许非贵族子弟以及除农奴之外的各阶层学生入学。学校最初的宪章上就明确指出:除农奴之外的所有阶层均有入学的权利。因此,大量被称为"平民知识分子"的各阶层人士先后步入这座教育殿堂,在获得思想启迪的同时,也为这所大学带去了清新的空气。从 18 世纪 70 年代起,该校的毕业生,尤其是非贵族出身的知识分子成为学校各个系和基础教研室的骨干教学力量,当时的 26 位俄国教授中,只有 3 位出身贵族家庭。谢尔盖·卡尔波夫教授曾说过:"莫斯科大学不仅仅是莫斯科的大学,还是全俄罗斯的大学。我们努力做到所有申请者都有机会考入莫斯科大学,且是在公费的基础上、在公平竞争的条件下。所以,我们努力教授来自俄罗斯不同背景的学生。"被列宁称赞为"竟能达到最伟大的思想家的水平"的著名哲学家、思想家赫尔岑曾写道:"它像一个大水库,容纳来自俄罗斯各个地区、各个阶层的年轻力量;在它的讲堂里,学生们清除了从家庭中沾染到的偏见,达到了相同的发展水平,建立了兄弟般的友谊,然后又分散到了俄罗斯的各个地方和各个阶层。"厚重的民主传统使得莫斯科大学文化呈现多元化发展态势,使得莫斯科大学精神得以传承与发展。

第七节　东京大学精神

东京大学创办于 1877 年；是日本第一所国立综合性大学。从建校开始，东京大学就持续合并不同领域的不同学校，比如工部大学和东京农林学校，从而成长为一所综合性研究型大学。2004 年，日本所有国立大学法人化，东京大学现在的全名是"国立大学法人东京大学"。目前，东京大学设有 10 个学部，15 个研究生院，11 个附属研究所（包括先端科学技术研究中心），13 个大学研究中心，3 个附属图书馆和 3 个高等研究所。东京大学是日本实力最强的大学，被誉为日本最高的学术殿堂。

一、东京大学精神的内蕴

东京大学是最能代表日本民族精神的著名大学，具有"日本民族的精神底色"之美誉，其人文精神、务实精神、创新精神和自主精神是整个大学历史发展的结晶。东京大学创立之初，就注重大学精神的养成，随着大学法人化，东京大学精神被写进了《东京大学章程》。

（一）人文精神

东京大学的人文精神不仅体现在教育"以学生为本"和教学"以教师为先"的价值取向上，还体现在不断追求学术自由、思想自由和办学自由上。2004 年，日本国立大学开始法人化，以东京大学为首的各国立大学，相继制定并向社会公布了包含建校精神和教育理念的大学章程，以展示自身的大学精神。《东京大学章程》的"序言"部分指出：东京大学的快乐工作是为日本和世界未来的几代人和有真理抱负的人创造最好的条件和环境,并创造一个不受歧视的智力探索空间。"学术"部分指出:东京大学将追求世界最高水平的教育,同时尊重学生的个性和学习权。东京大学还将努力建立人力和经济支持系统,为所有学生提供最佳的学习环境,并消除学习障碍。"业务"部分指出:东京大学尊重基本人权,消除因国籍、信仰、性别、残疾等原因造成的不公平歧视和压迫,并创造公平的教育、研究和工作环境,使所有成员都能充分展示其个性和能力。东京大学将努力实现男女共同参与、共同承担大学管理的责任。人文精神已融入东京大学的教育理念中,成为东京大学人才培养目标的重要元素。如在 2019 年 4 月的入学典礼上,社会学教授上野千鹤子就提醒学生"不要把你们获得的得天独厚的环境与能力,用来贬低那些没有你们那么幸运的人,而是要用来帮助他们"。

(二)务实精神

东京大学一向以朴实、现实和扎实而著称,体现着理性和务实的精神。东京大学"以质取胜,以质取量,培养国家领导人和各阶层中坚力量"的校训,充分体现出这种务实精神。东京大学强调学术研究的系统化,并将与社会合作的研究反映在基础研究中,更加重视将学术研究成果反映到实业界,回馈社会,而不是仅仅追求研究的结果。东京大学为更有效地促进学术与产业的融合,成立了"产业—学术合作促进总部"。"总部从多个方面支持东京大学的产业—学术研究活动,包括联合研究和合同研究。其范围从审查实际开展研究活动所需的合同内容,到寻找最佳主题和合作伙伴以建立联合研究,探索新的产业—学术合作研究领域,以及建立'产业—学术'界之间的网络。"此外,东京大学非常重视将学术成果转化为教学内容,这极大地促进了教学质量的提升。

东京大学的务实精神还充分体现在人才培养的全过程,如在学生的教育和学生生活方面,成立了学术服务系统、学习管理系统等服务学生学习的机构,有针对性地进行独特的教育活动,包括全球领导者发展计划、跨学科教育计划、第二学期文科教育课程、所有本科生共同课程/研究生普通课程、行政课程、国际优秀研究生教育计划(WINGS)等。东京大学还非常重视对教师和学生的教学评价,如在《东京大学章程》的"学术"部分明确提出,东京大学将严格和适当地评估学生的学习活动,以达到世界最高水平。东京大学应亲自检查教师的教育活动和广泛的教育条件,接受学生和适当的第三方的评估,并迅速反映这些评估,以实现教育目标。

(三)创新精神

创新精神在东京大学得到充分彰显。如在科学研究方面,《东京大学章程》的"研究理念"部分提出,东京大学重视独立和创造性的研究活动,使各种成员探索真理和创造知识,并追求世界最高水平的研究。在人才培养方面,东京大学校长藤井裕久提出培养积极应对人类面临的重大挑战的人力资源,也是东京大学从社会上承担的使命。在基于各种学术知识的基础上,学生将激发好奇心,并丰富与同龄人互动的机会,培养尊重他人的精神和创造力,"为了稳步推进创造知识、培养人和建立场所的相互联系的努力,我们打算与大学成员一道,毫不放松地努力,大力推进东京大学的改革,使东京大学更加灵活开放";在学校管理方面,东京大学在 2021 年综合报告中提出,"建立自主和创造性的大学活动的管理能力";等等。

(四)自主精神

回顾日本一个多世纪的大学发展史,可以发现文化嫁接与自主发展是其大学文化的核心特点。东京大学先后经历了明治维新后嫁接欧洲大学文化,第二次世界大战后嫁接美国大学文化两次大的文化嫁接过程。东京大学在嫁接过程中,始终注重保存自我文化基因、恪守本土大学文化,通过不断吸收外来文化基因优化自我文化。《东京大学章程》指出,现在东京大学正处于第三个重大发展时期,伴随着国立大学的法人化,在成立和战后改革的时代,它寻求一个新的地位,使大学能够更加自由地展示其自主性。同时,东京大学也意识到,大学实现自主发展,并非固步自封,而是更加需要开放。从这个角度看,东京大学将寻求自治和自主,向世界开放,积极将研究成果回馈社会,同时开展研究活动,满足社会的要求,促进大学与社会的双向合作。

东京大学的自主精神已渗入大学的具体办学实践中,如在人才培养方面,东京大学 FLY 计划(第一年长期独立活动计划)鼓励刚入学的本科生在申请一年特别假期后,根据自己的选择在东京大学以外的地点开展长期的社会体验活动,如志愿者活动、工作经验活动和国际交流活动,并在此基础上发展自己,这是一个自我教育的机制。在组织管理方面,东京大学的学院、研究生院和附属研究所作为自主管理的基本组织,应公平积极地参与整个大学的管理。

二、东京大学精神的成因

东京大学作为日本的国立大学,为近代日本的繁荣发展贡献了巨大的力量。进入 21 世纪,日本政府对国立大学的管理模式进行改革,实行国立大学法人化,使得国立大学被赋予大学法人资格,成为独立的经营体,促使大学内部从组织结构到财务、人事制度等都需要进行全方位的改革重组。为顺应这一巨大的变革,2003 年 3 月,《东京大学宪章》应运而生,明确了东京大学的原则和目标。《东京大学宪章》既是应对国立大学作为自治实体合并的社会角色的重大变化,同时也对东京大学精神产生了巨大的影响,成为其大学精神的"导航仪"。

(一) 东京大学的"教养教育",培养了大学的人文精神

重视教养教育是东京大学教育的特征之一。东京大学学生入学后不分专业在教养学部学习两年,接受教养教育,东京大学所有本科专业、研究生专

业和研究所的教师都参加授课。教养教育分前期课程和后期课程,涵盖文科和理科的各种专业。前期课程涵盖各国语言、法律和政治、经济学、历史学、文化人类学、物理、化学、生物、数学等;后期课程则在前期课程基础上加以细化。教养课程可以理解为一种综合素质教育,这为大学人文精神的养成奠定了坚实的基础。

(二) 东京大学的人才培养模式,撬动了大学的务实精神

东京大学本着"必须具有设计自己的实践创造力,以便通过帮助解决人类社会面临的全球挑战发挥积极作用,为全球公共利益服务"的基本原则,有针对性地采用多样化的人才培养模式,如为培养复合型人才,采用"信息学环"培养模式。伴随着信息时代的到来,培养"复合型人才"成为大学的必然选择,不同学科之间的互相渗透与交融已成为专业发展的必然趋势。2000年,东京大学将社会学、政治学、文化学、信息工程、统计学、环境学等诸多看似联系不大的专业,统合为"信息学环"。"信息学环"显现出极大的人才培养优势。又如东京大学扁平化的课程设置使选修课丰富多彩。不同年级和专业的学生可以根据自己的兴趣和需要选择课程,文科生和工科生、大学一年级的新生和博士生出现在同一间教室,这样使得不同的年级和专业的学生从不同的专业视角展开对话,更加容易养成创造性思维。再如东京大学模糊年级和专业的界限,更加有力地促进了产学结合。还如东京大学鼓励教师积极参加社会活动,使得教师具备了更宽阔的视野,更加明晰了社会各界对高等教育的现实需求,使得自身的学术研究更加具有针对性。东京大学采用的多样化人才培养模式,撬动了大学的务实精神。

(三) 东京大学与时偕行,催生了大学的创新精神

东京大学是在明治政府提出"富国强兵""值产兴业""文明开化"三大政策、把培养人才和开导国民意识作为日本国家强盛和发展资本主义的重要方

面这一背景下,为顺应培养社会和国家所需的人才而设立的。第二次世界大战后,日本政府效仿美国教育制度,改革东京帝国大学学制,根据 1947 年颁布的《学校教育法》,指出了大学的三项任务:一是大学是学术的中心,向社会传播科学文化,使学校成为维护学术自由、思想自由、研究自由及追求真理的媒介;二是对社会上的领导人进行相应的一般科学文化教育;三是对人进行专门的职业训练。① 20 世纪 90 年代之后,伴随着知识经济的发展,为顺应日本产业界的要求,日本政府于 1998 年颁布了《关于促进大学技术研究成果向民间事业者转移的法律》。2001 年,日本文部省又发布了《为了以大学为起点的经济活性化的构造改革计划》,其根本目的是要促进产学合作,助推企业的创新发展。2003 年,东京大学颁布《东京大学宪章》,明确提出东京大学的目标,以学术自由为基础,在于追求真理,创造知识,保持和发展世界上最高水平的教育和研究。通览章程全文,"创新"一词无疑是最为关键的。2004 年,东京大学提出了产学合作的基本方针,指出产学合作不是盲目接受社会要求,而是积极参与社会合作,以创造基于大学优秀研究成果的新的价值构造为目标。② 当今,东京大学校长藤井哲夫在《东京指南针》中反复强调对话,强调通过对话创造未来,提出东京大学将重新定义大学作为包容性场所的角色,对话的实践将激发每个学科的个性和创造力,并激发其复调性。纵观东京大学的发展历史,我们可以清晰地看到,东京大学与时偕行的每一发展阶段都催生了创新精神,创新精神亦成为东京大学发展的不竭动力。

(四) 东京大学的"教授治校",彰显了大学的自主精神

东京大学在办学理念上将"教授治校"放在大学管理的核心位置,这充分保障了各院系能够保持高度专业性和学术性。其具体体现在:一是在专业建

---

① 东京大学概况[J].日本教育情况,1978(5):5.
② 胡永勇.日本国立、公立大学社会服务的路径选择——东京大学、首都大学东京为例[J].教育科学,2013(3):84.

设方面,各院系能够根据自身的专业特点有针对性地采取具体高效的管理措施;对于学生在学习和生活过程中遇到的任何问题或困难,导师或留学生支援中心都能够直接帮助解决,不会出现相互推诿等现象;东京大学还能够为师生提供便捷的服务,如在校园内设立餐馆、便利店等。二是在教学模式方面,教师能够结合专业特征自主构建不同的教学模式,如在某文科研究生院中,研究文化史的老师对"师傅带徒弟"的模式非常看重,而研究互联网文化的导师却采用开放式论坛,每一个研究室的气氛都是独一无二的。三是在事务管理方面,教师就是直接的管理者。各院系的教师享有高度的自治权,除了管理奖学金、支援留学生等服务性部门,具体管理事务都是由教师亲力亲为。东京大学在"教授治校"理念引领下,大学的自主精神得到充分彰显。

第四章　中国大学精神之沿革

中国大学在历史发展的过程中孕育了底蕴深厚的大学精神,是丰富当代中国大学精神的瑰宝。欲知大道,必先为史。"一个人如果不理解过去不同时代和地点存在过的不同的大学概念,他就不能真正理解现代大学。历史表明,过去的一些偶然事件的决定与选择比有意识的计划和决策带来的影响更大。过去的希望、抱负和价值观与现代大学概念紧紧结合在一起。"①从历史沿革与流变的视角追溯中国大学精神的生成与发展,能帮助我们系统全面地认识中国大学精神的本真价值,为传承弘扬我国大学精神提供历史借鉴。中国大学精神的历史沿革,大致经历了孕育与萌生、形成与发展和近代中国大学精神变革三个阶段。其中,书院作为一种特殊的存在形式,也成为中国大学精神传承的历史中不可或缺的重要组成部分。

---

① ［美］伯顿·克拉克.高等教育新论:多学科的研究[M].王承绪,徐辉,等译,杭州:浙江教育出版社,2001:49.

第一节　中国大学精神的孕育与萌生

一、中国大学精神的源头

中国大学精神的初始源头,可以追溯至原始社会的习俗,这些"习俗以祭祀名义被赋予神性意志而具有不可忤逆的权威","遵守习俗被视为原始社会文化教育的核心议题"。随着时间的推演,这种包含神性意志的风俗习惯逐渐演化成文化图腾。起初,这些图腾主要是作为群体成员间相互认同接纳的中介和外化机制,而后以图腾为主线的神话故事成为原始社会人类自我教育、自我娱乐和获得群体归属感的媒介。这三种初始功能并未随社会变革而消退,而是成功延续到现代中国大学精神的内核中。这种图腾所蕴含精神元素的多样化、深层性和丰富度,逐渐生成了某种规范思想与行为的禁忌或规则。人们所熟知的"礼"便是这种言行禁忌或规范不断渗透强化的结果。历史上曾出现的以祭祀与化民相兼的"明堂",则将这种言行禁忌或规范制度化和常态化。后世出现的被称为"五帝之学"的"成均"、"有虞氏之席"的"米凛",无不以此为趋势向前推演进化,借助遵礼敬礼的价值规范和行动模式来获得某种精神风范,感受某种精神境界,创设某种精神氛围。这构成了中国大学精神远古、初始而模糊,又不可或缺、无法忽视的精神源头。

二、夏、商、西周时期大学精神的诸多元素

夏、商、西周时期的官学,出现了诸多能够影响中国大学精神发展的因子

和元素,如"教""孝""尚礼""尚武""六艺"等。

中国古代甲骨文中的"教"字,就蕴含着丰富的精神元素和教育因子。"教"的左边表示"子屈伏于父"的"孝"字;右边意为"小击也"(现"敲"字的右半边),含有"用棍棒迫使儿子尽孝"之意。这说明把"孝"作为教育的中心内容出现在"以宗亲血缘为纽带的种族奴隶制国家"的商朝,也就具有一定的必然性。因为商王是以奉神的旨意统治奴隶作为维系这种统治的精神支撑,同时,"为了加强商氏族内部的团结,维系血缘关系,特别强调对祖先的崇拜,并把本氏族的始祖看作就是受命的'上帝',孝祖和敬神在他们眼中乃是相同的,所以'孝'成了最高的道德"。

在中国大学精神看似模糊的源头中,"尚礼"和"尚武"发挥着不可忽视的作用,这在"六艺"教育中已见端倪。在"礼""乐""射""御""书""数"中,"书"和"数"指向文教,但当时并不受重视,只是到了西周"成康之治"后才作为新增的内容出现。"射"和"御"指向"尚武"的军事训练,以为连年征战培养军士为目的。"国王将出征,先到祖庙祭祀请命,叫做'告祖',然后到大学召开军事会议,制定作战计划。班师回来,又到大学举行'释奠'礼,祭奠'先圣先师',献俘告功。"①大学也是比射选士的场所,这在无形中充溢着浓厚的"尚武"氛围。

"六艺""以'礼''乐'为中心","礼"事实上是"六艺"之核心,"乐"不过是单列的艺术课程,以配合"礼"为己任。《乐记》道,"乐者,通伦理者也","乐者为同,礼者为异;同则相亲,异则相敬",意即凭借"乐"施行"礼"的教化。"礼乐教育都作用于情,但两者的方式有差异:'礼'通过礼仪制度来节制情感,防止其肆意妄为,进而使人产生道德意识,其作用是由外向内的;'乐'则通过审美活动由内而外的引导人性,使情感油然而发,自觉地符合道德规范。"②

---

① 张瑞璠.辟雍和泮宫[J].上海高教研究,1985(2):112.
② 张斯珉,乔清举.论儒家自然人性论与礼乐教育的关系[J].东北师大学报(哲学社会科学版),2014(1):141.

"礼"具有丰富的内涵,包含了当时整个社会的道德伦理和世袭制度,"尊尊"与"亲亲"是其最基本的原则。所以"礼"为立国准绳,关涉国家前途命运。在"学"与"政"并未完全分离的时代,"礼"不言而喻地成为中国大学命运准绳和中国大学精神发轫之源。

三、古代"学政关系"对大学精神的影响

古代,出于自然、人文和历史的缘故,早已形成的"学"与"政"的关系难以割裂而得以延续;当代,"学政关系"仍然是大学精神萌生与发展、嬗变与革新所不能忽视的关键因素,也是决定中国大学精神演进发展方向的重要力量。换言之,中国大学精神的原初形态就与维系统治秩序和社会关系密不可分。大学扮演着维护统治秩序和培育官学队伍的角色,而学问的探究并不是最核心的。这种传统使得文明开化和教育思想得以承袭。但是,由于统治阶级的朝代更迭,大学精神无法超越统治阶级的更替而独立完整地延续。不论是对先祖的崇敬,还是对神明的遵从,以"孝"为根的精神诉求和价值范式,则伴随着大学教育的实施而渗透到社会各阶层,进而成为古代维系社会稳定的利器和"德治天下"的理念之源。

大学本身并不是一种独立的生命存在。顺应社会的发展需求而产生的大学,首先是一种时代精神的体现,这种精神若变成社会中的一种切实可行的政策,尚需一个漫长的过程。虽然夏、商、西周时期,大学的"形体"尚未出现,但大学精神的某些元素和因子已经存在。据此可见,夏、商、西周时期可被视作中国大学精神的孕育与萌发阶段,"尚礼"和"尚武"是其原初萌发点,而"孝"则是中国大学精神的最初内核。

第二节　古代中国大学精神的形成与发展

《周易》中的"天行健,君子以自强不息;地势坤,君子以厚德载物",为中国大学精神提供了数千年后仍难以超越的精神范畴。中国大学的形态有史可考的时期始于西周,就像人们将先秦学派的教育哲学定义成传统教育哲学的根基那般。从西周到战国,中国大学精神不断发展,并逐步迈向发展的关键期。

一、中国大学精神的第一种实践形态:"德治"和"彝教"

"德治"和"彝教"源起周公。"德治"在内涵、价值和方式上承袭和拓展了"孝",并借助"礼"来规约和引导人们的思想与行动,维系社会稳定和政治治理的合法性。中国古代社会中的"德"不仅被视为崇高的社会理想,而且"祖先本源于天,天本身是有德性的。天之德就是化生万物的洪恩"。《易·系辞下》有"天地之大德曰生"的论断;后世董仲舒亦认为"天道施,地道化,人道义",试图将先祖与上天相统合,生成人德以配天德的价值观。人世君主若要获得崇敬天和先祖那般的信力,必须明德治世。"以德治国"所推崇的深明大义、通晓道理的高尚人格和恭谦礼让的为人作风,恰好印证了"以自身修养上配天地"的道德箴言。

"殷人受宗教束缚过深,只是消极地寄希望于'上帝'的赐福和保佑,而不求现实的进取。周人看到了'天命',并不是赐福于任何人,而只保佑那些有德的人们,因而他们以积极的态度对待现实。'敬德保民'成了周初统治者的座右铭。"夏桀、商纣在历史上都是被认为背离天德而遭到"替天行道"者的讨伐而走向灭亡的,所以"德治"便成为中国古代大学精神之基础。

"德治"作为当时大学精神的核心价值诉求在教育实践中的外化性表现之一,便是"明德"与"明人伦"成为大学至高无上的价值追求。当时,"德治"精神的宣扬教化,是以地方行政所施行的"彝教"模式来向大众阶层扩散传播的。

二、论述中国大学精神的第一部经典专著:《大学》

《大学》中所述的"大学之道"即为"大学精神",它是大学之为大学的"根"和"魂"。"梅贻琦认为,近代大学教育的宗旨,归根到底仍是儒家《大学》里所说的'在明明德,在亲民,在止于至善'。"①大学借助"格物、致知、诚意、正心、修身、齐家、治国、平天下"等紧密衔接、层层递进的环节,达成"德治"和"彝教"的目的,从而建构出践行"德治"和"彝教"之中国大学精神的文化体系。

《大学》的版本主要有两种:一是按原有次序排列的古本,即西汉戴圣所编《礼记》(原名《小戴礼记》)49 篇中的第 42 篇,称为《大学》原文;二是经宋代朱熹重新编排整理,划分为"经"1 章、"传"10 章的《大学章句》读本。《大学》的作者,相传是孔子的学生,被后世尊为"宗圣",与孔子、孟子、颜子合称"四圣"的曾参。《大学》大约成书于战国初期。后世以朱熹的《大学章句》流传最广、延续最长、影响最大。朱熹将《大学》列于首位,与《中庸》《论语》《孟子》合编注释,称之为《四书章句集注》,其后来成为儒学的"入门必读"和科举的"取士必考"。

自宋仁宗于 1313 年 11 月颁布"考试程序"起,《大学》逐渐成为元、明、清三朝六七百年来儒家的经典文献和科举取士的钦定科目,甚至被推崇为"帝王之学"。宋代以前,尽管《大学》没有从《礼记》中独立出来,但西汉的董仲

① 刘克选,方明东.北大与清华:中国两所著名高等学府的历史与风格[M].北京:国家行政学院出版社,1998:223-224.

舒、东汉的郑玄、唐代的孔颖达和韩愈,对《大学》的传承、发展和弘扬做出了重要贡献。郑玄《三礼目录》曰:"名为《大学》者,以其记博学可以为政也。"北宋时司马光编撰《大学广义》,是为《大学》独立成书之始。

首先,《大学》的核心内容,概言之,即"三纲领""八条目""六要素"。"三纲领"乃"在明明德,在亲民,在止于至善"三项,即"大学之道"。它既是《大学》的纲领旨趣,也是儒学"垂世立教"的目标所在。这里的"大学",是指治国安邦的大学问;这里的"道",是指方法、途径、诀窍。"明明德",第一个"明"用作动词,为彰显、倡导、推广、展现、弘扬之意;第二个"明"有光明正大、公平正义之意;"德"就是德行、德政、社会风尚。"明明德"即提倡和发扬正大光明的德行、德政和社会风尚。"亲民"中的"亲",就是亲近、体察、尊重,"亲民"即广泛地亲近民众和尊重民意,使人弃旧图新。"止于至善",是指要达到至善至美的崇高境界。"亲民",朱熹当年曾改为"新民",认为君子"既自明其明德,又当推己以及人",不仅要自觉地提升自我修养,而且应努力提高全体民众的道德品质。在儒家看来,这是为治国平天下的伟业奠定思想和精神基础。但有的学者认为,还是应当恢复"亲民"说。因为"亲民"就包括了"新民",不亲民何以新民? 非新民又何以能够亲民? 在此,"明明德"是内在的;"亲民"是外显的;"止于至善"就是要将自己的道德品质和社会的进步、国家的治理提升到最完美的地步,不达到最理想的目标和境界就不会停止。这实际上是一个无休止的、可持续的发展和完善过程。

其次,"八条目"即"格物、致知、诚意、正心、修身、齐家、治国、平天下"八个环节。它既是为达到"三纲"而设计的条目,也是儒学为我们所展示的人生进修阶梯。格物、致知,是指穷究事物的原理来获得知识;诚意,就是"勿自欺",不要"掩其不善而著其善";正心,就是端正自己的心思和态度;修身,就是加强自我省察和自身修养;齐家,就是管理和教育好自己的家庭、家族;治国、平天下则是指治国、理政、安邦,构建"为公天下"的大事业。所以孔颖达《礼记正义》中说:"此《大学》之篇,论学成之事,能治其国,章明其德于天下。"

这八个条目,是实现三大纲领的有效途径。在八个条目中,修身是最根本、最基本的一条,"自天子以至于庶人,壹是皆以修身为本"。修身以上,格物、致知、诚意、正心是修身的内在变化,属儒家的"内圣"之学;修身以下,齐家、治国、平天下则是修身的外在发扬,属儒家的"外王"之学。这种"内圣外王"之道,也就是孟子所说的"穷则独善其身,达则兼济天下"。

再次,"六要素"即"止、定、静、安、虑、得"六个方面。这便是《大学》中的"知止而后有定,定而后能静,静而后能安,安而后能虑,虑而后能得"。意即做人要有一个明确的目标之后才能安定下来,安定之后才能心静,心静才能思考问题,最后才能学有所获、思有所得。

当然,《大学》中所讲的"大学",并非现代教育体系中的大学。《大学》中的"大学",不是讲"详训诂,明句读"、求"礼乐射御书数"的"小学问",而是讲修己安人、治国安邦的"大学问",是"大人"之学、"成人"之学,是古人十五岁入学后学习伦理、政治、哲学、文学、为人处世以"穷理正心,修礼治人"的"君子之道"。所以,朱熹曰:"大学者,大人之学也。"而今,我国部分大学亦将《大学》列为相关专业本科生或研究生的选修课,台湾地区和香港地区的一些大学和中学已将《大学》列为必修课。

《大学》作为春秋战国前诸子百家教育思想的结晶,为古代中国大学精神的追求的价值取向提供了最初典范和示范模板。孔子则将这种精神典范归纳为"发愤忘食,乐以忘忧,不知老之将至云尔"的求知态度,"朝闻道,夕死可也"的坚定信仰,"宽、耻、信、敏、惠、温、良、恭、俭、让"的人格修养,"有教无类""因材施教"的教育策略,"约之以礼""见贤思齐"的德育管理,以及"文、行、忠、信"的科目教学等,对中国历代学人具有强烈的文化感召和精神激励作用。《大学》通篇探讨"大学问",其所追求的"大学之道",持久而深刻地影响着古今中外大学的发展,孕育着形式各异的大学精神品格。

三、中国教育史上第一个学人共同体:稷下学宫

春秋战国时期是中国历史上发生重大变革的时期,正值社会形态从奴隶制转向封建制的关键期。社会形态的转型也催生了上层建筑的变革,与之相应的教育体系也面临巨变。教育体系的变化主要表现为官学的衰落和私学的兴起。私学在春秋中叶发轫,到战国中期已经十分兴盛。当时,由于官学衰微,不能满足社会对人才的需要,私学便应运而生,私学的兴起促进了中国大学精神的发展。作为春秋战国时期最负盛名的高等学府,稷下学宫始于齐桓公时期,盛于齐宣王时期,前后 200 余年,规模空前,学者云集,是从事教育辩论和政事探讨的核心机构,也是中国古代最早的学术文化中心和政事中心。稷下学宫顶峰之时,在此学习和讲课的各类士人有近千人之多,成为诸子荟萃的学术园地和百家争鸣的重要场所。稷下学宫是中国古代社会转型期大学教育的典范,它的产生与发展不但受到政治、经济和文化等因素的助推,还有赖于自强不息的大学精神的支撑。这种精神促使官方对其精神主体士大夫的尊崇,形成了在当时独具特色的"养士之风"。

首先,在政治上,"养士而强,士多而霸"愈益成为各国公室和私门的共识。为适应内政改革和对外兼并战争的实际需要,齐国统治阶层在礼贤下士的同时,还注重培植符合其执政理念的人才。正是在这一时代背景下,稷下学宫应运而生。随之齐王凭借国家的力量不断扩充士的规模,并加以系统化、规范化,确保稷下学宫长盛不衰。稷下学宫的发展始终与齐国政治休戚相关,齐威王礼遇"稷下先生",学宫初盛;齐宣王欲与魏、秦争霸,怀统一天下雄心,广罗人才,扩建学宫,容纳各家,强调争鸣,将学宫规模与声望引向巅峰;齐湣王时,稷下师生数万,但由于齐湣王专横独断,未能及时采纳学宫贤士之建言,导致国运颓败,学宫亦不复以往之鼎盛。

其次,在管理上,稷下学宫的成功有赖于两个关键点。一是投资方与举

办方的分离。即由官家出资、私家主持,这既能提供充足的办学经费,又能为学术繁荣、思想自由提供不可或缺的保证。二是制度较为健全。据郭沫若考证,管子所作的《弟子职》,对学生的学习目标、学习态度、衣食住行等都做了明确的要求,堪称世界上最早的学生守则。据此可知,严格完备的内部管理,是稷下学宫在相当长的时期内得以持续发展的重要原因之一。

再次,从大学精神发展的视域看,稷下学宫是古代中国大学精神发展演进的必然结果。它以"百家争鸣"的姿态反哺学术自由思想和精神的荣盛,助力大学精神的发展。可以说,稷下学宫的兴衰历程始终与大学精神的发展历程密切相关。具体而言,稷下学宫的建立与兴盛离不开以孟子、荀子等为代表的一批学者致力弘扬的大学精神,离不开当时参与稷下学宫的各学派所追求的大学精神。《弟子职》中"志毋虚邪,行必正直"等体现为学习志向和精神的话语,实则大学精神的具体体现。

四、中国大学精神的文化根脉:儒学、玄学、理学和"实学"

中华优秀传统文化在中国大学精神生成与发展过程中具有特殊的影响作用。其中,儒学、玄学、理学、"实学"(启蒙思想)作为中华优秀传统文化的重要元素,深刻影响中国大学精神产生和发展的文化根脉,特别是儒学,其更是起着主导作用。

(一) 儒学对中国大学精神的影响

汉武帝刘彻采纳了董仲舒提出的"罢黜百家,独尊儒术"的思想,其对中国大学精神的影响主要包括如下几个方面。

其一,促使中国大学精神由"蔓生"状态转为"簇生"状态。董仲舒提出了"天人三策",强调天人相通的重要性。他认为太学是实现"天人合一"的有效手段,因而推动太学兴办,一扫西周以来官学衰败的颓势,将大学精神的焦点放在如何培育"儒士""教化风尚""明义正道"上。太学规定以《诗》《书》《礼》《易》《春秋》在内的儒家经典为核心学习内容,将太学教师称为"五经博士",指出阐释和传播儒家经典作品是"五经博士"的职责所在。

其二,促使"学术"向"治术"转变,大学精神更多受到"治术化"的影响。董仲舒将"为学"的目的归结到为建立社会政治秩序提供理论依据,被后世称为"将汉朝帝国理论化的哲学家"。但此时的"士"或"博士"已无力与稷下学宫中的先生相媲美,也没有了当年稷下先生同君王之间的"师友"关系,学人与官府的关系从"不即不离"变成了"即而不能离"。

其三,堵塞了中国大学精神多样性发展的途径。"罢黜百家,独尊儒术"的推行,塑造了儒家思想在中国传统文化和哲学体系中的权威。这对于形成中国这样一个大一统的民族和国家的稳固、发展起到了积极作用,但对于中国古代文化的多元发展,却具有一定的阻碍作用。"治术化"与多样性发展途径的堵塞,也成为中国大学精神中批判精神有所缺失的历史根源。在此条件下,任何反对因袭守旧,不拘泥于师法和传统,不崇拜偶像和权威的治学态度和精神都会被视为异端。在这种"独尊"背景下,多元的大学精神并不容易出现。

(二)玄学对中国大学精神的影响

玄学是魏晋时期的哲学思想,此处的"玄"字,起源于《老子》中的"玄之又玄,众妙之门"。玄学消解了"独尊儒术",为隋唐时期儒、释、道并行发展夯实了根基,在某种程度上将儒学影响下的中国大学精神从关注人伦的方向转移到关注自然规律上。

玄学的兴起打破了"独尊儒术",为儒、释、道并举发展奠定了文化基础。玄学的兴起可谓是中国思想史上的一次思想解放,推动这种思想解放的正是当时历史条件下的学术自由。有了学术自由,士大夫便既可自由选择儒家"正统"典籍,也可选择《老子》《庄子》等玄学著作。

魏晋时期夏侯玄认为:"天地以自然运,圣人以自然用。"这种理念作用于学人,就彰显了人的主体性,形成了顺应自然、促进人的个性自然发展的教育理念。"就思想言,其特色是易、老、庄的三玄之学代替了汉代的经学;就行为言,其特色则是突破传统礼教的藩篱而形成的一种'任诞'的风气。"①也正是这种崇尚道学和"任诞"豁达之风尚,共同构成了魏晋士人的整体风貌。

玄学的兴起和发展,促成了人文和伦理取向的中国大学精神向自然取向的偏移。"在思想史上,这是儒家和道家互相激荡的一段过程。老庄重自然对当时的个体解放有推波助澜之力;周孔重名教,其功效在维持群体的秩序。"②玄学发展之初,何晏、王弼提出这一问题,时至嵇康、阮籍时期冲突激化最为严重,直到郭象时期才得以调和。这种方向的偏移为人们抽身"人伦秩序"的视野而将部分精力用于探讨自然问题提供了可能。玄学与科学发展并未有直接的因果关联,其发展并不能直接推动科学的发展,但玄学所倡导的学术自由的思想空间促进了科学技术的发展与繁荣,农学、数学、天文学、药学、冶炼、器械学、地质学等领域都取得了不俗成效。

玄学的兴起和发展导致儒学地位震动,儒学被迫从"独尊"的状态回转,开始汲取多家思想之长,以期适应社会发展之需。针对儒学地位松动的情况,学界持有不同看法,反应亦较为强烈,其中最猛烈者当属韩愈和李翱。韩愈主张"明先王之道""行先王之教",感叹"道之不存者久矣",而后韩愈掀起"复道"运动以图改变。李翱秉持"性情二分说",认为"性与情不相无也。虽然,无性则情无所生矣。是情由性生,情不自情,因性而情。性不自性,又情以明"。这些论述及主张是玄学盛行时期儒学之士的激烈回应。

(三) 理学对中国大学精神的影响

理学的兴盛,再次为儒学占据中国大学精神发展的主导地位提供支持。

---

① 余英时.士与中国文化[M].上海:上海人民出版社,2013:357.
② 余英时.士与中国文化[M].上海:上海人民出版社,2013:357－358.

理学提供了诠释中国大学精神的新模式,推动中国大学精神从"重道"转向"求理"。隋唐后实行的科举制度将学人精神摧残损坏,正如黄宗羲所说:"学校不过是被科举选官制度所绑架,而成为权贵操纵学术的场所和朝廷掌控读书人的场所。真正有真才实学之人多委身乡野,跟学校没有关系,甚至连培养人才这点初心都丢掉了。"然而,外部的改变并不能有效满足大学发展之需,从内部变革的呼声与日俱增。此种情况催生了理学的发展。理学是一种视"理"为本源,以儒学为主体,兼通佛道之学的文化思想体系。站在文化视角审视,"理"源自"道",实为"道"之外显化形式。理学是在中国大学精神的时代主题与现实诉求的冲突变化的基础上出现的。从大学精神发展的角度考察理学的影响,其主要包括如下几个方面。

其一,理学提供了理解和体认中国大学精神本体性价值转向的路径,推动中国大学精神从"道"至"理"的转向。"这种新的方式是通过对'道'的新的解释实现的。孔子所倡儒家的'道'的本体就是'仁',到董仲舒则转换成有意志的'天',不同于佛、老将宇宙的本原或抽象本体视为'道'。"①为了弥补这个本体上出现的漏洞,理学家便适时地设计出了"理"来充当大学精神的本源。虽然这一观点充满着歧义,但作为大学精神,"理"还是继承了"道"的诸多特性。

其二,理学唤醒了"士"的主体意识,培育了大学精神得以传承和凸显的群体心理共识。自秦朝以来,"士"成为官爵和统治者的奴仆,学术精神受限,难以发挥其应有的作用。到了宋代,理学先驱、思想家和教育家胡瑗则强调:君子应在职责和能力范围内思考不逾规矩的行动。读书人应当思想自由、言论自由,并以学术自由为志业。如果固守职责和能力范围,就会陷入浅薄境地。这种"思不出其位"的不同声音,被梅贻琦视为"学术自由"。王安石宣扬的"任理而无情""以道进退"等学人风格,亦为大学精神创新发展提供了契

———
① 储朝晖.颜元对书院理念的变革及其启示[J].河北师范大学学报(教育科学版),2004(2):13.

机,最终使"士的主体意识"在宋明理学兴盛时期得以推广。

其三,理学形成的过程,亦是其兼收儒、佛学说的过程,它为中国大学精神的兼容并包提供了载体。自隋唐儒士,到两宋理学和心学大师,这些人无不注重吸收借鉴学术视野外的有益学说或观点来更新改造当前的思想文化体系。无论是李翱的性情二分说,周敦颐援道入儒、援释入儒,邵雍将象数之学引入,张载对墨家兼爱的接受与扩充,还是朱熹集各家之大成,这种归纳兼容式的发展过程,也在某种程度上改变着理学的自我特性,至少在其重获"独尊"地位之前,赋予其以包容性和民主性。而当理学兴盛的阶段,这种兼容性和开放性特质也逐步融入中国大学精神内核,成为彼时大学精神最突出的特征之一。

其四,理学以人格重建的方式拓宽了大学精神的发展空间。最初"中国知识分子入世而重精神修养是一个极显著的文化特色",①佛家所追求的"求心见性"为学人提供了安身立命的精神家园,这种现象也促使儒家试图构建类似的精神庇护所。而后便出现了李翱依据《中庸》《易传》而提出的"心性学说",后经张载、程颢、程颐等人的努力而寻觅到了安放学术理想的"空寂化精神家园",即"天理"。诚如程伊川所言:"天有是理,圣人循而行之,所谓道也。圣人本天,释氏本心。"②最终,理学与佛道划清了精神边界,构建了以供儒士们寻觅归属感的精神家园。譬如孔子就称赞颜回能够以清苦为乐而将感性的苦乐升华到超越感性的心灵世界。③ 周敦颐是首个构筑起这种超感性精神境界的人。他经常要求学生程颢、程颐等"寻觅颜回、孔子之乐"。"理学认为,整个宇宙是大生命,充满和谐,具有创造性,它是有意义、有价值的。人是宇宙间渺小的生命,人的生命的意义是由宇宙而来,人的思想和宇宙的精神是相连的,宇宙的生命要在人的生命中表现出来。"④这无疑是对"士志于道"内在联系的全新阐释。

---

① 余英时.士与中国文化[M].上海:上海人民出版社,2013:109.
② 参见《河南程氏遗书》卷二十一。
③ 黄书光.理学教育思想与中国文化[M].上海:上海教育出版社,1993:57.
④ 郭齐家.中国教育思想史[M].北京:教育科学出版社,1987:223.

（四）"实学"对中国大学精神的影响

明清时期实用派的"实学"思想（主张"实学""习动""习行""致用"并重），对大学精神的内源性变革影响甚大。诸如明清时期的陈确、方以智、傅山、黄宗羲、王夫之、颜元、李塨等，他们觉察到空谈误国之弊病，纷纷著书立说以反对空谈，宣扬经世致用之理想。其中尤以颜元及其主持的漳南书院为典型。

颜元作为倡导"实学"思想的代表人物，他对中国大学精神做了内发性改造，为整个中国教育事业做出了重大贡献。梁启超评曰："博野颜元，生于穷乡，育于异姓，饱更忧患，坚苦卓绝。其学有类罗马之'斯多噶派'。"1696年，颜元主持漳南书院期间，对书院教育进行创新：一是分设"文事、武备、经史、艺能、理学、帖括"六斋，显示出办学的宽广胸怀和兼收并包的治学精神。二是设"院、斋、科"三级，"学校的设施和体制相当完备，院设有院长，斋设有斋长，科设有主任"。① 由此可见，漳南书院的教育管理制度健全完整，层次分明，教学有序。三是倡导实学，主张学以致用，反对空谈理论，认为士既需"道"的探究，又应具有谋"食"的能力。四是形成义利统一观。如把董仲舒的"做任何事情但求匡扶正义而非个人利益"的主张，塑造成"义利并举、道功兼收"的义利统一观。五是强调"万物均由天生而能共为一体"的价值观。对秉持这种价值观的人而言，无论其身处社会何种阶层，都能够凭借这种道德气质而引领社会风气，确保社会秩序井然有序。六是形成"习动贵行"精神，倡导"习行""习动"和"践行"之学风。颜元站在万物动态发展的立场上，反对"静坐或闭门读书"，提出了既要借助实践活动谋求知识与经验，也要借助实践活动验证或巩固知识与经验的"行动中心"治学原则。② 这些观点或行动是颜元一生教育实践的经验反思，也是其对中国传统文化的理性探索。从文化思想史的角度看，这些成果从侧面反映了中国大学精神内核的实质性转变，

---

① 李国钧.颜元教育思想简论[M].北京:人民教育出版社,1984:4-6.
② 郭齐家.中国教育思想史[M].北京:教育科学出版社,1987:354.

即逐渐从"理"向"实"的转变。

综上,绵延两千余年的儒家思想史是中国大学精神形成发展的文化血脉。首先,儒学是孕育中国大学精神的重要学说之一。正如梅贻琦所言:"当今大学教育,乍一看,好像与古代大学所追求'明明德、新民'之价值观毫不相干,但深刻思考以后,就会发现当前大学的种种教育举措,始终都没能超越这两个教育追求的范围,令人担忧的不过是理解这种价值追求的水平堪忧,践行这种价值追求的行动式微罢了。"①其次,儒学始终扮演着中国大学精神发展变革的文化基础和思想背景的角色。在中国大学精神演进变化的进程中,如何看待"士"及"士"的责任主要受儒家文化影响。"从孔子'从周',到范仲淹'士当先天下之忧而忧、后天下之乐而乐'被朱熹、欧阳修、蔡元培等众多后世'士人'反复认同与解读,并不断生成新的士人精神,到蔡元培对中国古代'士'的价值与德国大学理念的认同,都是以儒学作为初始条件。"②儒家的"天行健,君子以自强不息;地势坤,君子以厚德载物"已内化为中华民族精神,甚至成为中国大学精神千年演进仍无法超越的文化范畴。其三,儒学规定着中国大学精神的基本形态和核心内容。作为首部论述中国大学精神的著作,《大学》具有鲜明的儒家文化导向特征。《大学》所追求的大学精神,成为中国古代大学精神的初始范型。其四,儒学架构了中国大学精神的逻辑体系。大学之道所追求的"士志于道"成为中国大学精神的逻辑基点。儒家推崇"人道",将仁义视为天道,"仁义为儒家之道,故志于仁义即志于道"。③ 这些理念共同构成了中国大学精神的内核,并持续影响着中国大学精神的发展与演进。

---

①　梅贻琦.大学一解[M]//刘述礼,黄延复.梅贻琦教育论著选.北京:人民教育出版社,1993:100.

②　郭齐家,储朝晖.儒学与中国大学精神[M].北京:九州出版社,2004:1350-1351.

③　余英时.士与中国文化[M].上海:上海人民出版社,2013:26.

第三节　近代中国大学精神的变革与交融

近代中国大学精神的巨变主要体现在学人治学的求变、求新问题上。中国大学历经鸦片战争至中华人民共和国成立这一时期的发展，受到清朝思想文化对大学精神发展的影响，其大学精神也发生了变革和融合。很多学者将清朝的思想文化进行粗略分期，共分三个阶段：17世纪清初是经世阶段，18世纪清中期是求实阶段，19世纪清晚期则是求变阶段。"求变"是近代中国大学精神演进与发展的重要特征。

一、"求变"与"求新"的启动

中国近代以来的大学，已经变得缺乏生机。学校已沦为科举制度的附庸，变得名不符实，更有财势者沽名钓誉，致使科举徇私舞弊日益严重。科举所规定之八股取士导致读书人偏居一隅、视野短浅，加之清朝的"文字狱"大行其道，迫使学人摒弃了"传道弘毅"的精神，转而"为几斗米折腰"。此时的中国大学，正面临"生死抉择"。是继续"陷于迷途"，还是另辟蹊径、回归大学精神之本源，是摆在近代学人面前的历史抉择。变与不变这个问题，争论一直持续了近半个世纪，直至维新变法后，求新求变才成为中国大学精神变革的价值取向。

两次鸦片战争及太平天国运动，动摇了封建统治的政治根基，也启动了中国大学精神求新、求变的文化引擎。近代，率先意识到求变的是龚自珍。他用《己亥杂诗》喊出了求新求变的时代之声："九州生气恃风雷，万马齐喑究可哀。我劝天公重抖擞，不拘一格降人才。"其直指摧残学人生气的科举制度以及"僵化儒术"对学人的思维束缚。而后，魏源则提出"师夷长技以制夷"，强调对形而下的"器物"的重视也是求变、求新的一种思路。实践领域，京师同文馆、上海方言学堂、广州同文馆的开设，以及各类洋务运动所需的实用学堂的创办和留学生的派遣等，都体现出这种求变的决心。当然，这些求变举动，相对于庞大而慵懒的社会系统而言仍然微不足道，所"变"多涉及"器物"和"实用"层面的变革，并未在"道"的层面进行改变。但这些"器物之变"同样为"道"的渐变积蓄了力量、积累了经验，成为后续学人求新的动力。

二、"拿来"与"拒绝"的交锋

戊戌变法后，无数学人逐渐认识到，大学精神的道统并不是一成不变的，并开始思索如何实现大学精神的变革以培育新民。究竟是选择主动开放、学习借鉴国外经验，还是闭关锁国、继续无视变革局面，关于变革的程度、方向和立场的争论，成为摆在近代学人面前的难题，也构成了近代大学精神变革的基调与背景。

早在戊戌变法之前，关于"体用"和"本末"的争论就已经出现，当变革成为发展趋势后，关于这个问题的争论逐渐被全社会所认知，特别是"民主"与"科学"理念的引入，对当时中国大学精神的影响则更为深刻而彻底。"从上个世纪三四十年代以来，中国知识界已逐渐取得了一个共识：'士'已一去不复返，代之而起的是现代的知识人。"①近代学人对民主思想的接纳，对中国大学精神变革而言应该是一种质的提升。

中国科学主义思潮是伴随着西文列强的枪炮进入中国的。这种思潮的特征主要表现为：一是科学范式的越界化运用。宣扬科学主义文化价值观的学人，不但将科学方法与范式应用于自然的改造和社会的重新识读，还特别注重借助科学知识、技术、方法和文化来破解人与社会、人的道德伦理和生命

①　黄俊华.他治中的自主性：民国报人活动中的独立性追求[J].新闻知识,2013(3):25.

价值观等问题，科学主义的触角逐渐延伸到了社会历史领域和精神文化领域。二是偏重科学知识与技术的传播。学人弱化了对作为科学思维和科学精神的科学主义的价值理性的培育，多从实用和功利的立场思考科学知识和技术推广。三是科学主义思潮全盘否定了传统文化所推崇的人文精神和知识道统，导致中国语境中的科学主义面临情境脱域的危险。将科学进行主义化渲染，势必会驱逐科学本身所蕴含的人文精神和民主启蒙的内容，中国的科学主义思潮亦不能避免。这意味着中国大学精神所面对的绝不仅仅是表面上对"拿来"还是"拒绝"的简单抉择，而需要在传统与现代、西方与本土、新与旧、封建与民主、科学与迷信的多维标准中辨析与选择。这个阶段，虽然不能说民主与科学在中国大学精神中已经绽放，但至少能断言，民主与科学的种子已经扎根中国大学精神的土壤，应该说这是一个巨大的进步。

三、自主交融与新精神的生成

五四运动前后，蔡元培、郭秉文、陶行知、胡适、蒋梦麟、张伯苓、梅贻琦、竺可桢等学人，结合中国大学发展的实际，通过艰苦卓绝的探索，培育了具有时代特色的新兴中国大学精神。他们强调人的和谐发展、全面发展、公平发展，倡导使用白话文，张扬学术个性，陶冶了中国大学发展过程中的文化品性。

蔡元培就任北大校长期间，师表群伦，耿介拔俗，锐意改革，励精图治，实行"囊括大典、网罗众家、思想自由、兼容并包"的政策，容纳新潮，整饬校风，开教育改革之先河，导高校管理之新路。[①] 正如他应邀在给湖南自修大学的题词中所写道的："湖南学者乃有自修大学之创设，购置书器，延聘导师，因缘机会，积渐扩张，要以学者自立研究为本旨。"[②]

胡适提出要改革教育制度，着重强调科学研究以大学为中心，大学也应该

---

① 韩延明.蔡元培高校管理思想初探[J].高等教育论坛,1988(1):64.
② 周天度.蔡元培传[M].北京:人民出版社,1984:211.

以从事高等研究为主要任务。胡适的高等教育管理实践为北京大学在旧中国的最后一段时期培养出大批人才。①

曾于1917年就职南京高师的陶行知,亦对大学精神发展颇有贡献。任职期间,他首创男女同校,将讲授法改为教学法,推动教育科学化的进程,推行选科制和暑期社会办学。这些改革体现的开拓创新精神,丰富了中国大学精神的内涵。陶行知在大学精神领域的伟大贡献,还在于他重新诠释的"大学之道",他将"在明明德,在新民,在止于止善"的大学之道与苏格拉底"自明"的大学之道相融合,进而提出"大学之道,在明民德,在亲民,在止于人民之幸福"。②

综上所述,中国大学精神的源头,并非源自文艺复兴之后的西方大学精神理念,但我们不能否认这种精神理念对中国大学精神发展产生的影响。中国大学精神的真正源头来自儒家思想所阐释的"道"。中国大学精神的外在表现无疑是一体性的"道",但是这一精神的内在元素具有多元性和兼容性,以致存在多种理解。需要注意的是,历史上所出现的将"道"看成是单质性的、固定化的和不变的现象,都是由于特殊的社会政治环境抑制学人思想自由所导致,它本身并不代表"道"的特性。③ 此外,作为大学精神的"道"的内涵是发展变化的,这种发展变化与大学人、时代诉求及其他相关因素紧密相连。

第四节 丰盈中国大学精神的书院

书院作为中国大学的一种特殊存在形式,对中国大学精神的丰富、充盈、中兴和拓展意义重大。"一千年以来,书院实在占教育上一个重要位置,国内

① 李欣然.中国早期大学校长角色研究[M].北京:新华出版社,2019:95-96.
② 陶行知全集(第四卷)[M].成都:四川教育出版社,1991:623-624.
③ 储朝晖.大学精神的既有研究与待解难题[J].大学(学术版),2013(10):56.

的最高学府和思想渊源,惟书院是赖。"①与官学相比较,书院起初是师生间非正式的、自愿组织的松散社团。它有着数量众多的学人,与当时社会文化相交织,形成真正意义上的学人共同体,这构成了彼时书院的基本特性。书院作为中国学人精神的一种表征,它源自学人求学治学的真挚追求。同时书院也真实全面地呈现了中国学人的文化品格和精神风貌,体现着与一般官学有所不同的精神追求。

一、书院的产生与中国大学精神的中兴

清代诗人、诗论家袁枚在其撰写的《随园随笔》中写道:"书院之名起于唐玄宗时,丽正书院、集贤书院皆建于朝省,为修书之地,非士子肄业之所也。"唐朝末期,战乱不断,社会动荡,官学也随之衰废。到五代时期,官学几乎全部停滞。在这种社会背景下,出现了许多讲学的场所,用来弥补人们对教育的需求,但它们还不能称之真正意义上的书院。

北宋初年,统治阶级实行"养兵"政策,导致"庠序之教不修,士病无所于学"。另外,社会知识分子也需要有一个公开发表自己主张的场所,而官学不兴,私学又无法满足社会知识分子的要求,书院便应运而生。正如明末清初启蒙思想家黄宗羲在《明夷待访录》中所提及:"而其所谓学校者,科举嚣争,富贵熏心,亦遂以朝廷之势力一变其本领,而士之有才能学术者往往自拔于草野之间,于学校初无与也,究竟养士一事亦失之矣。于是学校变而为书院。"书院兴起的另一原因便是佛教的传播。众多佛教徒兴建寺庙作为佛家修习禅道讲学之所,禅林讲学制度对书院形成的冲击,在一定程度上促进了书院的发展。宋初书院曾一度兴盛,但不久这些书院便相继衰落。到南宋时期,由于官学的衰落,科举制度的腐败,理学以及印刷业的发展等原因,书院

---

① 程巍.大学与大学精神[J].中国图书评论,2014(2):93.

得以重新发展。

书院自始即把形而上的精神追求置于具体形式之上。书院在创立之初多为民间性的,某些方面甚至反对科举和形式化教育,重视实学和循理,教学的内容和形式等均能体现这种求实、求理精神。这种新精神代表了发自内心的人性本原的追求,凸显着学人的价值、理想和信仰,不断冲击着社会正统文化价值观。书院既是文人墨客谈论文化的场所,也是以文会友的平台。学人试图创设某种氛围,并在这种氛围的感召下产生兼济天下和化育万民的责任感和使命感,意识到自我的精神性存在和对宇宙万物的感悟。曾主持岳麓书院的南宋著名理学家和教育家张栻,主张以"摒弃科举,成就人才,以传道济民"为办院方针。他曾指出:"侯之为是举也,岂特使子群居佚谈,但为决科利禄计乎? 亦岂使子习为言语文辞之工而已乎? 盖欲成就人才,以传道而济斯民也。"[①]张栻提出的办院方针,也是他最根本的教育思想,从中可以管窥中国大学精神的核心。

二、书院的设置与中国大学精神的涵育

(一) 依托特殊的环境

书院在选址时,多寻找"名山胜境灵秀之都、清淑之气钟焉",或类似"衡州石鼓山,据燕湘之会,汀流环带,最为一郡佳处",或"择胜地立精舍",或"别求燕闲清旷之地"。"书院建筑讲究'善美同意',它以'天人合一'为最高理想,刻意追求'情景交融'的意境。因此,我们走进任何一所书院,都能强烈地感受到大自然对人的陶冶之力。"书院的石碑、匾额、楹联,以至于一花一树、一砖一瓦,都蕴含者丰厚的文化品位和人文精神。

---

① 张栻.张南轩先生文集[M].北京:中华书局,1985:70.

比如,中国哲学"心学"起源地、南宋四大书院之一的象山书院位于江西省贵溪市。贵溪应天山"陵高而谷邃,林茂而泉清",陆九渊登而乐之,乃建精舍居焉。学生也悄悄结庐其旁。早晨鸣鼓"揖升讲座",从容授学。五年讲学吸引了数千人问道求学。极负盛名的朱熹给陆九渊写信言及办学盛况:"听闻象山学院办学颇有成效,往来学人颇多,恨不得亲自到场观察这种盛况。"

又如,南宋理宗时期,郡守吴渊依照白鹿洞书院的规制,在南京镇淮桥(今中华门北)东北创办了明道书院。史料记载,该书院属府道级官学,办学规模较大,堂和门交替掩护而构成错落有致的建筑格局。各门堂设置讲席处,为围而听道提供便利。生徒们则散居尚志、明善、敏行、成德、省身和养心六斋。书院教师及其办公住宿的地方被称为直房、吏舍、幕次。而像米廒、钱库、蔬园、公厨等则归属于书院的后勤保障系统。明道书院与当今的大学极为相似,膳食、住宿、办公、求学等尽皆囊括。

(二) 凭借特有的元素

书院的肇始与佛教、道教等有着一定的关系,这种关系根源于盛唐时既有的中国高等教育由国家、道教、佛教和民间四个系统共构的模式。"作为人文精神,儒、道、佛追求的最高品格,析言之,儒家是'圣',道家是'仙',佛家是'佛';合言之,三家皆'圣'。这是由于'圣''仙''佛'的精神境界都是天人合一。"书院是儒、道、佛精神在民间系统上的滋生。如桂岩书院的创始人唐代教育家、国子监祭酒幸南荣即在一定程度上受到佛家的影响,石鼓书院则与道家的宫观联系密切。

中国化的佛教,尤其是禅宗的南宗,强调顿悟,认为每个人达到明心见性的境界即成佛,这对书院产生了深刻的影响。主要表现为肯定个人存在的地位,发挥个人灵魂的自由,否定一切绝对权威。这对于高等教育所倡导的发扬主体性极为重要。

（三）依靠特定的制度

讲会制度是书院的重要制度,是理学大师彰扬其精神、传播其学术思想的重要方式。讲会制度始于南宋时朱熹与陆九渊在鹅湖寺进行的公开论辩,史称"鹅湖之会"。这种方式体现了"百家争鸣"的学术风范以及建立在这一风范之上的多元人性,或称之为精神个性。清朝初年,朝廷只是笼统地提倡"崇儒重道",没有择定尊崇儒家的某一派,各学派便利用这一难逢的机会,在书院中大兴讲会之风。此时的讲会大都由各书院依据自愿结合的原则成立,设会宗、会长、会正、会赞、会通等管理会内事务。讲会分月会和大会,分别为每月和每年举行;大会一般在本学派创始人的生辰或忌日举行隆重的祭祀典礼。不少讲会还制定会约和学程,对为人处事和做学问等方面都进行严明的规定。

三藩叛乱平定后,康熙帝选定程朱理学为官方哲学,下令选编《朱子全书》,"俗学""异学"等在书院中逐渐绝迹,讲会之风渐息。讲会制度的废止,表明书院"精气神"的泯灭,它变成充斥"理"的精神牢笼。

三、书院的兴盛与中国大学精神的彰显

北宋时期,社会稳定、经济繁荣,自五代以来官学普遍废弛,统治者实行抑武扬文的政策,对私人兴办书院采取支持态度,赐书、赐区、赐田、赐官职加以鼓励,这为书院的发展提供了良好的土壤。南宋时期,中国社会中既有的大学精神在"朝廷无暇无力顾及文教事业"、"太学和州学县学多有名无实"、"读书士子也无法学到德行道艺之实"的外部环境中滋生发芽。其突出表现为"心存学术理想的知识人针砭时弊,同时主动践行传道授业之责任",[1]求学

---

① 李国钧,王炳照,李才栋.中国书院史[M].长沙:湖南教育出版社,1994:131.

的读书人也丧失了对官学的热情，转而奔向乡野名士，钻研学问。盛极一时的北宋年间的书院，自然成为学人们关注的焦点，官学的式微使大学精神的种子撒向民间并由此滋生发芽，导致南宋时期书院的发展达到高潮。其数量之多、分布之广、规模之大、内部制度之细密完善、教学内容之丰富充实，都是历史上未曾有过的，成为有志学子趋之若鹜之地，声誉远高于官学。

就大学精神经由书院塑造和彰显的方式而言，主要体现在文学和道学两个方面。在文学领域，唐宋大儒欧阳修、王安石、苏洵、苏轼、苏辙和曾巩等，热心于文化复古，拓宽了以文学阐释人性的范围。而在道学领域，程颢、程颐和张载等人则以理明性，重塑大学精神。他们反对汉唐以来的儒家学者只重经书的训诂、笺注，而主张为学要讲究明心养性、讲明义理。他们认为，仁、义、忠、信不离乎心，本源于理，为学应以正心、诚意、修身为本，把为学从形而下的具体事务提升到形而上的精神殿堂。他们"在太极与天理、天理与人欲等哲学命题的高度上奠定了理论基础。将佛、道的概念范畴、思维形式、修养途径纳入儒学的新体系之中"。"二程"还创设了"孔颜乐处"这样一种人性的心灵空间和精神境界，使大批野游的士子之心找到了归属，而朱熹创建起来的理学体系成为学人精神栖息的乐园，书院亦成为阐扬和传播"道"的天然场所。

人性的彰显不仅仅是催生了理学，而且由于人性的多元本性，使得理学在"宋乾淳以后，学派分而为三：朱学也，吕学也，陆学也。三家同时，皆不甚合。朱学以格物致知，陆学以明心，吕学则兼取其长，而复以中原文献统润色之。门庭径路虽别，要其归宿于圣人则一也"。① 这标志着人们对内心精神深处的挖掘到了前人未曾达到的深度，使人的修养水准提高到一个新的水平，也为书院的发展提供了更大的、人性的心理空间。这种心理空间随着相当一批理学信徒步入科举仕途而进一步扩大。无论是文学还是道学，都彰显着书

① 张晶.宋元婺学：在理学与文学思想之间[N].光明日报，2006-01-13.

院对中国大学精神的传承。

书院祭祀的发展变迁是大学精神如何在书院得以彰显的一个表征。书院祭祀与其他祭祀颇为不同,书院祭祀重视教育价值,除了祭祀孔孟圣人先师外,亦祭祀对本学说或派别有独特贡献的人。如北宋时期,书院以儒家先师先贤为祭祀对象,长沙岳麓书院把先师、十哲、七十二贤作为祭祀对象;江西秀溪书院则将孔子和其他儒师列为祭祀对象;而南宋时期,除了名儒先师外,忠君爱国的名臣和两宋理学先师也被纳入祭祀范围。祭祀对象的多元性为南宋学术气氛注入了活力,对丰富中国大学精神的意蕴大有裨益。

南宋书院的发展状况可以视为人性彰显程度的标识。当时的中原地区在少数民族政权的统治下,无论是人的精神还是大学精神都处于压抑状态,书院也颇为沉寂,直到金朝后期才先后修复了河南商丘应天书院、直隶元氏封龙书院,兴建了山东日照魁文书院、山东武城弦歌书院、山西浑源翠屏书院、河南林县黄华书院、湖北谷城文龙书院等。

元宋战争中,为了防止战争对书院的破坏,中统二年(1261年)六月,忽必烈下诏:“宣圣庙及管内书院,有司岁时致祭,月朔释奠,禁诸官员使臣军马,毋得侵扰亵渎,违者加罪。”[①]凡有书院,亦不得令人骚扰,以此对书院等文化教育设施进行保护。有事实表明,元军在作战中也确实执行了保护书院的诏令。对于宋遗民入元不仕的不合作态度,元朝统治者没有选择镇压的方式,而是加以保护。马背民族也深谙马上打天下容易、治天下难的道理。为了长治久安,蒙古贵族推行“汉化政策”,尊崇理学,力图支持书院建设,缓解民族矛盾。他们利用包括官学、书院在内的学校系统,化解遗民的反抗情绪,同时通过时间的推移进行渗透,改变宋遗民的不合作态度并逐步为统治者所用。

元末明初,经历过20余年的战乱后,书院受到一定程度的毁损。明朝政权建立后,朱元璋下令修复山东曲阜尼山书院,对其进行特殊护佑。同时,在

---

① 参见:邓洪波.元代书院及其发展特点[J].内蒙古社会科学(文史哲版),1994(6).

全国大力倡办社学，兴建州府县各级学校，并于南京设国子监。显然，统治者专制的强烈愿望，压制了民间人性展示的空间；同时又有一部分学人，试图通过官学而不是书院来彰显其人性和大学精神。由此，一部分书院改作官学，或废弃或完全没有教学功能，一时间没有了名师，没有了大学精神，也没有了千里负笈求学的生徒。

明代正德、嘉靖年间，教职人员地位低下，备受歧视。官学本身也进一步腐败，迫使越来越多的学人到书院中修养人性，或寻求心灵的庇护，这使书院再次获得飞速发展，两朝共新建书院 600 多所。这次书院的发展起因于大学精神在经受过一段压抑后需要得到彰显，书院的快速发展又为大学精神再一次彰显提供了契机。如果说前一次彰显所贯穿的精气和产生的结果是"程朱理学"，这一次则是"湛王之学"。这时湛若水、王守仁等先后在当时人性需求的呼声中登台，他们宣称"程朱理学"通过肢解儒家经典来肢解人性，提出要从整体上把握儒家经典的精神实质来整合人性，清洗掉使得陆学旗帜黯淡的灰尘，主张"随处体验天理""致良知"，这些都为大学精神的彰显开辟了一方全新的空间。

然而，书院虽在彰显人性与大学精神的动机中兴起，但其发展的过程则逐渐演化为世俗化。功能上，书院逐渐取代各级官学而成为主要的教育机构，招生对象也逐渐转向遴选学员，教学目的逐渐转向服务于科举考试。就连以传播心学为己任的湛若水、王守仁，也不得不认定"圣学无妨于举业"，鼓励他们书院中的门徒参加科举考试。

明隆庆、万历年间，虽然书院的数量还在随着惯性上扬，但因"考课讲贯之事，悉归书院"，书院的大学精神意蕴已变得越来越平淡，成为科举考试的附庸。加之一直存在的程朱、陆王之争，一些守旧士大夫利用书院攻击朝政和改革。明万历年间，张居正以皇帝名义颁诏禁毁天下书院，由此，书院不再是学人合适的修身养性之地。

四、书院的式微与中国大学精神的转换

　　清嘉庆、道光、咸丰三代，书院始显式微，同治、光绪年间虽有"回光返照"，但大势终究已去，曾经保藏或巡蔽大学的广厦或窝棚没有了，大学精神何处藏身？历史学家对书院的衰落给出多种原因，这些原因在一定意义上都是正确的，它们的背后都与大学精神有着这样或那样的联系，而吏治的腐败则是书院衰落的第一个缺口。吏治的腐败首先直接冲击着书院的规章制度，一些书院聘请山长时"向来多系上官同僚互相推荐，遂至徇情延请，有名无实"。①　嘉庆年间，腐败愈烈，不少书院"为郡县者据为己有，且各请院长以主之。而所谓院长，或为中朝所荐，或为上司属意，不问其人学行，贸贸然奉以为师，多有庸恶陋劣，素无学问，窜处其中，往往家居而遥领之，利其廪给，以供糊口，甚至诸生有终年而不得见，见而未尝奉教一言，经史子集，诗赋古文之旨，茫无所解"。②　虽然嘉庆二十二年（1817）皇帝亲颁谕旨"如有学品庸陋之人，滥竽充数者，立即斥退，以励师儒而端教术"。③　但渗透到了统治集团每一个细胞中的腐败是无法仅靠皇帝的谕旨消除的。道光时期，腐败进一步恶化，出现了教谕、训导或知县兼充书院山长的情况。道光皇帝分别于道光二年（1822）、道光十四年（1834）、道光十五年（1835）连颁谕旨，强调"延请院长，必须精择品学兼优之士，不得徇情滥荐"。④　事与愿违，这股风气根本无法遏止。咸丰时期，官僚对书院权利的"挖掘"犹如地鼠，无孔不入，情况更是一发不可收拾。社会的腐败侵蚀了书院精神，大学精神因此黯然失色。

　　胡适曾概叹："所可惜的，就是光绪政变，把一千年来书院制度完全推翻，而以形式一律的学堂代替教育。要知道我国书院的程度，足可比外国的大学

---

①　钦定大清会典事例［M］.北京：中华书局，1991：396.
②　王昶.春融堂集［M］.上海：上海古籍出版社，1995：68.
③　钦定大清会典事例［M］.北京：中华书局，1991：396.
④　钦定大清会典事例［M］.北京：中华书局，1991：396.

研究院……书院之废,实在是中国之一大不幸。一千年来学者自动的研究精神,将不复现于今日了。"①书院这一形式已随历史而逝去,但是书院所承载的中国大学精神,在当前仍然值得我们研究和弘扬。

① 胡适.书院制史略[M]//胡适教育论著选.北京:人民教育出版社,1994:193.

第五章　中国大学精神之举隅

大学精神作为大学的灵魂,是大学的办校之根、兴学之本。19 世纪末 20 世纪初,我国进步教育家不断推进教育改革,一方面传承中华传统文化的精髓,发扬以人为本、崇德尚学的优良传统;另一方面学习借鉴西方文明的菁华,突出科学理性和人文关怀,形成现代教育思想。同时,立足中国国情和教育实际,深化救亡图存、振兴中华的爱国情怀。因此,中国的大学在办学之初,便高度重视大学精神的培育和彰扬,并在特殊的历史条件和办学环境中形成了别具一格的大学精神,使每一所大学都成为一座精神家园。

第一节　北京大学精神

北京大学创办于 1898 年,初名京师大学堂,1912 年改为现名,是中国第一所国立综合性大学。作为新文化运动的中心和五四运动的策源地,作为中国最早传播马克思主义和民主科学思想的发祥地,作为中国共产党最早的活动基地,北京大学为民族的振兴和解放、国家的建设和发展、社会的文明和进步做出了不可替代的贡献,在中国走向现代化的进程中起到了重要的先锋作用。而支持新文化运动、提倡思想自由、主张兼容并包、实施教授治校的北大"永远的校长"蔡元培先生功不可没，毛泽东曾高度评价他为"学界泰斗，人世楷模"。① 1952 年，全国高校进行院系调整，北京大学成为以文理基础教学和研究为主的综合性大学，为国家培养了大批人才。据《北京大学本科教学质量报告(2019—2020)》，北京大学的校友和教师中有 400 多位两院院士。今天的北京大学已经成为国家培养高素质、创造性人才的摇篮，科学研究的前沿地，知识创新的重要基地和国际交流的重要桥梁和窗口。

一、北京大学精神的内涵与表征

澳大利亚国立大学中文系原主任柳存仁教授认为："北京大学的著名，固由于精神。"②何谓北大精神？蔡元培在《我在教育界的经验》中指出："我对于各家学说，依各国大学通例，循思想自由原则，兼容并包。"③1923 年后，接替蔡元培担任北京大学校长 15 年之久的蒋梦麟在其《北大之精神》一文中也强调，北京大学精神主要包括两条：一是"本校具有大度包容的精神"；二是"本校具有思想自由的精神"。

(一)"思想自由，兼容并包"精神

北大精神中的思想自由，是相对于北大传统精神而言的，具有相对性，正如蔡元培所言："思想自由，是世界大学的通例……北京大学，向来受旧思想的拘束，是很不自由的。我进去了，想稍稍开点风气，请了几个比较的有点新思想的人，提倡点新的原理，发布点新的印刷品，用世界的新思想来比较，用

① 韩延明.蔡元培与青年毛泽东——纪念蔡元培任职北京大学校长 100 周年[J].山东师范大学学报(人文社会科学版),2018(1):27.
② 柳存仁.北大和北大人[M]//陈平原,夏晓红.北大旧事.北京:生活·读书·新知三联书店,1998:343.
③ 中国蔡元培研究会.蔡元培全集:第八卷[M].杭州:浙江教育出版社,1997:551.

我的理想来批评,还算是半新的。在新的一方面偶有点儿沾沾自喜的,我还觉得好笑。那知道旧的一方面,看了这些半新的,就算'洪水猛兽'一样了。又不能用正当的辩论法来辩论,鬼鬼祟祟,想借着强权来干涉。于是教育部来干涉了,国务院来干涉了,甚而什么参议院也来干涉了,世界有这种不自由的大学么? 还要我去充这种大学的校长么?"①这便是彼时北大思想自由的客观实情,也正是这种实情映照出了思想自由的真切性。

蔡元培为改变中国大学的这种状态,提出了"探究学问需要享有绝对的自由独立性,绝不能受到政治、宗教、文化和传统信念的干涉"之主张。② 这个主张在北大实施后,取得了不俗的成就,即便胡适这种重科学实证的人也感叹道:"注重学术思想的自由,容纳个性的发展。这个态度的功效在于:(一) 使北大成为国内自由思想的中心;(二) 引起学生对于各种社会运动的兴趣。"③1919 年 3 月 18 日,蔡元培发表了《致公言报函并复答林琴南君函》,就林纾在《新申报》上连续发表小说《荆生》和《妖梦》攻击北大一事,明确申述了他的"思想自由,兼容并包"理念,强调以学术造诣取才,只要授课内容有理有据,能够推敲,就该赋予其学术自由的空间,而在校外的言行举止,则不作为是否聘任的依据。

"自由"体现在北大的教学和学习中。"教学和学习、研究和对话都是自由独立的,只要你的目的在于治学和求学,那么方法总是不拘泥于形式的……这样的北大,师生、教学、课堂内外,总是充满了自由而奋进的默契感。'师傅领进门,修行在个人',由他去吧。"这就是当时人们常提及的北大"五公开":全校范围内的课堂公开制度,任何教室都欢迎听课人的加入;授课所需讲义可以通过付钱公开领取;校园内的食堂、操场、澡堂、阅览室、图书馆等均公开化;宿舍管理半公开化;校园开放,几乎不设置行进障碍。其目的是采取

---

① 高平叔.蔡元培教育论著选[M].北京:人民教育出版社,1991:220.
② 高平叔.蔡元培教育论集[M].长沙:湖南教育出版,1987:537.
③ 覃文珍.新教育与新文学的相互推进——以胡适在北大的教育改革和文学革命实践为例[J].大学教育科学,2009(3):87.

任何有助于学生求知求学的举措,帮助师生获取、传播和创新知识,而无关人的学历或学籍问题。而这一切均有赖于学术自由和思想独立,有赖于对制约学术自由的干扰因素的排除,有赖于批判性思维和意识的彰显。古文家刘师培与今文家崔适对门而居、相见如宾、论学则当仁不让。胡适名气大,常常成为众多学人"刁难"的对象,"北大怪人"林损大骂其白话文不通,受胡适提携的钱穆也与他发生了"老子"之争,他还在课堂上对胡适进行评判,时常说道:"这一点,胡先生又考证错了!"类似的例证还有不少,这些多少都能反映北大思想自由的真实境况。

"兼容并包"的北大精神内涵极为丰富。它在内容方面,把大学看成学问"包容所",反对学术上的门户偏见,主张兼收并蓄、融会贯通;在用人方面,倡导多维选才,只要品行端正、学问扎实,就能够就任师职,至于出身、社会资历和价值信仰问题则不构成选才限制。最为关键的是,北大将"兼容并包"视为确保学术自由和思想独立的外设性保障。"兼容并包"意即"我素信学术上的派别,是相对的,不是绝对的;所有每一种学科的教员,即便主张不同,若都是'言之成理、持之有故'的,就让他们并存,令学生有自由选择的余地"。[①] 但"兼容并包"较之传统大学的价值观而言,是一种新的思想潮流。"北京大学之所以堪当中国第一大学之尊位,名实两全者,正因其能'大'。此为第一无上胜义。此'大'维何?曰兼收并蓄,度量恢弘,气象万千,海涵岳负,不名一家之私,网罗天下之美,'和而不同',君子之风,学者之量,以不同相辅相济,而成大美,臻于'太和'——吾国文化之最高境界,义即最博大的和谐一体是也。必如是,方可谓之大。而学之大者,唯北京大学之精神传统足以当之。"[②] "思想自由,兼容并包"精神夯实了蔡元培时期北大人精神信仰的基础。

① 高平叔.蔡元培教育论著选[M].北京:人民教育出版社,1991:627.
② 周汝昌.北大的大象大器[J].北京大学学报(哲学社会科学版),1998(2):13.

（二）"教授治校"精神

1916 年 12 月 26 日,蔡元培被正式任命为北京大学校长。在 1 月 9 日发表的就职演说中,蔡元培再次强调"大学者,研究高深学问者也","宗旨不可以不端正",并延聘声望高、学术深的教授任教,"构建了以蔡元培、陈独秀为领袖的大学革新阵营,助推北大乃至全国文化教育事业的理念改革与模式创新"。① 特别是"教授治校"在学术治理和师资聘任管理方面的价值不断凸显,为学术之风盛行提供了制度保障和思想支撑。这些都与蔡元培丰富的政治经验和崇高的学术信念密切相关。他宣称:"我对于各家学说,依各国大学通例,循思想自由原则,兼容并包。无论何种学派,苟其言之成理,持之有故,尚不达自然淘汰之运命,即使彼此相反,也听他们自由发展。"②蔡元培是这样大力主张的,也是这样躬身实践的。

评议会、教授会是"教授治校"的主要组织形式。1912 年在蔡元培主持下起草的《大学令》,对大学建立评议会、教授会有所规定,并对其权限进行设定。"我刚来北大工作的时候,就已经知道以前的学校是这样的:所有的事务都是由校长和校务委员会主任、学生事务主任和相关成员来负责的,很少有其他教师和学生能够参与进来。我认为这样不妥当,因而任职后我就着手创建学术评议会,给教授争取更多席位,赋予其更多治学权力;逐步恢复学长参与教育行政事务的权力。不过校长和学长在数量上仍是少数派。因而第二步就是要创建各学科领域的教授委员会,由选举产生的教授和领导教授委员会的主任一同负责治学和教学事务,并将其他事务归为合议制之下。"③随后教授评议会就以最高立法机构的姿态参与到学校办学章程拟定、学科设置与裁撤、课程开发与实施、教师聘任与管理、学校财政的审议与监督之中。1917

①　萧超然.北京大学校史(1898—1949)[M].北京:北京大学出版社,1988:57.
②　蔡元培.蔡元培选集[M].北京:中华书局,1959:334-335.
③　刘克选,方明东.北大与清华:中国两所著名高等学府的历史与风格[M].北京:国家行政学院出版社,1998:53.

年底,教授评议会通过设置各学科教授会的决议,推选各科系教授组建教授会,负责本科系的教学与管理工作。

北大的"教授治校",不仅体现在能容人的制度安排上,还体现在能容人的精神信仰上。"蔡元培对陈独秀的才华颇为欣赏。自从1916年12月26日与陈独秀会面以后,就多次拜访,甚至有时天天往陈独秀的家里跑。有时会碰到陈独秀睡懒觉还未起床,就搬着凳子坐在门口等。"①这般识才、爱才、敬才的精神守护着"教授治校"传统。正是有了这种支撑,方养成北大教授不人云亦云的独立精神。蔡元培倡导"教授治校",强调教授参与治校过程,发挥治校主体精神,推行民主治校价值观。他曾言:"凡此种种设施,都是谋以专门学者为本校主体,使不至因校长一人之更迭而动摇全校。"②

(三)"民主与科学"精神

与"兼容并包"和"教授治校"相比,北大人似乎没有那么张扬地宣扬民主与科学,但深入考察北大,不能回避"民主与科学"作为北大精神之所在的事实。

就民主精神而言,事实上通过考察尚处于京师大学堂阶段的北大,透过"管理条规"就能发现其民主思想的痕迹。如《学生陈事条规》写道,"尽管对不适合提及的内容、议题等进行说明和要求,但这份条规最终仍然以确保学生享有充足的意见表达权为归旨",规定"学生在法律问题上,在涉及公益事业,在知识讲授出现错误,在遇到非常不公平的事件的时候,与教员或办事员、学校管理者或教授等一样,享受同等的直接提出意见的权利。如果意见表达不被本科教习所认可接纳的,可以继续向总教习陈述"。③上述规定在1903年设置之初就已经具有民主意蕴,而后蔡元培对北大民主精神的改革不

① 刘克选,方明东.北大与清华:中国两所著名高等学府的历史与风格[M].北京:国家行政学院出版社,1998:44.
② 储朝晖.北京大学精神一解[J].大学(研究与评价),2006(12):70.
③ 郝平.北京大学创办史实考源[M].北京:北京大学出版社,1998:257.

过是对其进行弘扬展现的过程。

就科学精神而言,虽然我们无法判断京师大学堂所具备的科学精神对后续北大科学精神的宣扬有何种影响,但是倡导建立仪器院、博物实习科等措施,已经成为中国科学事业发展的标志性创举,也为科学理性在本国扎根提供了文化土壤和精神契机。此外,自京师大学堂始,其课程与教学(课程安排、测验考试、教材编撰、教学方法)"均在不断地加以修改和完善,以使其更适应培养人才的要求。这些发展变化,为北京大学后来形成严谨的学风和治学精神,打下了坚实的基础",这正是大学科学精神的具体体现。

蔡元培不仅强调大学以培养研究高深学问的学者为目的,而且于1919年针对近代科学发展各学科相互渗透与融合的特点,对北大进行了"废门设系"的学科体制改革,以期融通文理。蔡元培还主张科学与美术并重,指出二者皆为新教育的纲领,应该融汇共进。他曾用"要透彻复杂的真相,应研究科学,要鼓励实行的兴会,应利用美术",[1]论证科学精神与人文素养相融合共进的辩证关系。在蔡元培看来,当人们拥有了健全的人格和良好的世界观,就会具备知识探究的意愿和动力。诚如他所指出的:"有了美术的兴趣,不但觉得人生很有意义,很有价值;就是治科学的时候,也一定添了勇敢活泼的精神。"[2]"如果我们反过来看,那么并不具备美术热情和兴趣的人,难免会在寂静学术的道路上有萧肃之感。这样的人不但会丧失生活的斗志,还会因为缺乏对人和人性的关怀而敷衍或形式性的对待科学事业,丢掉创造精神。"[3]

总之,北京大学是20世纪中国民主与科学的策源地,是站在中华文化高地上向中国社会传播、推动民主与科学的中心和重镇。

① 蔡元培.文化运动不要忘了美育[N].晨报副镌,1919-12-01.
② 蔡元培.美术与科学的关系[N].北京大学日刊,1921-02-23.
③ 蔡元培.美术与科学的关系[N].北京大学日刊,1921-02-23.

二、北京大学精神的源流与生成

北大精神源于"士志于道,明道济世"精神,源于"中学为体,西学为用"的办学理念,源于以爱国、进步、民主、科学为主要内容的五四精神,以及中华优秀传统文化精神。

(一)"两分法"的评析

关于北大精神,胡适在 1922 年就做过"两分法"的评论:肯定"教授治校"而耻于学术贡献不足;褒扬学术思想的自由而惭愧不能结晶自治能力。对此,校长蒋梦麟在 1920 年秋的开学演说中也直言不讳:"我觉得北大这么大的一个学校,研究学问、注重品行的件件都有,就是缺少团体的生活。所以我希望大家,一方各谋个人的发达,一方也须兼谋团体的发达。从前严厉办学的时代,是'治而不自',现在又成了杜威先生所说的'自而不治',这都不好。我们要'治'同'自'双方并重才好。因为办学校用法律,决计是不行的,只可以用感情化导,使得大家互以良好的情感相联络。"1912 年,蔡元培在美国加州大学伯克利校区也进一步阐明了自己的大学发展观,即把本土的大学文化与西方的教育理念相融通。虽然北大教育制度是西方教育制度的舶来品,但是北大精神却源自中国传统文化。

(二)"中西融合"的成果

虽然蔡元培接受的是中国传统教育,但他革新北大的文化理念也有来自西方大学的理念成分。蔡元培曾多次强调,大学是囊括大典、网罗众家的学府。而这个学府的特性可以用《礼记·中庸》中的"万物并育而不相害,道并行而不相悖"的论断来形容。蔡元培解释"兼容并包"时,也常引用这一论断,而没有像现今有些大学校长那样,用纯西方话语体系表达其观点。蔡元培曾言在开办的时候,北京环境多是为顽固派所包围,办学的人不敢违背社会上倾向,所以,当时学校的方针叫作"中学为体,西学为用"。①

(三)"三大事件"的影响

北京大学从封建官学向近代化大学的转变主要有赖于三个大事件:一是蔡元培在北京大学推行的改革,让北大成为教育改革道路上的探路人和时代先锋。正如有学者所言:"北大精神的塑造,则完全源自蔡元培校长对北大的改造。"②二是北京大学扮演着新文化运动重镇的角色,为北大占据文化思想领域制高点奠定了基础。三是北京大学高扬五四运动的大旗,成为整个教育领域践行教育救国的总指挥。"三件大事"互联互通,持续"发酵",共同塑造了特色鲜明的北大精神。因此,北大精神经由新文化运动的宣扬和五四运动的扩散,逐渐在教育领域内展现并发挥作用。"这种体现爱国主义、无畏意识、民主理念、进步精神的北大基因正逐步生成……北大精神正是在内忧外患的背景下,经由学校与社会良性互动而生成的文化结晶。"③关于新文化运动,中国著名报人、教育家成舍我认为新文化运动,是增进全世界文化的运动。就纵的方面说起来,是融合固有的文化和现在的文化;就横的方面说起来,是融合东方的文化和西方的文化。④

总之,北大精神是以中国文化为根基,容纳古今中外诸多文化思潮,在当时社会背景下进行创新的一种大学精神结晶。

---

①　高平叔.蔡元培教育论著选[M].北京:人民教育出版社,1991:449.

②　刘克选,方明东.北大与清华:中国两所著名高等学府的历史与风格[M].北京:国家行政学院出版社,1998:113.

③　刘克选,方明东.北大与清华:中国两所著名高等学府的历史与风格[M].北京:国家行政学院出版社,1998:113.

④　中国人民大学港澳台新闻研究所.报海生涯——成舍我百年诞辰纪念文集[M].北京:新华出版社,1998:96.

第二节　清华大学精神

清华大学的前身是始建于 1911 年的清华学堂,学堂于 1912 年更名为清华学校,后又于 1928 年更名为国立清华大学。全面抗战爆发后,清华大学与北京大学、南开大学在长沙组建临时大学,后迁入昆明并更名为西南联合大学。抗战胜利后回迁北京,内设文、法、理、工、农等多个院系。

1952 年全国高校实施院系调整,清华大学将重心放在多科性工业大学定位上,致力于为国家培育高级工程技术人才,因而被称为"红色工程师的摇篮"。随着改革开放事业的发展,清华大学将目标定位为建设综合性大学。目前,清华大学已发展成为国家"985 工程"大学、"211 工程"大学、"双一流"A类重点建设大学,并在人才培养、科学研究、社会服务和文化传承创新方面取得骄人成就。

一、清华大学精神的内涵与表征

"清华精神"是 20 世纪二三十年代清华人的口头禅,但每个清华人对此则有着不同的理解。比如,梅贻琦认为,"育化通才学生、增强研究能力、强化学术自由和教授治校""引领社会风尚和育化大众文化"是清华精神的精要。他特别强调:集思广益,民主办学;知类通达,通重于专;端赖大师,教授治校;兼涵并容,学术自由。① 清华大学原校长刘达在纪念清华大学 80 周年校庆时曾撰文《我与清华》,他在文中充满深情地写道:"如果有人问我,你最留恋清华

---

① 韩延明.蔡元培、梅贻琦之大学理念探要[J].高等教育研究,2001(3):92-93.

的是什么？我会毫不犹豫地回答，我最留恋的就是清华的精神。那种不屈不挠、探究真理的精神，那种勤奋严谨、开拓创新的精神，那种自强不息、奋勇争先的精神。"学者苏云峰亦强调："清华精神体现沉稳冷静、锐意进取的人生哲学；体现甘于奉献、不骄不馁的实干精神；对人踏实、对事认真的天职精神；合作共赢、交流对话的民主精神。"①清华大学胡显章教授则指出，清华精神具体表现在四个方面：爱国主义、科学理性、实干兴邦、合作共赢。总之，清华精神的基本内涵主要包括以下几个方面。

(一)"自强不息,厚德载物"的"君子"精神

清华精神常被诠释和凝练为"自强不息，厚德载物"，它也被确定为清华校训。这源自梁启超1914年11月在清华大学的一次题为《君子》的演讲。他提及，"乾象曰：'天行健，君子以自强不息。'坤象曰：'地势坤，君子以厚德载物。'推本乎此，君子之条件庶几近之矣。……清华学子，荟中西之鸿儒，集四方之俊秀，为师为友，相蹉相磨，他年遨游海外，吸收新文明，改良我社会，促进我政治，所谓君子人者，非清华学子，行将焉属？虽然君子之德风，小人之德草，今日之清华学子，将来即为社会之表率，语默作止，皆为国民所仿效"。②

"自强不息，厚德载物"精神在清华的教育理念中具体表现为实施通才教育。梅贻琦本人则立志践行这种通才教育理念。他强调：眼下社会发展急需的技术人才，最重要的并非专业技术有多么精湛，而是掌握工程技术最基本的技能。在《大学一解》中，他近乎全篇强调"通识为本，专识为末"和"通重于专"的理念，指出"通才教育实施不力是今日教育的普遍性问题"。这种论断颇受清华师生的认可，他们都强调大学并不是培养"高级工匠"的场所，而是培养"周见洽闻"的"完人"、"士"或"文化领袖"，培养"学贯中西"的雅士。基于这样的理念，清华大学的课程设置遵循"知识广博、中西兼重"的原则。

---

①　苏云峰.从清华大学到清华学堂(1929—1937)[M].北京:生活·读书·新知三联书店,2001:73.
②　清华大学校史研究室.清华大学史料选编(第一卷)[M].北京:清华大学出版社,1991:260-261.

"自强不息,厚德载物"精神,激励着清华人砥砺前行,展现着清华人应有的宽广胸怀和坚韧精神。

(二)实干、务实精神

曾任校长的罗家伦尤其强调清华大学的"实干""务实"精神。朱自清将清华精神归纳为"实干"二字,归结于从小事着手而心怀天下、踏实做人、谦逊有礼、实事求是、勤奋好进的特质。这也得到了梅贻琦校长的认同,他强调清华始终具有一种质朴勤俭的风气,"绝大多数清华学生都非常节俭,所穿衣服都是布衣棉鞋,完全没有纨绔子弟生活作风上的习气。我希望清华学子能够继续保持这种勤俭节约的风气"。① 这种求真务实的精神还充分体现在学生学习中。1924 年,《清华学报》开篇就指出:"我们认为,求学的态度,须以'诚实'为准则。首先,要心存谦逊之思,脚踏实地地追求学问;其次,需要有科学精神,以科学方法探究学问,做到精确客观,脱离猜测浮夸的束缚。"

梅贻琦在清华着力倡导自由之理念和科学之精神,认为学术研究需要理性与秩序的支撑,所有研究都应当经由事实出发。国学大师冯友兰认为,清华人文学科的共通点,在于追求"所以然"。他在《新原人》自序中道:"'为天地立心,为生民立命,为往圣继绝学,为万事开太平',此哲学家所应自期许者也。况我国家民族,值贞元之会,当绝续之交,通天人之际,达古今之变,明内圣外王之道者,岂可不尽所欲言,以为我国家致太平,我亿兆安身立命之用乎? 虽不能至,心向往之。非曰能之,愿学焉。"现在,在清华校园内还有刻着"行胜于言"的石碑,这亦是清华求真求实精神的生动体现。

(三)"精神独立,思想自由"精神

梅贻琦校长推崇"精神独立"。他多次告诫师生"治学求学需要独立思

---

① 刘述礼,黄廷复.梅贻琦教育论著选[M].北京:人民教育出版社,1993:11.

想,需要谦逊态度,需要静心思考"。他还将学术自由与思想独立视为治学求学的必要条件,并援引北宋学者胡瑗"无所不思,无所不言"之语加以佐证。

清华的"精神独立"不只是言传,更体现为身教。朱自清就是典范。朱自清虽穷,却很有志气,表现出铮铮铁骨的硬汉风格。国民政府数次邀其做官,他率真回绝;官员上门拜访,他避而不见;名流请他吃饭,他婉言谢绝;权贵请他润笔,他断然拒绝……由于身心疲乏劳累,抗战胜利后他就没有好身体了。即便如此,他还是在反战宣言上签字。中华人民共和国成立前夕,朱自清身患重病而无钱救治的时候,吴晗拜访了他,并带来《抗议美国扶日政策并拒绝领取美援面粉宣言》,朱自清看后伸出颤抖的手写下自己的名字。他很清楚,这个签名意味着自己的家庭将面临无粮可食的困境。朱自清宁死不领美国的"救济粮",以身示范,展现了中国知识分子的高贵品格,同时也体现了清华大学的独立精神。

清华大学百年历史上"四大哲人"之一的陈寅恪亦是践行独立精神的模范人物。陈寅恪一生所追求的学术信仰和一以贯之的学术信条正如其为王国维撰写的墓志铭所言:"唯此独立之精神,自由之思想,历千万祀,与天壤而同久,共三光而永光。"①这种独立精神,为清华大学实施"教授治学"提供了价值支撑,学校的民主化体制又巩固了清华大学的独立精神。清华大学学术独立与"教授治学"上的成就是其他学校无法企及的。教授委员会、学术评议会和校务联席会架构了清华教育体系,这个教育体系的基本结构是:20世纪20年代末,清华校园除了有以校长、院系负责人、学系负责人为主线的校、院、系三级管理体制以外,还逐渐生成了与该结构并行而超越校长独揽管理权限的特色化领导体制。发展到20世纪40年代,该体制已经扎根清华20余年(包括西南联大部分历史阶段),进而促使西南联合大学领导体制与清华大学校内领导体制颇为相似,并发展成为西南联合大学的主导性行政体制。

---

① 曾辉.最后的声音[M].北京:团结出版社,2009:366.

（四）"明耻"精神

《礼记·中庸》云："知耻近乎勇。"清华的发展历程，浸润了清华人"知耻而后勇"的奋进精神，丰富了清华的大学精神的内涵。

1917年3月29日，蔡元培在参观清华校园后就指出："参观完的感想有二：一是爱国情绪高涨，二是人道情怀迸发。"冯友兰亦曾借"一物不知，儒者之耻"来评说"一事不知，大学之耻"，指明大学应当使人学到丰富的知识。闻一多在五四期间抄写《满江红》，并贴在食堂大门上，整个清华校园便热血沸腾。清华大学的学生颇具民族耻辱感，在清华学堂改成清华大学后，学校发展的主题就变成如何摆脱美国控制，实现学术独立。20世纪30年代，民族矛盾日益激化。梅贻琦担任清华校长，他在讲话中提醒清华人不应忘记国耻。"一二·九运动"时期，清华成为抗日救亡的文化高地。"明耻"成为表征清华精神的外化形式："耻本土科学技术与文化水平不如欧美先进；耻清华大学远不如欧美大学办学有成效；耻清华大学某些领域不如其他兄弟院校；耻学科专业质量不如其他校内优秀学科专业；耻自主学习不如其他学生出国深造的数量多。"

"知耻而后勇"，清华人将国家荣辱与个人荣辱相结合。清华的教师也常以"耻"作为一种动力激励学生。朱自清也对此有过论述："那些批评清华学子的人都说毕业生们傲气重，太幼稚。但今年毕业的学子，在国运艰难的社会生活中不断磨练，想必会有所不同。这一年是全面抗战的一年，也是民族觉醒的一年，更是建国立国的一年。无数勇敢的战士牺牲了，无数平民百姓牺牲了，而你们还能在校园里完成学业，可见社会是多么呵护你们。很多学子长途奔走，见识了祖国山川秀丽、民风淳朴。希望你们不负所学所托，竭力报效祖国，完成抗日救国大业。"

二、清华大学精神的源流与生成

清华大学教授黄延复认为,清华文化源头有三:一是被称为"水木清华"的清华园;二是被清华人自称的"国耻纪念碑";三是被闻一多称为"灵芝"的早期清华学子。我们可以据此探讨清华大学精神的源流与生成。

(一)"美国化"与"中国化"的抉择

1911 年 2 月颁布的《清华学堂章程》规定:"本学堂以进德修业、自强不息为教育方针。"[①]办学之初,清华学堂始终参照美国模式来规范教育、科研和社会服务,甚至可以说,清华师生不论从衣着礼仪到师生的内心品性,都渗透着美国大学精神和大学文化的影响。即便是清华人也承认其受美式教育理念影响较深刻。1920 年,英国著名哲学家罗素来校参观时也不禁感慨:"清华就像是从美国移植过来的那样,完全符合美国大学的样子。"清华人在形塑其大学精神的过程中,在"美国化"还是"本土化"的问题上进行过艰难抉择。不同的清华人有着不同的贡献,并对所做出的抉择予以践行,共同构成了丰满的清华大学精神。

办学早期,清华总是参照美国大学的课程设置而施教,学校的课程也被分成西式课程和国学课程,负责讲授课程的师资也主要源自美国。课堂中英美大学的自由讲授法较为流行,对清华产生深刻影响。为了使学生能够具备留美资格,清华对人才培养质量严格把关,特别重视学生的身体素质锻炼和英文水平训练。所以,早期清华学校就因"要求高、条件严、外语好和体育强"而颇负盛名。过分的"美国化"使清华一些师生产生抵制和厌恶心理。蔡元培 1917 年 3 月 29 日在清华的演讲中也强调:"吾国学生游学他国者,不患其

---

① 吴洪成,姚静娴,寇文亮.现代高等教育家梅贻琦的治校之道[J].教育与考试,2011(3):64.

科学程度之不若人,患其模仿太过而消亡其特性。"①

20世纪20年代,清华大学在曹云祥的带领下,坚定地向"中国式"大学的办学方向前进,组建了学校课程委员会,加强国语授课质量,认为学生不但需要面向世界而学习欧美现代科学与文化,还应该面向本土而学习中国文明的研习。1923年11月,清华校务委员会审议通过的《清华大学总纲》亦强调,清华应当立志成为培育引领中国社会发展方向的领袖型人才。然而,由于政治、文化、宗教等因素的钳制,办学中国化的进程较为缓慢,国学课程改革亦受阻。1925年,在"回收教育权运动"和"改大思潮"的时代洪流中,清华本土化才得以较快发展。当时,清华学校的留学生们倾向于返回母校任教,清华师生越来越对清华办学"美国化"的弊病感到不满。1925年,钱端升在《清华改办大学之商榷》中提及"改办大学时,应具下列各端之考虑",其第一条即是"所办之大学应为今日中国之所急需者"。

1925年5月,清华大学正式成立。1925年夏天,时任校长曹云祥在清华大学国学门开学典礼致辞时感叹国内新教育的实践,基本都是抄袭欧美的,如果想办出特色就必须回归本土,精心钻研。因而各校应当组织文化研究院,专职探索高深文化和经史哲学。而在方法层面,则可以凭借科学范式和中国考究学理的方法来凝练中国文化之精魂。② 国学研究院与大学部、留美预备部和国学部同期而立,成立之初便展现出蓬勃生机。尽管从时间上看,国学研究院仅存四年,但王国维、梁启超、陈寅恪、赵元任四大导师享有盛名,对国学发展做出了不可磨灭的贡献。由于国学研究院是在胡适所倡议"办中国化大学为主,发扬国学为主"的背景下成立的,所以国学研究院不但对清华精神"中国化"有所帮助,而且还客观上促成了中华文化和西方文化的融通。国学研究院"对中国文化的精髓进行深究,促成了中西文化的交融,以综合、

---

① 蔡元培.在清华学校高等科演说词.蔡子民先生言行录[M].长沙:岳麓书社,2009:219.
② 曹云祥.开学词:今日为本校开学日[J].清华周刊,1925(1):4.

比较和融通来弘扬和创新本土文化",此刻的清华已经自觉扮演了守护和创新中华传统文化的角色。1926年6月,梅贻琦主持研究院教务会议时明确强调,想要研究本国传统文化和人类社会的发展演进历程,不能只依托古文典籍,而应当走向实地而详加考察。会议决定设立考古学陈列室,由研究院与历史学系合办,共组考古学室委员会,推李济为主席并主持其事。1927年,邱椿曾撰文评价:"这十几年来,清华在办学上卓有成效,起初清华模仿的不过是美国中小学,而后模仿搬照美国大学,而现在终于觉醒,试图创办中国化的大学了。"这从侧面映照了清华大学精神的发展变化过程。

1928年,清华人借为大学更名的契机,为清华大学在中西办学方针的摇摆中坚定办学方向提供了可能。诚如罗家伦校长在就职仪式上所言,如果想让国家在国际舞台上享有平等自由的地位,那么学术研究也必须在国际学术舞台上享有平等自由的地位。将清华从庚子赔款资助的留美预备学堂更名为国立清华大学,也正有此意。当下就职宣誓,捍卫学术独立精神,亦有此意。① 他将国学课程提升到与西式课程等同地位的高度来对待,并宣布"自今日起,清华作为留美预备学校的历史终结了,而为国家兴盛和民族独立而奋斗的历史开启了"。② 在此背景下,清华出现了一批强调本土学术的知识分子,反映了"清华之创立乃国人谋求学术之独立之追求"。

1931年至1937年,清华大学进入了快速发展阶段,这也是清华精神得以强化和弘扬的时期。在清华工作十余年的梅贻琦对这种中西之争颇有感慨,他提道:"西洋之大学教育已有八九百年之历史,其目的虽鲜有明白揭橥之者,然试一探究,则知其本源所在,实为希腊之人生哲学,而希腊人生哲学之精髓无它,即'一己之修明'是已。此与我国儒家思想之大本又何尝有导致?"③

---

① 清华大学校史研究室.清华大学史料选编(第二卷)[M].北京:清华大学出版社,1991:204.
② 罗家伦.学术独立与新清华[C]//中国国民党中央委员会党史委员会.罗家伦先生文存:第五册·演讲.台北:台北近代中国出版社,1989:18.
③ 文明国.梅贻琦自述[M].合肥:安徽文艺出版社,2013:161.

(二)"自主"与"他主"的抗争

清华学校成立之初,深陷管控与被管控的斗争泥淖中,特别是在学成回国的留学生陆续回校任教的背景下,一些回国的留学生也参与其中,这些归国返校的教师中,也出现了被称为"开国诗人"的吴芳吉愤然离校之情景,当年学生联合起来抗议美国教员的情形也不断加剧。尊崇自主性的周诒春校长焦心于民族教育之独立,率先提及将清华改为独立性大学的规划。为了贯彻这种教育自主性,他在1916年拟定了教育独立发展规划,并对大礼堂、图书馆、科学馆、体育馆等校园建筑的改造完善,教育政策方针和办学战略的优化等方面进行实质性思考。他首倡"德智体三育并举"教育原则,并将乾坤卦象"自强不息,厚德载物"确定为校训,精心培育"清华精神"。尽管周诒春先生由于亲日势力的挤压而被迫辞去校长职务,但由他确立的"清华模式"仍在延续。

早在1928年,清华大学校长罗家伦先生在其题为《学术独立与新清华》的就职演说中指出,要国家在国际上有独立自由平等的地位,则中国的大学在国际上也要有独立自由平等的地位,把美国庚款兴办的清华学校正式改为国立清华大学,以及在就职宣誓的誓词中,特别提出"学术独立"四个字,正有这个深意。他还进一步指出:既是国立大学,自然要研究发扬我国优美的文化,但是同时也以充分的热忱,接受西洋的科学文化。不过,接受的办法不同:不是站在美国的方面,教中国的学生"来学",虽然我们还要以公开考试的办法,选拔少数成绩优良的学生到美国去深造;乃是站在中国的方面,请西方著名的、第一流的不是第四五流的学者"来教",请一班真正有造就的学者,尤其是科学家,来扶助我们科学教育的独立,把科学的根苗移植在清华园里,不,在整个中国的土壤上,使其开花结果,枝干扶疏。罗家伦的演说与艾略特的观点何其相似。此后,在国立清华大学规程纲领修订的过程中,也达成了这样一种共识:"以求中华民族在学术上之独立发展,而完成建设新中国之使命为宗旨。"①从五四运动到"一二·一"运动,在清华师生参与历次爱国运动和抗议活动的过程中,清华人的自主意识和独立精神不断被传播扩散,清华办学的模式越来越"中国化"。这一过程恰如冯友兰所描述的,清华发展历史就是不断探寻学术独立的过程,就是大学教育中国化的过程,就是中华民族中兴的过程。②

(三)"学术"与"政治"的论辩

重学术还是重政治的争议话题,始终萦绕在清华大学办学历程中。早些年,留美预备学校中的学生一心求学而较少关注政治问题,甚至对政治造成的这种教育模式毫无察觉。此阶段的清华(到 1925 年成立国学研究院前)基本上不问政治,即便身处清华校园中的师生,亦时常幻想着"清华园内不受到政治势力的干扰而成为学者的乐园"。即便是被国民党政府直接授权任命的罗家伦,也在就职国立清华大学校长时呼吁:清华需要协同共进,为中华民族中兴确立自由独立的学术基业。他虽然提出了"四化"(学术化、民主化、纪律化、军事化),但被冯友兰评定:学术化成绩最显著;民主化和纪律化成绩平常;军事化彻底失败。数年后,清华依据"无党派色彩"原则遴选了梅贻琦为校长。梅贻琦任职清华后,始终强调办大学、办学校,应当遵循两个教育目标:一是学术研究的独立性;二是人才培养的育人性。

冯友兰先生曾指出,清华一直以来的教育追求,就是培育专门性技术专才。因而毕业于清华大学的学生,大多奉公守法,依托个人才华为国家、为社会谋求利益。而清华较少参与到规模浩大的政治运动或社会革命,因而清华校园难出所谓的"成则为王,败则为寇"式的人才。有观点认为,这是清华大学办学的败笔,同时也是清华大学办学的亮点。因为清华始终是以培育专业

---

①　清华大学校史研究室.清华大学史料选编(第四卷)[M].北京:清华大学出版社,1994:168.
②　叶赋桂.清华理念:百年传奇生生不息[N].中国教育报,2011-04-18.

化人才的学校。[①] 直到 1948 年,冯友兰仍然认为,大学不是宣传机关,它不在宣传特定的政治上的主义以及作用。大学毕竟是知识人的共同体,可能会宣称任何一种政治主义,而不是只代表某种主义,只要这种主义背后有学问、有知识,就能够使之存于校园中。[②]

(四)"大师"与"大楼"的权衡

梅贻琦认为"师资为大学第一要素",他指出,"大学者,非谓有大楼之谓也,有大师之谓也"。这便是他著名的"大师论"。"大师论"吸引了国内外名师汇聚清华,奠定了清华精神独具特色的根基。清华大学物理系、理学院创办人叶企孙,一直贯彻聘请一流学者任教清华的方针。从 1926 年到 1937 年,他先后为物理系和理学院聘来周培源等一批大师执教,将清华物理系打造成名师荟萃、学术精湛和人才辈出的殿堂。在这群名师的耕耘下,清华物理系人才辈出,培养出的杰出人才包括王淦昌、赵九章、王竹溪、钱伟长、钱三强、李政道、杨振宁等,他们几乎都成为国内外科技界的精英。1955 年中国科学院成立之时,数理化领域的院士半数以上都来自清华大学。

在"大师论"的引领下,当时的清华可谓人才济济,涌现了如号称文理兼通的天才、国际公认的"电机泰斗"、在世界诗人大会上被加冕为"国际桂冠诗人"的顾毓琇,国学大师梁启超,提出"治学三境界"说的王国维,深谙中国学术传统、被誉为"盖世奇才"的陈寅恪,以数理逻辑作为学问基础并有非凡语言天赋的赵元任。此外,还有冯友兰、潘光旦、闻一多、朱自清等。这些大师共同构成了清华精神的时代群像,也彰显着清华精神的个性化特质。

由此可见,若忽视清华大学在这些大师引领下所塑造出的别具一格的清

---

① 冯友兰.三松堂全集(第十三卷)[M].郑州:河南人民出版社,2000:728.
② 冯友兰.三松堂全集(第十四卷)[M].郑州:河南人民出版社,2000:190.

华精神及大师在清华办学过程中的独特价值,就无法完整理解和透析清华及清华精神。

(五)"国学"与"西学"的博弈

尽管清华早期颇受美国文化的影响,但中华民族传统文化绵延数千年,个中精髓无数,清华精神还是脱离了早期美国化的倾向而逐渐奔向了救国、爱国、自强、独立和整个中华民族的兴衰道路上。"庚子赔款"所造成的屈辱感和民族振兴的强烈使命感相互交融,共同激励着清华人自强不息,探究学术和革新教育事业,奔向为中华民族振兴的历史洪流中。[①] 清华从"学校"改为"大学",正值国内教育权回收运动和争取教育经费独立进项的阶段。1925年,清华设置了大学部,招收了大学一年级新生,并增设了国学研究院,延聘了四大导师,招收了30余名研究生,全面实施振兴国学的战略。站在这个角度,清华精神的根还是落在了"明道救世"上,落到了"士志于道"上。但清华历史的特殊性,导致这种"明道救世"与"士志于道"完全不同于其他阶段的大学精神。

清华大学在其发展过程中,不断从古今中外优秀教育家的教育思想及治学精神、治学态度和治学方法中吸取营养,博采众家之长,形成了本校的优良传统。"建校之初,清华人就倡导"中西兼容,古今贯通"的治学理念,这种价值观对清华的发展至关重要。著名国学大师王国维曾提出"治学三境"观点,并对学术界产生了深刻的影响。早年的清华,笃定自强不息、厚德载物的校训,鼓励清华人明德修业、勤奋创新,勇于开拓、迎难而上。[②] 概而言之,清华精神能够生长壮大,是避不开西方文明的。但是,清华精神毕竟扎根中国土壤,怎能无视民主呼声、自由呐喊和民族振兴的历史与现实?清华人所秉持的自由精神、独立意识和自强进取品质不断融入中华民族文化传统,不断融

---

①　江崇廓.清华大学[M].长沙:湖南教育出版社,1995:8.
②　江崇廓.清华大学[M].长沙:湖南教育出版社,1995:2.

入"知耻而后勇"的办学实践中。这种精神为"教授治校"、民主管理和法律秩序的实施提供了有力支撑。

有学者对梅贻琦先生的教育教学理念与实践进行了深刻分析,得出其办学思想的三个理论来源:一是传统儒家教育思想和古希腊教育哲学思想;二是近代以来欧美的民主法治理念;三是蔡元培等人倡导的思想自由和兼容并包的学术思想。① 清华师生是承载清华精神的能动主体。"早期的清华大学,尽管受到美国思想的影响渗透,但清华学子并没有将中华民族优秀传统文化边缘化。特别是成立国学研究院、聘请四大导师以后,清华大学掀起了复兴国学,融通中西、博采众长的浪潮,清华学者自发组成小有影响力的'清华文化派',该学派以金岳霖、冯友兰、张申府、张岱年等为代表,试图熔铸新的中华文化,试图在清华塑造兼收并蓄的学术传统。"②

第三节　南开大学精神

南开大学创办于 1919 年。适逢五四运动风云激荡,南开大学师生在爱国斗争中接受洗礼,深深植下了爱国主义的基因。在日本全面侵华战争爆发后,南开大学遭遇日军轰炸,其校舍被毁。而后随北大、清华南迁到昆明,组建了西南联合大学。1946 年战后回迁天津,并更名国立南开大学。学校以"允公允能,日新月异"为校训,以"爱国、敬业、创新、乐群"为办学追求,以"文以治国、理以强国、商以富国"为教育理念,以"熟知中国,服务中国,引领中国"为办学宗旨,树立了以杰出校友为榜样、培育高素质人才、推动学术创新、传承中华文明和努力建成一流大学的目标。"南开大学有着爱国主义文化传

---

① 黄延复.二三十年代清华校园文化[M].桂林:广西师范大学出版社,2000:44.
② 张务纯.清华精英——在清华成功的 56 个要领[M].北京:九州出版社,2001:3.

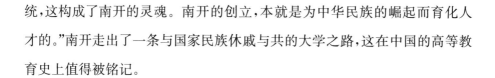

统,这构成了南开的灵魂。南开的创立,本就是为中华民族的崛起而育化人才的。"南开走出了一条与国家民族休戚与共的大学之路,这在中国的高等教育史上值得被铭记。

一、南开大学精神的内涵与表征

关于南开精神,中国科学院院士申泮文认为:"张伯苓先生把他的教育思想和办学宗旨概括为一个抽象的概念,称为'南开精神',把所有与南开事业发生过联系的人(教职员工和学生)统称为'南开人'。南开精神深深渗入了每个南开人的心中,成为他们团结奋斗为祖国的复兴和繁荣富强而献身的一种推动力量。"①

(一)"公""能"精神

南开校训为"允公允能",被南开人通称为"公能"校训,着重用于培养具有"爱国爱民的社会公德和努力为社会服务的能力"。② "惟'公'故能化私、化散,爱护团体,有为公牺牲之精神;惟'能'故能去愚、去弱,团结合作,有为公服务之能力。"③"公"所针对的是当时中国社会的"自私病",其关键在于爱国爱民,消除民众心中的自私认知,培育具有爱国主义和集体主义精神的公民,实现教育救国。正如张伯苓谈及南开创建的初衷时所指出的:在被动目的上,南开致力于消解民族的五病(愚、弱、贫、散、私);在主动目的上,则是为国兴盛培养人才,洗刷国耻,自强不息。

南开人时刻表现出对国家前途与命运的关注,这种关注又具体反映在南开的院系设置中:学校刚刚创建时,从"文以治国,理以强国,商以富国"出发,

① 南开大学校长办公室.张伯苓纪念文集[M].天津:南开大学出版社,1986:84.
② 王文俊.张伯苓教育言论选集[M].天津:南开大学出版社,1984:247.
③ 宋秋蓉.私立时期南开大学校长张伯苓公共精神的研究[J].江苏高教,2012(4):153.

设文、理、商三科。此后为适应中国社会及南开周边地区发展的需要改"科"为"学院",新增设经济学院,"把重点放在培养企业人才和工程技术人才上"。这种关注也反映在南开师生所开展的一系列爱国活动中。1919 年 9 月 16 日,在南开大学开学典礼前,周恩来、马骏、刘清扬、郭隆真、邓颖超等人成立觉悟社,讨论组织抵制日货等爱国活动。1920 年 1 月 29 日,南开学生周恩来等人因参加天津 3 000 余名学生到直隶省公署请愿活动,遭当局镇压,南开学生 13 人受伤,周恩来等 4 人被捕,他们在监狱中开展绝食斗争,直到 7 月获释。1921 年 12 月 12 日,得悉在华盛顿召开的太平洋会议通过了掠夺中国的"九国公约",南开全体学生集会、游行,要求"取消二十一条"。1925 年 6 月,南开为支援上海的"五卅"工人运动,成立了"五卅运动后援会",开展了演讲、募捐、调查等一系列活动,使师生们充分认识到中国必须自立、自强。1926 年 3 月,南开全体师生参加了天津市 4 万多人的集会,抗议日本军舰炮击大沽口。出于对国家前途与命运的担忧,南开大学较早地在教学与科研中增加了对日本侵华的研究。1927 年 11 月,南开创办满蒙研究会(翌年改称东北研究会),组织师生调查研究东北问题及日本对东北之侵略。有史料称,1927 年秋,东北研究会在南开成立,该研究会的主要目的是了解东北地区的地理、人文、经济和社会发展实际,并致力于为社会问题改进提供可能。正因为此,南开大学为日本人所敌视。"卢沟桥事变"发生后,日机首先轰炸的中国高校就是南开大学。

1931 年,日本制造了"九一八"事变,并逐步占领东北地区。校长张伯苓立即召开全校大会,并群情激昂地发表了名为《东北事件与吾人应持之态度》的演说;9 月 22 日,南开师生组织国难急救会,一致认为南开师生应参加天津学生救国会;9 月 29 日,《南大周刊》刊出"对日问题专号";10 月 17 日,学校暂停了按惯例举行的校内庆典;10 月 24 日,300 多名南开学子聚会,决定全体学生奔赴南京,为国请命,并推选张伯苓校长为请命总指挥;1935 年开展"反对华北自治""举国抗日"等活动,组织南开大学学生南下请愿团;1936 年 1 月,张伯苓及学生代表去南京面见蒋介石,要求政府颁布救国方针,宣布华北屡次外交真相,切实保障华北安定和华北教育等要求。上述系列活动足以表明南开精神之"公"的内蕴。

南开精神之"能"是实现"公"的保证。其首先体现在培养目标上,注重"造成量大、眼光远之青年;造成真正之领袖人才;造成勇敢、果断、有远见、有魄力之国民"。1932 年的《私立南开大学章程》总纲中也明确指出:"南开需以阐释宣扬文化、刻苦钻研学术和育化服务社会的人才为目的。"实现这样的培养目标要依靠教职员工之"能"。张伯苓在办学过程中罗列了一批富有献身精神和埋头苦干的行政管理人员。他们中的许多人是在南开读书并接受南开精神的陶冶,然后经过更高层级的学习后又回到南开工作的。此外,在教师薪资偏低的情况下,仍吸引了哲学系的黄还生、数学系的姜立夫、化学系的杨石先等大批学术造诣高的学者前来任教。

其次体现在教学上,强调"重视新生质量,强调基础知识,考试严格,注重能力培养"。学校设有专门的"入学委员会,其成员由教务长、各院院长、注册课主任组成,专门管理新生考试及入学事宜"。依照南开"学则"规定,"公立或已立案之私立高级中学毕业生应本校考试及格者"方得入学学习,"新生入学后,往往由教授亲自谈话,了解学生的学习志趣,指导学生选定主系及有关学程"。再者,南开大学的考试十分严格,期末考试就像入学考试一样。

再次体现在课程建设上,注重借鉴世界发达国家先进的科学技术,充分吸收各学科领域的学术研究成果。正是有了这样一批优秀师资和高水准的课程设置,南开的办学质量不断提升,并逐渐为国内外所认可。一个显著的表现就是办学之初,南开大学学生的成绩单就已经被美国、英国等国家的大学所认可。

最后体现在学生能力培养上。在实验方面,学校力求学生能够掌握最新式、最重要的实验仪器,培养过硬的素质。同时,南开还借助社会力量办校外实习基地,鼓励师生研究中国实际问题,注重实用,成立社会视察委员会开展社会调查。例如：东北研究会研究东北问题；经济研究所研究中国经济问题；应用化学研究所直接聚焦国内工商业发展所面临困境，依托南开自身的研究设施，辅之以地区工商业界的支持，提高工商业产品的质量。另外，还设有 20 余个学生社团，邀请国内外众多学者讲学等。这一系列的措施，使南开精神之"能"落到实处。

（二）勤俭创业精神

南开精神又常被解释为"逢难必开"精神，正如张伯苓所言："南开素有坚忍不拔而坚毅刚强的奋进精神。"[1]此即南开人常言的"'埋头苦干''勤奋实干''坚持笨干'精神，杜绝投机取巧，甚至是'鼓劲傻干'。"[2]南开人常常把"用极少的钱办很多的事"放在做一切事的前提位置上，"用费务求其省，效率务求其高，故组织方面，分部甚简"。南开校园环境是宁静质朴的，在这种文化氛围的浸润下，南开师生也是宁静质朴的，甚至俭朴到"晚上有月光照射，工人们就关闭电灯以节省电能"。勤俭的结果是精干、负责、高效，一些教师兼任几项工作，如 1913 年学生数量有 400 余名的时候而职员不到 10 人，1919 年时学生有 1 200 多名，行政管理人员才 24 人。学校吸收一些品学兼优的清贫学生帮做校务，免除其学费或膳食费。他们总结出"办事方法是'不放松'，目标是'经济时间'。因为'不放松'可以实事求是，'经济时间'可以成功快。依此两个原则，事工之效率可以大。职员请人全抱一种'能让人受累，不让事吃亏'的心理，对师生以及校役，务求其安适，虽极琐碎之问题亦虚心研究以处之"。南开是勤俭创业的结果，张伯苓则希望这一过程孕育出南开学子的开拓、奋斗精神。他在修身班上常常把办学之难、世事之艰告知学生，而且常以此激励学生迎难而上。正因为有此种精神，南开所获得的教育效益显著。即便如此，校长张伯苓还是鼓励大家振奋精神，"该花的钱决不吝啬"。他

① 崔国良.张伯苓教育论著选[M].北京：人民教育出版社，1997：86.
② 南开大学校史编写组.南开大学校史（1919—1949）[M].天津：南开大学出版社，1989：88-89.

认为"一个教育机构的账上应该是赤字。任何学校当局如在年终银行账上还有结余，证明他是一个守财奴。因为他没有能利用这些钱办更多好事"。① 教育部官员来视察时，深感"该校虽然经费账细，但负责者将一文钱作三文用"。

（三）协作精神

团结协作是南开人反抗当时中国社会"以私利私心处理社会人事"的弊病而倡导和践行的办学信念，意在帮助师生养成超越自我趋利性的思维习惯。协作指向相互信任、相互体谅、相互帮助、相互扶持的真诚合作式美德。"作事不分家"是张伯苓提出的五字治校原则，后又提出"校务公开，责任分担，师生合作"的办学方针，其目的"系造就学生将来能通力合作，互相扶持，成为活泼勤奋、自治治之一般人才"。② 他强调团结协作精神比追求物质动机可贵百倍。

1921年1月，张伯苓在北京香山慈幼院召开的大、中学教职员及学生代表会上，就学校改革提出"校务公开，责任分担，师生合作"的办学方针。1924年又提出"开诚布公，根本改良"，诚邀学生帮助学校推进改革，学生建言很多，其收获颇丰。1930年张伯苓对学生讲话，还是强调"力行师生合作，以共谋校务之发展，养成团体之精神"。这种协作首先体现在师生之间：学校十分欢迎学生对学校提出建议，张伯苓自己则率先垂范，通过各种场合接触学生，他能叫出绝大多数学生的名字，知道他们的籍贯、家庭情况，常常主动把学生叫到办公室谈话，征求对学校的意见，由此形成了师生之间相互理解与包容的和谐氛围。同时，南开努力培养学生的团队合作精神，通过"鼓励学生自动组织各种社团，通力合作，团结负责"。张伯苓亲自表演"折筷子""拉绳子"，向大家说明"分则易折，合则难摧""团结力强，分散力弱"的道理。通过

---

① 侯志军.为大学发展积累社会资本：张伯苓的经验[J].中国地质大学学报（社会科学版），2011(1)：113.

② 何顺进，刘国新.大学文化力审视及构建[J].高等教育研究，2010(4)：4.

激发集体荣誉感和责任感,全校"形成一种和谐的风尚",不断把学生培养成具有团结合作精神的人。

(四)严谨治校精神

张伯苓毕业于北洋水师学堂,他非常重视校规校纪等制度建设,提出"将学校作成一法制学校",这在 1915 年颁布实施的《天津南开学校办学章程》的各项规定中可见一斑。该章程的主要内容有:(1)凡在校师生妄谈淫亵问题的,轻则记过,重则开除;(2)凡在校师生不能勤俭自持、生活态度嬉戏化的,查实便责令其退学;(3)凡在校师生做出所禁忌之事的,立即开除;(4)凡抽烟酗酒而不利于身体健康的,均不允许,如有违反则记过;(5)在入校后不到 20 周岁的不能结婚,否则查出来斥责退学;(6)不要携带贵重物品到学校,如果物品有遗失,要立即通知管理人员并做好登记工作;(7)任何毁坏活动损伤学校设施的,需要向管理人员说明情况并赔偿;(8)各项费用不能如期缴纳的,可采取停止上课、停止就餐的策略,并移交管理人员处理;(9)任何请假事宜应当到学生管理室报备;(10)学生小错误将会被累积到期末考试中,直接扣掉期末考试总分 20 分,记大过的则扣 40 分;(11)遇见学校师长需要致敬,见到同学应当行礼;(12)如果对学校政策或管理人员有不合理举动,轻则记过,重则开除。

此外,学生在学习和生活场所都要遵守细密严格的规则。如学校要求学生仪容大方,"那时南开一进校门就有一面一人高的穿衣镜,镜额上刻有严修题写的 40 字《容止格言》:'面必净,发必理,衣必整,纽必结……'用张伯苓的话说,人越是倒霉的时候,越要注意穿戴,让别人不能轻视你。后来有学生回忆说,那时南开学生很讲姿态、仪容与神气,甚至于说话,都有一套南开的口语,在任何场合都如鹤立鸡群,让人一看就知道那是'南开的'"。① 学校对这

---

① 储召生."土货"校长张伯苓[N].中国教育报,2013 - 04 - 06.

些规范执行严格,对所有学生一视同仁,一些名门官宦子弟都毫不例外地受过处分,因此学生"在校学习认真,学习风气较浓,大部分学习成绩较好。出校后能发扬'苦干'的南开精神,工作勤勉,颇受社会好评,很少失业的"。

(五)"土货化"精神

南开大学创办之初,出资赞助的多为留学美国人士,因而美国文化输入的内容较多。当时学校教学设备、购置的图书资料和各类实验仪器,大多来自美国;实验室摆列的各项器材等,精美而多样化,也是来自美国制造;而所聘任的教员,几乎全部来自美国留学生群体;所使用的教材也都是从美国引入的;其他如积点制也,选科制也,亦均采自美国。初创时期,南开大学对美国大学办学经验有所借鉴,这使学校教育教学与管理工作处于较高水准,但此举同时也加剧了盲目崇拜和机械照搬的倾向。首先是学生不断地对这种做法提出异议,认为美国式"只注意狭义的机械式的人才培养","学生没有自动学习的机会";教师一味地灌输知识,把学生当作掌握技能的工具;采用美国的大学规则"如报到时之复杂手续应一概取消";太重考试和分数而"造成大多数学生选给分宽的教授的课";教授全用英文讲课,无形中也造成轻视中国语言文学的风气;学生常为西文书籍所困,而不能读中国书。有鉴于此,1925年,几十名学生正式提交建议书给学生会,要求除英语外,所有课程改为国语。经校务会议研究同意实施。

南开学生将大学教育无法适应本土国情的现象暗喻为"骨鲠在喉",并坚决倡导办学应当聚焦"中国教育的精神独立",由此而酿成南开大学师生间有关《轮回教育》的一场争议。这篇发表于1924年《南大周刊》第8期、署名笑萍(宁恩承)的杂文,持论亦不免有所偏颇,实质上却触及中国教育之根基,"即中国的大学教育是机械地照搬照抄外国,还应当适应国情,走中国化的道路"。① 当时师生对此文的观点针锋相对,学生会则站在同学们一边,张伯苓无法调解随即离校,后中国地质事业奠基人、校董事会董事丁文江到校调解才消除了师生隔阂。这一事件对南开的"土货化"进程产生了不小的影响。1927年,学校决定放弃美式教材,改为自行研发。1928年春,学校颁布施行《南开大学发展方案》(简称《方案》),明确提出"土货化"办学方略。《方案》提出:以往大学之教育,大半"洋货"也,学制来自西洋。教授多数系西洋留学生,教科书非洋文原本即英文译本。"大学学术,恒以西洋历史和西洋社会为背景。全校精神,几以解决西洋问题为目标",②这无疑是错误的方向。在社会科学方面,研究社会科学,就应该扎根具体社会生活实践,符合具体社会发展之需求,倘若照搬西洋模式,如何能够实现中外贯通;在自然科学方面,也应该将科学精神与科学方法"中国化",不然还是难以摆脱西方科学范式的影响;在实用科学方面,若无理论做基础,就会堵塞发展的源流,更谈不上发扬科学精神与使用科学方法。南开校长张伯苓认为,当前的中国大学,当务之急就是要走"土货化"路线。在他看来,要实现"土货化"必须从学术独立和思想自由切入。"走土货化路线的大学,就应根植中国社会、中国历史和中国学术,以中国问题的破解为最终目的。"基于这一方案,南开的教学内容、方法、制度都进行了诸多改革,加强了自编教材,注意书本所学与社会实际的联系,开展参观、实习、考察等活动,注重中国历史与现实中的问题研究。经济系教授何廉到全国主要大学考察所开课程,对课程的西方化深有感触。随后,他结合自身教育教学实践,开设了包括《经济学概论》《财政学》《统计学》《公司财政学》在内的一系列经济学类的核心课程,将中国经济的历史与现状当成讲授课程时的佐证资料,收到了很好的效果。

---

① 闫广芬,王树时."知中国,服务中国":张伯苓的南开大学办学之路[J].高校教育管理,2009(5):13.
② 侯志军.为大学发展积累社会资本:张伯苓的经验[J].中国地质大学学报(社会科学版),2011(1):111.

二、南开大学精神的源流与生成

严修、张伯苓等人在筹建南开大学时,曾远渡重洋赴美考察。张伯苓于1917 年 8 月到美国留学,在哥伦比亚大学师范学院与杜威、克伯屈、桑代克等知名学者研讨教育问题。1918 年秋,严修也来到美国。每天晚上,严修和张伯苓二人,在严修的住所研讨教育,并将更多的时间用于考察美国著名私立大学的学制、行政管理、科学设备和图书阅览情况,这无疑提升了他们二人对美国私立大学的认识。1918 年 11 月,严修和张伯苓在从旧金山乘船回国的旅途上,他们充分讨论了筹办大学的计划。南开创立之初,基本是按照美国模式进行分科、授课和考核,但是分科过程并非独断行为,而是在各界人士和教授委员会的协商互动中拟定,最终设定了文、理、商三科。虽然第一届学位授予仪式上,南开大学首批学生毕业身着的仍然是美式学位礼服,但是南开精神绝对不是完全来自欧美国家的大学。1928 年,当张伯苓再度出国考察大学办学经验时,直接感叹,不能实现"土货化"是中国大学的弊病,因而南开大学需要扎根本土,贯彻"土货化"办学理念。[①]

南开大学精神是在传统文化基础上内生而成的。尽管在办学之初,欧美大学精神曾影响过南开文化,但这些都无法构成其精神源头,不过是作为"养分"而存在。南开人的立场决定着南开精神的实质。南开学人形成了一种共识:"南开大学的教育诉求,体现在救亡救国而推动中华民族振兴上,体现在为学术自由和思想独立的不懈追求上。南开教育的模式是借助科学方法、科学仪器和科学态度来揭示问题本质,审视中国社会发展弊病。概而言之,就是借助南开教育认识自己的国家,服务于社会进步,致力于中华民族崛起。"可见,南开大学建设与发展的基本立场是立足于中国实际。

---

① 王文俊,梁吉生.南开大学校史资料选(1919—1949)[M].天津:南开大学出版社,1989:10.

南开大学精神侧重社会之"公"而弱化个人之"私","允公允能"便是最好的例证:提倡极其富有文化传统的勤俭行为,而没有宣扬消费;提倡"土货化"而非"西洋化"。总之,"南开精神是沿着中国五千年文明主线,在其内在发展逻辑之上形成和发展的"。①

第四节　西南联大精神

西南联合大学(简称为西南联大),是由北大、清华、南开三校组成,但不是三校简单的相加,它是在特定的历史环境和条件下,熔三校传统于一体而组成的统一教育实体。联大既有三校的共同之处,又有其独具的特点和风格。联大兼收并蓄,推陈出新,相互贯通而逐渐生成了自由民主、踏实求真、团结协同和生动活泼的风气。② 西南联大培养学生几千多人,其中包括诺贝尔奖获得者,"两弹一星"功勋奖章获得者、"两院"院士等在内的一大批享誉世界的人才。曾经在西南联大读过本科又取得硕士学位的杨振宁教授讲道:"我曾再三讲过,我一生非常幸运的,是在西南联大念过书,因为西南联大的教育传统是非常好的。这个传统在我身上发挥了最好的作用。"③持续研究西南联大十余年的美国弗吉尼亚大学伊色雷尔教授认为,西南联大是中国历史上最有意思的一所大学,在最艰苦的条件下,保存了最完整的教育方式,培养出了最优秀的人才,最值得人们研究了。④

---

① 储朝晖.何为中国大学精神之源[J].江苏高教,2004(4):5.

② 南开大学校史编写组.南开大学校史(1919—1949)[M].天津:南开大学出版社,1989:259.

③ 张岂之.清华的人文传统——纪念清华国学院成立80周年[J].华夏文化,2005(2):6.

④ 钟叔河,朱纯.过去的大学[M].武汉:长江文艺出版社,2005:209.

一、西南联大精神的内涵与表征

西南联大是中国大学发展史上不可或缺的组成部分,也是中国大学精神得到极致彰显的典型,有学者将西南联大精神定位为"战时人文精神"。正如当时的南开校长张伯苓所言:敌人此次轰炸南开,被毁者为南开之物质,而南开之精神,将因此挫折而愈益奋励。[①]

(一) 刚毅坚卓精神

西南联大的精神较准确的体现在其"刚毅坚卓"的校训中。西南联大师生在各个方面所表现出的刚强、果敢、坚韧不拔、卓然不群的精神,可以说是西南联大精神最早的一种概括,真实反映了西南联大师生的精神面貌。而凝聚这种精神的深层原因,是当头的国难及广大师生对中华民族前途与命运所存的神圣使命感和责任感。正因如此,在国难深重的九年里,西南联大始终能够维持较高学术质量,巩固勤奋求学的优秀学术品性,确保学术研究不至于走向失落或变差。[②] 西南联大从师生到领导都认同这种责任感,西南联大的三位常委以及众多教授都认同大学负有"培养新民"的使命。

(二) 民主治校精神

民主治校在西南联大的教学、学术研究和抗日爱国活动中得以充分彰显,尤其在教授委员会的设置和运作过程之中表现得更为典型。联大在常委会、校务委员会之外,还承袭了三校的治校传统,特别重视教授委员会在学校

---

① 薛进文.抗战烽火中的南开大学[N].人民日报,2015-07-23.

② 北京大学,清华大学,南开大学,云南师范大学.国立西南联合大学史料[M].昆明:云南教育出版社,1998:246-247.

管理中的作用。教授委员会由全校教授和副教授构成,主要任务是审议教学方案、管理学生事务、学业成绩评定和学位审核授予,并监督校务委员会的工作,提出完善建议。虽然该组织具有咨询属性,但其对学校管理和教学、学生学习等均有深刻影响。①

西南联大的民主治校精神还体现在各类专项委员会的设置和完善上。根据数据统计,西南联大先后设置了几十个专业性的委员会,比如住宿委员会、图书馆委员会、校徽校歌设计委员会等等。这些委员会在时间跨度上各有差异,在性质上也存在常规与暂时之分,所聘任的委员会成员主体也涵盖师生,但这些委员会都能践行西南联大的民主治校精神,尽管这些专业性委员会不计酬劳,但仍能吸引大批师生参与。据 1939 年不完全统计,这类委员会有 17 个之多。虽然数量多,但这些委员会却不是摆设性的,任何违背教育规律和学生身心发展水平的政策或行动,都将面临抵制,即便是政府制定的也不能逾越底线。时任国民政府教育部负责人的陈立夫就三番五次要求西南联大遵守教育部制定的各类政策法规,但西南联大教务委员会经过协商后致函教育部,并由冯友兰执笔,其不卑不亢地陈述道:"部中重视高等教育,故指示不厌其详,但准此以往则大学将直等于教育部高等教育司中一科,同人不敏,窃有未喻。"②当教育部门颁布实施《大学及独立学院教员聘任待遇暂行规程》和《大学及独立学院教员资格审查暂行规程》之时,"联大教授对教育部审定教授资格的规定颇为不满,很多教授公开反对,言论相当激烈。对于聘任或审核的教员,都是严格遵照三校办学意愿和规章制度而行的,并未打压学人",而且最终联大也没有按照教育部政策将教员这个级别排除在外。③

民主治校精神还体现在对党化教育的态度上。据相关记载,从建校开

---

① 南开大学校史编写组.南开大学校史(1919—1949)[M].天津:南开大学出版社,1989:259.
② 徐百柯.民国那些人[M].北京:中央编译出版社,2007:10.
③ 南开大学校史编写组.南开大学校史(1919—1949)[M].天津:南开大学出版社,1989:270.

始,教育部就想紧紧控制西南联大,为此他们特地从清华、北大挑选代表国民党政府立场的教授到教育部担任重要职务,并借助行政力量,责令学校订阅教育部推荐的教科书等。同时进一步党化学校行政和教师队伍,规定凡是大学院长以上的行政负责人,都必须加入国民党,要求凡在联大及三校负责人,没有加入国民党的人,均要先行加入。他们还采取宴会和"劝清"等方式,规劝教授加入国民党。甚至连出国深造,教师也必须接受国民党中央训练团的培训,方可获得出国资格。① 即便如此,西南联大师生始终坚守严谨的治学和独立的人格,坚守西南联大民主治校的精神。例如,1941年国民党教育部多次委派或经他人游说张伯苓加入国民党,张伯苓在接受外界采访的时候说:"我办大学是为了救亡国家,加入国民党也是教育救国,但我该救何种国家,我所救的是信奉和践行孙先生三民主义的国家。"再如,法商学院院长陈序经始终坚持不加入国民党,坚持不进国民党中央训练团受训,并公开表示即令因此不能当院长、不能出国,亦在所不惜。在西南联大期间,陈序经这种是非分明的倔强态度,在全院师生中得到了广泛的赞佩和支持。正是因为西南联大教师不惜牺牲个人利益、竭力维护民主和学术自由,"竭力抵制外部环境的压力和冲击,才使联大始终不失为一所较有民主自由空气的学校",才使西南联大的精神熠熠生辉。

(三) 兼容并包精神

西南联大的兼容并包精神比北大更为丰富多样。一方面,西南联大教师在政治思想上比较活跃,有着各种各样的政治见解。然而,不论见解多么不同,也不论国民党员、非国民党员大家都相处得很好。它对不同政治思想的包容,保证了大家在爱国的基础上以学术研究为中心和谐共处。另一方面,教师学术渊源不同,治学传统各异,学术观点纷然杂陈,风度、气质迥然不同,讲授方法各有

---

① 南开大学校史编写组.南开大学校史(1919—1949)[M].天津:南开大学出版社,1989:271.

千秋,"却有着共同的师道尊严和价值判断,爱国爱生,忠诚教育,治学严谨,不苟且、不浮躁,都有高尚的职业操守和敬业精神。他们教书育人,爱之以德,不厌不倦,自敬其业,不忧不惑,自乐其道,默默耕耘,无私奉献"。①

西南联大对不同学术流派和风格的包容,彰显出西南联大学术上之兼容并包。诚如冯友兰教授所写:"联合大学以其兼容并包之精神,转移社会一时之风气,内树学术自由之规模,外来民主堡垒之称号,违千夫之诺诺,作一士之谔谔。"西南联大的办学原则是坚持学术独立、思想民主,对个性思想采取包容态度,绝不干涉师生的政治信仰或学术倾向,支持学生在课外从事和组织各种社团活动。② 学校力保校内师生的安全,极力抵制外部势力对教师聘任的干涉。这有效地保护了西南联大作为一个精神实体的尊严和统一性。

(四) 自由与竞争精神

西南联大的另一个传统就是"学术自由""民主作风""追求真理"。西南联大充分尊重教师的学术自由,对于不同流派的学术观点从不加以干涉,教师可以根据自己的兴趣和研究领域自由研究,学校鼓励教师之间进行相互学习、相互讨论甚至相互批判。正是因为教师之间形成了自由的学术氛围,才出现了一门课程有好几位教师同时开课,或是一门课程有几位教师轮流上课的情况。这既增加了课程的竞争力和吸引力,更使学生能够聆听到不同的见解,极大开阔了学生的视野。西南联大集中了当时中国社会科学和自然科学界一大批精英。学校一方面对教师队伍实行流动管理,平均年流动率约占在校教师队伍的15%左右;另一方面对教师实行聘任制,对不胜任的教师进行解聘,对优秀教师加以延聘。这种自由竞争使西南联大始终处在不断进取之中,学校不论是老教授还是年轻教师,都在自己的教学和学术领域积极进取、

---

① 丰捷.西南联大:永存的精神力量[N].光明日报,2007-10-29.

② 西南联合大学北京校友会.国立西南联合大学校史:一九三七年至一九四六年的北大、清华、南开[M].北京:北京大学出版社,2006:前言.

不断创新。

西南联大这种自由与竞争并存的精神和旺盛的学术活力,使其形成较好的学术机制,成为一种吸引力和凝聚力,不仅聚合了联大原有的教师,而且不断将校外著名学者吸引进来,在自由与竞争并存的精神氛围里,西南联大获得不断进步中的动态平衡,不断内生出新的动力,去迎接新的挑战,解决新的难题,取得新的成就。

(五)严谨治学精神

西南联大的严谨治学精神,首先体现在教师的治学上。学校的绝大多数教师讲课认真细致,精心自编讲义,内容常讲常新,深受学生欢迎。陈寅恪在准备隋唐史课程讲授前就明确对学生说:"前人讲过的我不讲;近人讲过的我不讲;外国人讲过的我不讲;我自己过去讲过的也不讲,现在只讲未曾讲过的。"①朱自清教授虽身患痢疾,在书桌边放一马桶,仍然坚持连夜批改作文的故事成为佳话。由于教师治学严谨,当时虽在战乱动荡时期,仍然产出了冯友兰教授所著的《新理学》、金岳霖教授所著的《论道》、华罗庚教授所著的《堆垒素数论》等一批高水平的学术成果。

西南联大的严谨治学精神,也体现在教师的基础课教学上。当时教学经验丰富、学术功力深厚的教授都乐意担任基础课教学。如化学系主任杨石先带头到路途较远的工学院去讲普通化学;理学院院长吴有训以及周培源、张文裕等都为一、二年级学生讲授过《普通物理》等基础课。

西南联大的严谨治学精神,还体现在对学生的严格要求上。西南联大实行学分制,学校严把入学和毕业两个关口。规定如有二分之一课程不及格,令其退学;三分之一课程不及格,留级一学期。西南联大考试制度规定:期末考试的总分如果不及格,是不能参加补考的,只能重修。关于重修,如果一门

---

① 李洪涛.精神的雕像:西南联大纪实[M].昆明:云南人民出版社,2009:161.

课程是后面的先修课程,那么还不能选修后面的有关课程。这样,一环扣一环,课程不及格,四年便不能毕业。下学年重修还不及格,则这门课定为不及格,势必会延长学习年限。这种独特的重修制度,学生在联大四年不能毕业的大有人在。正是由于这种严谨治学精神,当时虽然面临着政治、战乱、经济破败和文化碎片化的冲击,但西南联大师生们仍然坚守学术理想,坚定不移地开展教学、研究,并持之以恒的致力于改造中国社会。[①]

二、西南联大精神的源流与生成

西南联大走进了历史,但西南联大精神成为我们永恒的记忆。在外敌入侵、硝烟弥漫的危难时刻,西南联大继承并发扬了五四运动的光荣传统,形成了这所大学最宝贵的精神支柱——爱国主义,筑就了中国高等教育史上一座永恒的精神丰碑。

(一) 西南联大精神在炮火中诞生

西南联大是中国社会处于应急状态下的产物,这种应急状态起因于日本侵略者在不断吞没中国社会的物质财富的同时,还企图摧毁中华民族的文化传统和精神生活。[②] 其中,"有意识地以大学等文化教育设施为破坏目标",犹以高教事业受害为最。

1937 年 7 月底,日本战机连续对南开大学和南开中学校园狂轰滥炸,各种建筑悉数尽毁。后来与南开联合组成西南联合大学的北京大学与清华大学也同样遭日军践踏,北大和清华的校舍被日军占为马厩和伤兵医院。著名诗人穆旦曾记下西南联大受到轰炸的情形:1939 年 10 月 13 日,日机轰炸西南联大,投下百余枚轻重炸弹,致使师范学院全部炸毁,同学财物损失一空。

---

① 南开大学校史编写组.南开大学校史(1919—1949)[M].天津:南开大学出版社,1989:289.
② 余子侠.民族危机下的教育应对[M].武汉:华中师范大学出版社,2001:157.

城内师生的住宅区也全被炸毁。然而,就在轰炸的次日,联大上课了,教授们有的露宿了一夜后仍旧讲书,同学们在下课后才去找回压在颓垣下的什物,而联大各部的职员,就在露天积土的房子里办公,未曾因轰炸而停止过一日。[①]　如此丧心病狂的文化毁灭行径,令时任清华校长梅贻琦义愤填膺:"仇深事亟,吾人宜更努力灭此凶夷。"[②]西南联大正是在这样的历史背景下,践行着重塑、振兴和引领中华民族文化教育的使命。

(二) 西南联大精神在迁移中丰富

西南联大的精神是在特殊时期,不同大学的搬迁和组合过程中形成的,这也是对大学精神的一种特殊的考验。当时正值"南京大屠杀"发生不久,悲愤激昂的民族情绪融汇坚韧不拔的大学精神,引发了一场搬迁与反搬迁的大争论,同时还引发了教育界乃至整个社会对战时教育的争议。这场争议有意无意地使人们加强了对大学精神的关注,更为重要的是加深和拓展了以大学师生为主的包括社会各界对大学精神以及大学的全面理解。

这次被称为"教育长征"的大学搬迁过程,本身也是史无前例地对大学师生的磨炼,从而间接地成为对中国大学精神难得的一次丰富和提炼。与前一次搬迁到长沙有火车、轮船不同,这次除了"校本部女生及年老、体弱的师生走海路"外,"男学生和身体健壮的教师组成'湘黔滇旅行团'徒步横跨湘黔滇入昆明"。300多名师生(其中包括闻一多、曾昭抡等教师10余人),过着准军队生活,历70天之久,终于抵达昆明。对于这次大规模搬迁活动,要求所参加的各学校统一要求"借以多习民情,考察风土,采集标本,锻炼体魄,务使迁移之举本身即是教育"。

这次"教育长征"是我国大学人与社会进行的一次难得的互动。他们"沿途唱抗日救亡歌曲,到学校演讲,会见来访的中学生,向老乡们介绍抗战形

---

① 杨斌.无问西东:抗战中的西南联大[N].中国档案报,2020-08-21.
② 陈兆玲.历史的见证——日本侵略军在清华园犯下的累累罪行[J].北京档案,1995(5):33.

势,叙说日寇的暴行。他们领略了祖国大西南的美好河山,亲身接触了古老的民族传统文化,同时也亲眼目睹了各族人民饥寒交迫的生活"。[①] 这次"教育长征",也增进了师生的专业知识。学生物的师生沿途采集了很多标本;学地质的亲身勘探了西南地区有关矿藏和地层;学人文科学的调查了西南少数民族的文物制度。步行团成员自然成了同甘共苦的朋友,建立了从未有过的亲密师生关系。在这样的互动中,大学精神获得了新的营养,在中国大地上扎下新的根须。

(三) 西南联大精神在"常委"默契配合中成熟

我们探究西南联大精神的源流,理应首先对西南联大的学人,特别是主办人加以考察。当时的校务委员会三位常委蒋梦麟、梅贻琦、张伯苓都曾留学美国,三人都学习过美国的大学制度,深谙民主办学、教授治校、学术自由的真谛,有对教育及学校前景的共识。正如梅贻琦所言:"对事情的看法与做法,大同小异。"

蒋梦麟、梅贻琦、张伯苓三人接受的小学和中学教育是传统的,而其接受的大学教育是现代西式的,这为他们在大学精神建设上吸纳、融合中西方文化提供了良好的基础。西南联大教授中年龄较大的是梅贻琦、张伯苓、陈寅恪等那一代学人,而年纪较轻的则以钱钟书、费孝通、华罗庚等为代表。他们大多接受了系统的传统教育,兼具留学欧美之经历,又熟悉较完整的现代大学教育,成为了我国新一代人文学科的开创者。

西南联大所面对的突出问题是"抗战救亡",这就使西南联大精神具有鲜明的"明道救世"和"士志于道"之意蕴,这在较大程度上决定着西南联大精神的选择和创建方式。陈岱孙颇有感触地指出:"联大能取得不俗成绩,全仰仗学子的求知意愿和学者的敬业之心。这两者又是以爱国主义精神为纽带和

---

① 何顺进,刘国新.大学文化力审视及构建[J].高等教育研究,2010(4):4.

动力而建构成的。联大师生对抗战胜利抱有无比坚定的信心,尽管抗战期间情形多次转变,但联大师生抗战必胜的信念从未动摇。'楚虽三户,亡秦必楚',中华民族终将驱除鞑虏、恢复中华的。联大师生还持有担忧民族命运和国家前途的使命感和责任心,预测抗战胜利后百废待兴局面需要人才,因而努力培养人才。'中兴业,须人杰',联大人需要揽起责任,为国育才。正是这些精神激励着联大师生锐意进取、不断创新、勤奋求知、爱岗敬业。这样的精神在任何时代、任何国家、任何大学,都是值得珍藏的宝贵财富。"①

(四) 西南联大精神在"一成三户"中完善

"续中国学术之余脉"是西南联大人的情怀和责任,也正是因为这种情怀和责任,创造了西南联大历史上的诸多辉煌。西南联大是由当时在中国大学中堪称"排头兵"的三所大学组合而成,这种"一成三户"的组成结构,始于1937 年 8 月 28 日教育部的密谕:指定张伯苓、梅贻琦、蒋梦麟为长沙临时大学筹备委员会常务委员。② 8 月 29 日,王世杰来电,要求"推常委一人负执行责"。8 月 30 日,胡适在信中表达了蒋梦麟"决定推伯苓先生为对内对外负责的领袖,倘伯苓先生不能亲自到长沙之时,则由月涵兄代表"的意见。后来虽未见西南联大发表相关的文件,事实上形成了"用常务委员会代替了校长,常委三人由三大学校长充任。张伯苓到校机会很少,对内的一切,经常由梅贻琦先生主持,对外的一切,由蒋梦麟先生负责。由于他们互尊互让,由于他们相辅相成,促成庞大的联大'联而合'"的局面。这种结构一直维持到西南联大历史使命的完成。

"三户"还是有所分别的,除了在学生姓名后加 P、T、N 以示区别,三校还分别设有各自的办事处。值得注意的是,抗战时期,国内成立了数量不少的

---

① 西南联合大学北京校友会.国立西南联合大学校史:一九三七年至一九四六年的北大、清华、南开[M].北京:北京大学出版社,1996:3.

② 西南联合大学北京校友会.国立西南联合大学校史:一九三七年至一九四六年的北大、清华、南开[M].北京:北京大学出版社,1996:18.

"联合大学",可除了西南联大,其他全都中途夭折了,唯有西南联大"一联到底"。其因素如"三校共同承袭了'五四'以来的优良办学传统",均"吸收西方文化中科学与民主精神,在学校内形成了比较自由与宽松的学术氛围和兼容并包的优良风气,使不同的办学风格能融为一体","三校对事情的看法与做法,大同小异"。西南联大人都有一种大公无私、同仇敌忾的精神,他们抛弃了自古既有的文人相轻之俗,把整体的"一"看得重于"三户"各自的"一",把危难关头延续中国学术乃至学统看得重于一切。

"一成三户"形成的关键在于北大的自由精神、清华的民主理念和南开的活泼办学传统相互融合共进的文化基因。"一成三户"成功的根本原因在于三校大学精神的同向性,从而形成了一股强大的精神凝聚力。"北大之自由宽松、清华之才学睿智、南开之勤劳坚韧等被人称之为山、海、云风格。三校协同,赋予了联大大海般的博大、山川般的坚毅和云海般的洒脱,三者合而为一,生成联大办学个性。"①待三校回迁时,梅贻琦仍强调"北迁之举,三校师生仍联合发动。一因大家路线相同,联合自多便利;一亦以表现八年来通力合作之精神,彻始彻终,互助互让"。西南联大精神成为北京大学、清华大学、南开大学三校大学精神新的发展基点。

追溯西南联大精神的源流与生成,如下几个方面影响重大:一是西南联大继承发扬了原来三校的学术民主精神,尤其是兼容并包的精神,为不同学术声音提供了发声渠道;二是西南联大校风严谨、踏实,主要体现在师生的教风、学风和考风上;三是西南联大始终坚持教学与科研并重;四是西南联大重视实验、实训、实践,这对理工科学生影响深远;五是学校恢复招收研究生制度,为人才培养奠定了深厚的学术基础,使西南联大通才教育的追求得以实现并取得卓著成效。总之,"一成三户"的境况对西南联大精神的源流变化确实产生了深刻而巨大的影响,使西南联大精神具有一种"民族浩气"。

---

① 刘克选,方明东.北大与清华:中国两所著名高等学府的历史与风格[M].北京:国家行政学院出版社,1998:256.

第五节　复旦大学精神

复旦大学原名复旦公学,始建于 1905 年,是由近代著名教育家马相伯自主创办的高等院校。"复旦"二字源自《尚书大传·虞夏传》中的名句"日月光华,旦复旦兮",意为自强不息,寄托了当时中国知识分子自主办学、教育强国的希望。1917 年复旦公学开始办理大学生本科业务,并更名为私立复旦大学;1937 年全面抗战爆发后,学校内迁到重庆北碚;1941 年,国民政府行政院第五届一次会议通过决议,将复旦大学改为国立复旦大学;1946 年,复旦大学回迁上海;1952 年院系调整之后,复旦大学成为一所实力强劲的综合性大学;1959 年,复旦大学成为全国重点大学;改革开放后,复旦大学持续发展,成为我国顶尖的高等学府之一。

一、复旦大学精神的内涵与表征

"复旦精神,就是复旦人在百年办学历程中所凝练和归纳出来的崇高办学理想和价值追求,就是复旦人不断开拓创新、锐意进取、寻求突破的灵魂所在,就是百年复旦的文化积淀和文化底蕴的生动体现,就是渗透到复旦人言行举止中的人格品质。""复旦精神"并非亘古不变,它根植于中国近代社会巨变的社会背景中。历史与现实的交融,促使"复旦精神"底蕴深厚、蓬勃向上。

(一) 爱国精神

复旦大学的爱国精神,为培养现代化人才发挥了重要作用。复旦大学第一位校长马相伯先生,摆脱了法国人控制创办复旦的困局,这本身就是爱国的体现。特别是马相伯经历了美国借款失败、赶赴欧洲考察办学经验时期,深刻认识到中国与欧美的差距源自教育的差距,内生了在中国创办新式大学、传播科学知识、增进人文精神和振兴民族事业的决心和动力。在他眼中,大学是"民族国家的精神高地",应当也必须发挥强健国人民族精神和爱国品质的伟大责任。马相伯强调,实业教育在振兴民族和强盛国家、培育新才方面具有重要作用。高举"教育救国"的旗帜,这一爱国精神为复旦大学注入了爱国主义文化品性,成为复旦大学兴办发展的不竭动力源。复旦大学的历届校长,虽然身处的时代背景不同,政治理念也不尽一致,但都竭力把复旦大学办好,为中国培养优秀人才。在复旦大学老一辈教授中,不少是在美、英、法、德留过学的,有的在获得博士学位后已有报酬优厚的职位,但听说复旦大学有意聘任,便放弃国外优越的教学、科研、生活条件毅然回国,这是老一代复旦人爱国精神的生动写照。可以说,历代复旦人始终秉持着爱国主义、民族振兴和为中华崛起而兴学的责任感和使命感,培育了复旦大学为人民服务、为国家服务和为学生服务的办学品性。复旦大学率先在上海敲响了"五四"之钟,在艰苦卓绝的抗战阶段,则有数以万计的复旦人弃笔从戎。中华人民共和国成立以来,大批学子扎根祖国的四面八方,为社会主义事业奉献青春和力量。他们深入基层支教支医、奔赴西藏新疆、参与抗震救灾、承担抗击新冠肺炎疫情等等,无不体现着复旦人的爱国之情,无不渗透着复旦人甘于奉献、扎根基层的精神追求。

(二)敬业精神

复旦人热爱自己的事业,勤勤恳恳地从事学术研究、教书育人,终身无悔。如中国现代遗传科学奠基人谈家桢教授,始终坚持摩尔根学派不动摇;谭其骧教授开创了历史地理学科,一开始就是"板凳不怕冷",被誉为"中国历史地理学科主要奠基人和开拓者",在历史地理学领域贡献卓著。这种敬业乐群精神,体现着复旦人勇攀科学高峰、追求永恒真理的卓越品质。复旦大学建校 40 余年间,就有 26 位毕业生或教职员工担任大学校长;建校百余年来,学校培养了超过 120 多位两院院士、政商界领袖等社会精英。复旦大学的敬业精神从未停下脚步,追求卓越的理想也从未丢失。复旦大学在新时期中国特色社会主义事业建设进程中扮演重要角色,成为民族振兴、国家富强和文化繁荣的坚定支持者、参与者和践行者。

(三)"三民"精神

复旦大学的"三民"精神,一是指民族精神。复旦先贤们不畏艰辛、筚路蓝缕、集资办学,正因为他们不愿忍受外国势力的"挤压",所以奋发图强、齐心协力办起了一所中国人自己的大学。复旦大学之兴起,实为中华民族自强不息之精神在高等教育领域的具体体现,谱写了中国教育史的辉煌篇章。自开办之日始,复旦大学始终将弘扬民族精神作为自己义不容辞的历史使命,培养了一批又一批爱祖国、爱人民、爱中华民族的仁人志士。复旦人始终将推动民族意识觉醒、国家富强和文化振兴作为办学使命,致力于培育文理兼蓄的创新性人才。复旦大学着力开展通识性教育,力图实现科学教育与人文教育的有机融合,将博学笃志、勤奋刻苦、全面发展和个性彰显等办学理念融入人才培养全过程,为全国各行各业培育创新人才,为国家富强、科技创新和民族强盛提供人力资本支撑。

复旦大学的"三民"精神,二是指民主精神。社会贤达依靠民间力量办学,无官僚制度约束,能团结一致、同心办事,唯有依靠民主体制。复旦大学历任校长都以民主精神为立校之根本,将民主原则贯彻于学校招生、教师聘任以及学校管理工作的各个环节。诸多任教于复旦大学的著名学者,在讲台上宣传民主思想和科学精神,教育学生,唤醒国民。这种民主精神既体现为办学之初对教会干涉教育的抗争,也体现了在整个办学历程中对学术自由精神的捍卫和追求。学术独立和思想自由是复旦人的精神信仰,是探求真理和免受世俗权利羁绊的根本保障。从复旦心理—生理学科的创设,到孟德尔—摩尔根遗传学派在复旦得到保护和发展,等等,①都体现了这种学术自由和思想独立的精神品质。民主精神还体现在复旦人兼收并蓄、融合共进的学术胸怀。复旦大学创办之初就广纳全球英才,融合多元文化,倡导学派争鸣,开创了学术民主化的生动局面。而在后续的院系调整、学科建设、学术交流中,复旦人始终以包容开放的姿态面对各家学说,为学术争鸣提供了舞台。

复旦大学的"三民"精神,三是指民生精神。上海作为中国经济文化中心,是中外经济文化交流的重镇。早在 1905 年之前,上海就已经产生了许多市民社会的要素:较发达的商品经济、活跃的民间组织以及丰富多彩的文化等。复旦大学自诞生之日,便浸润在充满活力的市民社会的民生要素之中,其办学所需的人力、物力、财力又多来自民间。因此,民生精神必然渗透于复旦大学的精神传统之中。尔后,复旦虽然变成了公立大学,但市民社会的民生精神依然绵延于复旦校风中、书斋里、课堂内以及种种学术会议之上,影响深远。民生精神体现在复旦大学为社会发展服务、改善人民福祉的办学追求中。创办之初,复旦大学就强调办学紧跟社会发展趋势,在适应社会环境的前提下开展实业教育,通过开办契合当时工商业发展需求的商科、工科和农科等专业,购置先进的实业教育设备,延聘具有高技能水平的教师。据说,当时复旦大学毕业生的实践能力较强,在民国时期教育质量普遍偏低、学生毕业等于失业的年代成为各行各业的抢手货。而在筚路蓝缕的办学历程中,复旦大学也始终将求实导向作为办学的重要追求,不断回应经济社会发展和民族国家振兴的实际需求,通过瞄准高精尖科技领域和国家重大战略,不断优化调整人才培养模式,着力培育具有创造精神和实践能力的时代新人。

---

① 王生洪.复旦百年:精神与使命——在庆祝复旦大学建校一百周年大会上的演讲[J].复旦教育论坛,2005(6):8.

（四）"草根"精神

陈思和教授在《走近复旦》一书的序言中提出，"草根精神"是复旦精神的特色。他认为，复旦创立之初便根植于民间，带有浓郁的人文精神。复旦大学的前身复旦公学，是由马相伯先生抵制教会势力而建，因此便带有两个鲜明特征：反对教会控制和坚持民间办学。当时，复旦大学走的是民间集资、华侨资助，不靠官府和西方势力的办学道路。在当时教会干涉办学和私立大学较难获得来自政府教育部门办学经费支持的背景下，复旦大学充分发扬了自主筹资、草根自救的优秀品质，通过联系周边企业行业领袖，聘请政商界领袖担任学校董事会成员，广泛激发当地民众兴学办学的热情等方式筹措经费，充分体现了平民化办学和草根式教育的精神风貌。

复旦老校长李登辉的伟大之处，便是动员民间出资办好了这所人文气息浓厚的大学。在其担任复旦大学校长期间，为了寻求支持，李登辉聘请国民党要员和上海工商巨子为复旦校董会成员，通过他们来筹募资金。他还注意发动全校师生及校友的力量，通过师生认购、搞合作社、寻求校友帮助等方式来解决办学经费的燃眉之急。[①] 后世留下的关于李登辉在复旦的文献资料也多集中体现为他忙着筹款时所作的演讲。某些校友还回忆李登辉为筹措办学经费而典当自己住所和私人小汽车的情形。学校内部则倡导开源节流、勤俭治学，谨慎聘任教职员工，倡导教师员工团结奋进，以使命感和责任心来激励教师多做工、少拿钱，学校形成了勤俭办学、廉洁奉公的文化传统，以至于有人评价当时经费短缺却成效卓著的复旦大学是"成绩了不得，经费不得了"。[②] 事实上，民间集资、华侨出资办学校的实例并不少见，但所办学校多是技术院校、职业院校，旨在培养具有一技之长的人才。能像复旦大学这样，葆有浓厚的人文气息传承大学精神，在中国现代教育史上还是罕见的。正是这

---

① 　陈桃兰.复旦的"保姆"——李登辉的办学思想和实践[J].高教探索,2012(2):91.
② 　复旦大学校史编写组.复旦大学志:第一卷(1905—1949)[M].上海:复旦大学出版社,1985:109.

种平凡中带着坚韧的"草根精神",激励着复旦人不断开拓创新。

二、复旦大学精神的源流与生成

"无论是挫折劫难,还是成功荣耀,复旦在与民族共命运的征途上,丰富了近代大学担负民族兴亡的精神内涵,并形成了有自己特点的精神传统。这一精神传统,是复旦经受百年风雨生生不息的根本原因,也是新的百年继续前行的强大动力。"①复旦百年校史,从一个侧面反映了中国近代民族教育发展的历史,也从另一个侧面生动反映了中国知识分子寻求教育强国的梦想与奋斗历程。

(一)独具特色的校园文化

复旦大学的校园文化,突出反映了学校的历史发展轨迹和深厚的文化底蕴,唤醒了师生内在的精神力量,成为复旦精神代代相传的不竭动力。具体而言,复旦大学的校园文化呈现出如下显著特点。

第一,富有人生价值意义的主题文化建设。如马相伯校长雕塑、校门右侧的三个不锈钢柱,以及中华民族的革命先驱孙中山先生留给复旦学子的赠言"努力前程"。又如伴随复旦大学成长的复旦校门及校门口悬挂的"敬业乐群"横匾,将复旦大学古朴典雅、追求卓越、锐意进取、开拓创新的精神元素充分体现出来。虽然历经百年,校门多次重修,但仍然能够吸引莘莘学子带着渴望真理与立志报国的需求走进校门,激励学子成为有思想、有文化、有能力的社会可造之才。

第二,求学爱国的主题文化。复旦大学宣传长廊内的校训、校风、教风、学风,让教职工和学生明了学校的办学思想、办学理念以及育人目标,同时也

---

① 王生洪.复旦百年:精神与使命——在庆祝复旦大学建校一百周年大会上的演讲[J].复旦教育论坛,2005(6):7.

起着宣传复旦大学办学成果的作用。复旦大学校训出自《论语·子张》"博学而笃志,切问而近思,仁在其中矣",因而"博学而笃志,切问而近思"成为激励和鞭策复旦人严谨治学、爱国奋进的精神信仰。校训包含着三种精神:一是求知识、求学问;二是注重学文的精神性品格,即守护思想;三是有社会关爱和人文关怀。[①] 而复旦大学将每年5月27号定为校庆日,原因在于上海解放时间是1949年5月27号。每个校庆日都在无形中增强了复旦人的爱国之情。

第三,文化气息浓厚、历史传统悠久的建筑文化。复旦大学校园里风格独特、错落有致的建筑格外吸引眼球,有以人名命名的力学堂、相伯楼、逸夫楼、登辉堂,传承了世纪的精神,见证了学校发展的百年历程。复旦大学认为"教育要与美打成一片",故而校园环境应当优美,校园建筑应当具备审美属性,校园文化氛围应当渗透美学意蕴。因此复旦校园充满了桃花春景、莺翠共鸣、梅花傲雪、隔岸水景等景观,务求师生能够诗意栖居。

第四,文献史料文化。陈列室、阅览室、实验室、电子阅览室、学生广播台等,成为师生学习和生活的场所,给人以亲切向上的感觉,吸引人们认同、接受它,营造了催人奋进的文化氛围,使师生潜移默化地受到人文精神的熏陶,优化了育人环境,涵养了师生的综合素质。例如校史馆就陈列着中国最老的"毕业文证",孙中山先生题写的"天下为公"条幅等,其还以图片和资料形式呈现了复旦大学百年兴学历程。再如《共产党宣言》展示馆,以"信仰之源"为线索,呈现着《共产党宣言》发表的背景、过程、内容和贯彻轨迹,并以此展现中国人民和复旦大学在践行《共产党宣言》中的事迹,传承弘扬红色文化。

(二) 卓有成效的通识教育

自2005年起,所有复旦大学新生均首先进入复旦学院接受通识教育。复

---

① 韩延明,徐偲芬.大学校训论析[M].北京:人民教育出版社,2013:241-242.

旦大学的通识教育核心课程主要有六大模块:一是文史经典与中国文化部分,多涉及中国文化和中国文学典籍;二是哲学与理性思维部分,主要包括中国哲学经典、西方哲学经典和宗教经典的研读;三是文明对话与世界视野,放眼世界,了解其他文明的发展;四是科学技术与科学精神,涉及科学技术的思想基础和历史进程;五是人文关怀与生态发展,范围包括环境科学、生命科学、医学及生命伦理学;六是艺术与审美,主要包含音乐、戏曲表演、绘画、雕塑与陶艺、影视、书法、话剧与朗诵等艺术门类的鉴赏与创作。这种课程体系的主导原则是突破单纯的"专业视域"和单纯的"知识视域",从培养中华民族新时期一代新人的角度出发,让学生能够形成基本的人文修养、思想视野和精神感悟。① 这与校歌中"学术独立思想自由,政罗教网无羁绊"的复旦文化传统一脉相承。通识教育的深入进行,促进了复旦学生的个性化发展。

复旦大学逐步优化通识教育核心课程体系,通过拓展创新创业类课程、书院师生研讨类课程、服务学习类课程和研究生参与本科教学改革类试点课程等,丰富了通识教育的内涵,促成学生个性化发展。学校注重将大类基础课程作为贯通专业教育和通识教育的载体,不断增强这类课程的学术性、公共性和基础性,确保学生能够获得完整的学术训练和专业知识,进而具备独立思考问题和解决问题的意识和能力。为了扎实推进通识教育,复旦大学确立了《复旦大学研究生助教工作实施办法(试行)》来选拔研究生担任本科课程助教,并通过强化书院导师制度来指导研究生参与本科课程教学,通过颁布实施《复旦大学本科生教学督导工作管理规定》来保障通识教育质量。

(三) 充满活力的引才制度

复旦大学高度重视引才工作,着力优化人才引进制度体系,为吸纳青年英才任教提供制度保障。在引才类型上,拓宽引才种类,设置了包括教学科

研岗、教辅支撑岗、党政管理岗、专职思政岗、项目制科研人员、博士后、派遣制用工等在内的多种人才引进类型,最大限度地招揽优秀人才。同时对各类人才引进制度中涉及人才入职、培训、安居、子女就学、医疗保障、职务晋升、经费支持等内容进行详细规定,确保各类人才都能各司其职、尽其所能地参与到人才培养和科学研究中。在人才成长上,鼓励新进人才到海外访学、交换和从事博士后研究,并通过确立《复旦大学青年教师长期公派出国项目培养方案》,对青年教师长期公派出国培养的申请条件、院系责任、选派标准、出境手续、薪酬管理、回国事宜等进行详细规定,全力保障青年教师公派出国和交换访学。同时还鼓励青年教师继续攻读更高学位,锤炼科研能力。学校确立并实施《复旦大学支持青年教师攻读学位学费报销管理办法》等,鼓励青年教师攻读学位,消除青年教师后顾之忧。此外,复旦大学还注重推行首席专家负责制,简化流程的同时增强了专业性;实行弹性薪资机制,保障教师的合法权益;推行"以校为主,院校共筹"的办学薪资模式。近年来,复旦大学不断创新人才引进理念,推行个性化的"柔性引进"制度。譬如按照研究团队的方式引入人才,试图将研究团队的骨干成员协同引入,发挥学科组或研究团队的学术优势;参照国际人才引进经验,实施"双聘共享"的引才计划,促进学科交叉人才的引入;实施"哑铃"引才和"球链"引才方案,兼顾国内国外、学科与跨学科、学术带头人与学术骨干的协同引进;推行海外引才战略,实施"大师＋团队"人才引进模式,增强人才的跨学科性和国际视野。①

复旦大学还通过人才招聘办公室、人才发展办公室、人力规划与配置办公室、薪酬福利办公室、博士后科研助理办公室(人才交流中心)和综合办公室(人档室)等内设机构为人才提供便捷、全面、人性和高效的人才服务,确保新进人才在录用、考核、聘任、晋升、奖惩、福利等过程中处于被尊重、关怀和理解的制度环境中。如为新教师提供周转性住房、满足子女教育需求、邀请

---

① 　金志明,沈祖芸.师资队伍缘何发生质的飞跃——从引进、培养、聘任看复旦人事制度改革[N].中国教育报,2005－09－24.

外籍人员来华讲学、实行离退休教师返聘等服务，切实增强引才制度的灵活性。

第六节　厦门大学精神

厦门大学是我国近代教育史上第一所华侨创办的大学，也是我国首个在海外建设独立校园的大学。百年来，厦门大学以"自强不息，止于至善"为校训，始终精心办学、严谨治学，求真务实、与时俱进，恪守育人使命，践履科研职责，积极服务社会，致力文化传承，为中国高等教育事业做出了重要贡献，被誉为"南方之强""中国最美大学"。习近平总书记在致厦门大学建校 100 周年的贺信中提及，厦门大学是一所具有光荣传统的大学。100 年来，学校秉持爱国华侨领袖陈嘉庚先生的立校志向，形成了"爱国、革命、自强、科学"的优良校风，打造了鲜明的办学特色，培养了大批优秀人才，为国家富强、人民幸福和中华文化海外传播做出了积极贡献。[①]

一、厦门大学精神的内涵与表征

厦门大学具有独特的大学精神，即"陈嘉庚先生的爱国精神，罗扬才烈士的革命精神，以萨本栋校长为代表的艰苦办学的自强精神，以王亚南校长和陈景润教授为代表的科学精神"。[②] 这四种精神，既是校训的最好诠释，也是新时代厦门大学创建一流大学的宝贵精神资源。

---

① 习近平致信祝贺厦门大学建校 100 周年[J].中国人才,2021(5):5.

② 林世雄,王瑛慧."南方之强"阔步走向世界[N].福建日报,2006-04-05.

(一) 爱国精神

心系祖国,忠诚民族,肩负为社会服务的崇高责任,是厦门大学办学的使命和价值追求。创办厦门大学的南洋华侨领袖陈嘉庚先生就具有强烈的爱国主义精神和高度的社会责任感,并将其"遗传给了厦大"。在 20 世纪 20 年代初期,中华民族正值危难之际,陈嘉庚倾其所有创办厦门大学,立下"创建世界知名的高水平大学,为中华民族走向振兴和富强而培育兼具真善美品性的社会精英"①的宏愿。在厦门大学办学面临困境时,陈嘉庚甚至不惜变卖家产也要支持厦大办学,以教育救国为己任的行动和精神,受到世人的高度评价。1945 年,毛泽东称赞他为"华侨旗帜、民族光辉",并写成条幅送给他。1984 年,邓小平为《陈嘉庚画册》的出版题字"华侨旗帜、民族光辉——陈嘉庚"。1994 年,江泽民视察厦门经济特区时强调:"要弘扬陈嘉庚先生热心办教育的传统,把厦门的教育事业办好,把精神文明建设好。"②

陈嘉庚先生心怀国家、热爱学校的情怀和壮举,深刻影响了厦大的办学理念,激励着无数厦大师生为中国教育事业和中华民族伟大复兴而奋斗。时至今日,学校仍然每年定期举行瞻仰陈嘉庚先生铜像、参观陈嘉庚纪念馆等活动,以深刻缅怀其爱国情、教育情、办学情。厦门大学将这些优良传统和办学经验融入人才培养过程中,将热爱国家和人民,以高度的责任心和使命感服务并引领社会,深深融入厦大人的内心。

(二) 革命精神

厦门大学具有光荣的革命传统和深厚的革命文化底蕴,它诞生于民族危难之际,与中国人民追求真理和自由的革命运动同频共振。在不同的革命时期,都会有厦大的师生为了民族独立、人民解放而勇担使命、奋不顾身,建

---

① 林世雄,王瑛慧."南方之强"阔步走向世界[N].福建日报,2006 - 04 - 05.
② 戴岩.弘扬厦门大学的四种精神[N].人民日报海外版,2001 - 09 - 18.

立功勋。

1921年，厦门大学刚成立不久，哲学教师朱稳青博士向全校人员宣讲国际工人运动、马克思学说和无产阶级政党成立的要义。第二年，从上海来的学生团员施乃铸在厦大进行革命活动，传播马列主义。由此，马列主义在学校开始传播发展，为厦门地区党组织的建立做好了思想和理论上的准备，厦门大学也成为福建省最早传播马列主义的高校。1926年，在上级党组织领导下，厦门大学成立了党支部，并由厦大学生罗扬才担任支部书记，这是福建省建立的第一个党支部，是革命的火种。它一经成立，即以燎原之势，发展成为闽西南地区革命的核心组织力量。1929年，中共福建省委在厦大南3号楼建立省委聚会秘密据点，成为与党中央联系的联络机关，厦大教授肖炳实担任负责人，通过这个据点，省委掀起了影响全省的学生运动和群众斗争。此时，厦大已成为大革命失败后省委领导隐蔽工作和全省革命运动的重要基地。1947年，厦大地下党领导厦门人民掀起声势浩大的反美反蒋学生运动，开展"反饥饿反内战反迫害运动"，之后又领导了"反对美国扶植日本、抢救民族危机"示威游行等斗争活动，有力地反抗了国民党的反动统治。厦门大学由此被赞誉为"东南民主堡垒"。

当今，厦门大学正面临着建设"世界知名的高水平研究型大学"的挑战。厦大人继承发扬着先烈们勇往直前的革命精神，在各领域敢于争先、勇于拓新，坚持科学研究和社会服务，在各自领域勤恳而踏实地工作，开拓办学育人、立德树人新局面。

（三）自强精神

厦门大学建校时期，我国正处于内乱外欺的半殖民地半封建社会，当时"国势危如累卵"，"强邻环伺，存亡绝续，迫于眉睫"。如何兴国强民，校长陈嘉庚先生认为唯有以"精卫填海、愚公移山"之自强不息精神办教育方为上策。所以，自厦门大学成立之日起，自强奋进精神就成为学校建设的一面旗帜。纵观厦门大学建设发展史,厦门大学鲜明体现了三个代表性时期自强不息、踔厉奋进的精神气质。

建校初期,由于校长陈嘉庚先生资助学校力度有限,厦大办学经费一时极度紧张。在此境况下,厦门大学在林文庆校长的带领下,想尽一切办法,与师生共度时艰,并取得了斐然成绩,得到了当时政府的认可,厦门大学成为闻名全国的多科性的私立大学。抗战期间,由于战争的影响,厦门大学当时在办学经费、办学空间、办学设备等方面都受到了极大的限制,再加上物价的暴涨,使得师生的温饱都成了问题。然而在萨本栋校长的领导下,厦门大学师生自力更生、艰苦办学,萨校长甚至不惜拆掉自己的汽车,为学校配置发电设备。办学条件虽艰苦,却为社会培养了一大批栋梁人才。厦门解放初期,两岸形势紧张,驻金门国民党部队时常轰炸炮击厦门。为反空袭、反炮击,避免师生伤亡,厦门大学坚持在自己构建的防卫体系"厦大18洞"中开展教学和科研。防空洞阴暗潮湿、低矮狭窄,学习和生活条件十分艰苦,但师生仍然坚持圆满完成各项教学和科研任务。任凭敌机频扰、硝烟弥漫,厦大毅然屹立在东南海防前线,成为一所"英雄学府",成为"文化战线上的花"。①

由郑贞文作词、著名音乐家赵元任谱曲的厦门大学校歌,唱出了厦大人的坚强和自豪。歌词曰:"自强,自强,学海何洋洋! 谁欤操钥发其藏? 鹭江深且长,致吾知于无央,吁嗟乎南方之强! 自强,自强,人生何茫茫! 谁欤普渡驾慈航? 鹭江深且长,充吾爱于无疆,吁嗟乎南方之强!"②对此,有学者评价道:"厦门大学校歌,旋律悠远高洁而又深沉豪迈,唱之、闻之令人回肠荡气,我甚至还可以从中感觉到一种超凡脱俗的禅意。这实在是一首很美的校歌,有一种激励人奋发的精神力量。"③而"自强不息,止于至善"的厦大校训与校歌交相辉映,成为自强奋进精神的真实写照。

① 黄宗实,郑贞文.厦门大学校史资料(第1辑)[M].厦门:厦门大学出版社,1987:42.
② 黄宗实,郑贞文.厦门大学校史资料(第1辑)[M].厦门:厦门大学出版社,1987:42.
③ 刘海峰.厦门大学校训、校歌与校史的特色[J].教育评论,2004(1):86.

20世纪90年代,我国高校进行院校调整与合并,不少大学通过整合增强了综合实力和竞争力,一跃而至前列。厦门大学受所处地区大学数量的局限无校可并,而成为新一轮院校合并风潮之外的"孤独大学"。为此,如何在这个发展机遇中取得进步而不被其他高校甩在后边,是当时摆在学校面前的一大难题。鉴于此,厦门大学发扬自强奋进的精神,提出"不求最大,但求最好"的独立发展模式,苦练内功、止于至善,学校的综合实力不断攀升,赢得了社会各界的一致好评。

(四) 科学精神

厦门大学自创办之日起就把探索高深科学知识作为一条重要办学原则,激励着厦大人不断求是创新,为人才培养和社会发展贡献力量。建校伊始,《厦门大学校旨》开宗明义地指出:"本大学之主要目的,在博集东西各国之学术及其精神,以研究现象之底蕴与功用,同时阐发中国固有之美质,使之融会贯通,成为一种最新最完善之文化。"[①]可以说,厦门大学正是在彰显科学精神中不断发展壮大。

在学术创新精神的激励下,仅在创办两年之后,厦大生物系教授莱德(S. F. Light)的研究成果就发表在《科学》(Science)杂志上,这一成果揭示了无脊椎动物向脊椎动物转化的一个过程,轰动一时。在这种浓厚的科学研究氛围下,厦门大学相继涌现出了一大批杰出的科学家,如:毕生致力于研究马克思主义政治经济学、为马克思主义中国化传播扩散而奔走的王亚南;为科学创新和结构化学发展而贡献卓著的卢嘉锡;奠定国内固态物理研究理论根基的谢希德;勤奋学习、刻苦钻研、勇攀科学高峰,在数论研究方面取得辉煌成果的陈景润;等等。

在厦大学人取得的创新成果中,有的已经达到全球顶尖水平。近几年

---

① 朱崇实.以传统为基础 以创新求发展[N].中国教育报,2006-09-07.

来,厦大科学家在世界上首次合成比 C60 小的富勒烯,实现富勒烯研究的重大突破;首次创制出具有高表面能的二十四面体铂纳米晶粒催化剂,取得纳米新材料研究的重大进展;首次在全球范围内提出"微型生物碳泵"理论相符,开拓了海洋领域碳循环技术的新天地,提供了应对全球气候变暖的新路径;首次发现了能干预控制人体细胞死亡方式的蛋白激酶,为细胞诊疗技术的突破提供了新的方向;首次提出壳层隔绝纳米粒子增强拉曼光谱方法,创新了超高灵敏度的通用检测衡量化学物质的方法;自主研制了世界上第一个防治戊型肝炎的基因工程疫苗;等等。[①]

二、厦门大学精神的源流与生成

一所大学能够走向卓越,不仅是这所大学具备全球范围内成为一流大学的外在基础条件,更在于这所大学独特的育人文化和精神追求。厦门大学在其特有的历史地理条件下形成的独具魅力的大学精神,激励了一代又一代厦大人自强不息、屡创佳绩,并不断奔向"至善"的远方。厦门大学精神的源流与生成主要体现为如下方面。

(一)革命文化基因的传承

厦门大学与中国共产党同年而生,这是救亡图存的时代召唤。厦门大学的校史馆、革命史展馆、福建省第一个党支部遗址、罗扬才烈士陵园等,成为厦大人心中永远的红色记忆。1926 年,中共厦门大学党支部成立,这是中国共产党在福建省成立的第一个党支部。抗战全面爆发后,厦门大学内迁闽西长汀坚持办学,被外国专家誉为"加尔各答以东最完善的大学""南方之强",从此蜚声中外。

---

① 张建琛,黄云琴.厦门大学 90 年创造多个"科技第一"[N].科技日报,2011-04-09.

厦门大学具有丰厚的让人追忆的革命文化基因。生命永远定格在22岁的革命烈士罗扬才，他的半身像被镌刻在厦门大学的一块石碑之上。1927年6月，就读于厦门大学的罗扬才，被国民党武装军警关押狱中，临刑前他留下一封"就义书"："在革命过程中革命派与反革命派的斗争是必然的事情，我们便是这次斗争的牺牲者。这样的为革命而死，我们觉得很光荣，很快乐……各位同志，不必为我悲伤，应踏着我们的血迹前进！"罗扬才高唱着国际歌走向刑场。他是厦门地区第一个共产党员，也是福建省第一个党组织——中共厦大党支部的组建者。对罗扬才革命精神的传承，就是红色基因的传承。厦门大学通过实施"扬才计划"等系列活动，让革命精神在一代又一代的学子中不断传承、发扬。

(二) 爱国主义的优良传统

在厦大群贤楼中厅墙下，完好地嵌着一块奠基石，上面镌刻着陈嘉庚的手书"中华民国十年五月九日，厦门大学校舍开工"。厦门大学校舍开工日正是"国耻日"，以此激发厦门大学师生的爱国情怀，爱国主义成为厦门大学的优良传统。厦门大学创办之初，整个中国的教育都很落后。陈嘉庚从国外回乡创办厦门大学，就是为了改变国家现状。陈嘉庚坚定地认识到，中国要强大，中国人必先自强。诚如陈嘉庚在奠基仪式上所慷慨陈词的："余以办教育为职志，聊尽国民一分子之义务……教育乃立国之本，兴学是国民天职，不为教育奋斗乃非我国民也。"陈嘉庚长孙陈立人在庆祝厦门大学建校100周年大会上对爷爷坚定办学的崇高爱国主义情怀如此回忆道：为了实现他心中的教育宏愿，祖父竭尽全力、苦心经营，即便是经济最困难的时候，他"宁可变卖大厦，也要支持厦大"；宁愿企业收盘，也绝不停办学校。陈嘉庚先生倾力办学的爱国主义情怀成为厦门大学宝贵的精神财富，正如厦门大学党委书记张彦教授所言："嘉庚精神赋予厦大鲜亮的爱国底色，是扎根中国大地办教育的不朽丰碑，是全球校友共同的文化基因，是学校重要的文化基因，我们要将其融

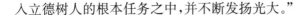

入立德树人的根本任务之中,并不断发扬光大。"

(三) 开放办学的传统理念

厦门大学由"久客南洋"的陈嘉庚先生创办,从建校伊始就带有开放的基因,流淌着"博集东西""兼容并包"的血液。建校伊始,厦门大学就把"阐扬世界文化"明确作为学校办学的任务之一。开放办学成为厦门大学的传统办学理念。20 世纪 50 年代末期,厦门大学将学校发展方向定位于"面向海洋、面向华侨、面向东南亚"。进入 21 世纪,厦门大学将发展目标进一步定位于"世界知名的高水平研究型大学"。

在开放办学理念的引领下,厦门大学多年来采取了如下得力措施:一是加大引进和培养力度,努力提高教师队伍的国际化水平;二是通过实施学生互换项目、举办国际学术会议、开办暑期学校等方式,对学生不断强化国际理解教育,拓宽学生的国际视野;三是以学院为主体、教师为主角,以学术交流与科研合作为主导,通过互派访问学者等多种形式,与国内外著名研究机构和高等学校开展高水平的教学、科研合作与交流;四是进一步扩大留学生规模,增加本国学生接触异质文化的机会,让学生在各种文化的碰撞和融合中获得解决文化冲突的能力;五是始终把传播中华优秀文化作为服务国家文化软实力战略的重要责任和使命,积极创办孔子学院,开展汉语推广工作。正是以开放办学理念的引领,使得厦门大学的学术创新精神不断焕发出勃勃生机。

(四) 校务首位的人才队伍建设

把一流师资队伍建设放在校务首位,这是厦大创校之初陈嘉庚先生的远见卓识。陈嘉庚先生认为"独是师资一项,最为无上第一要切","完全采取人才主义,毫无畛域之见,对于各学科之著名高等专门人才极力罗致,使之尽毕生之力以从事各科学之教授与研究"。陈嘉庚先生的这种远见卓识,如今依然指导着厦门大学的人才队伍建设工作。

在厦门大学的办学历史上,无论是萨本栋校长还是王亚南校长,都为厦门大学延揽了大量人才。时至今日,厦门大学始终继承这一优良传统,坚持做到:一是事业引才,为人才队伍创设良好的条件。二是待遇引才。厦门大学对于高层次人才,给他们非常可观的待遇,帮他们协调解决子女入学问题。三是感情引才。学校各级部门、各位参与这项工作的教师和管理人员,都有求贤若渴的态度。为便于人才更快、更好地投入到工作中,在人才没有到位时,办公、生活条件就帮他们配备好,这已成为一种制度保障。厦门大学把人才队伍建设作为校务首位工作,做到事业引才、待遇引才、感情引才,激发了人才工作的积极性、主动性和能动性,催生了人才自强奋进的精神动力,充分发挥了人才在学校建设中的重要作用。

第七节　香港中文大学精神

香港中文大学,是香港地区继香港大学之后的第二所高等学校,同时也是政府大学教育资助委员会资助并可颁授学位的高等教育院校,是香港地区唯一仿效牛津大学和剑桥大学实行书院联邦制的大学。整体来说,香港中文大学是在英国殖民统治文化体制下兴办的并试图保存和传承中华文明的高等学府,以"结合传统与现代,融会中国与西方"为其教育使命。香港中文大学的创立,在历史上打破了英国殖民统治下只允许一所大学存在的铁律,由此掀起了方兴未艾的中文运动,同时也终结了多年来官方语言一直被英文垄断的局面,具有重要的时代意义。1998年,香港中文大学率全港之先录取内地本科生;2014年,香港中文大学深圳校区成立;2019年,香港中文大学分别与清华大学、北京大学签约,联合开办本科双学位课程。

作为国际上公认的世界一流公立研究型综合大学,香港中文大学始终秉承"融合中西、贯通古今"的办学宗旨,注重内涵发展,坚持以"学生发展为中心",并辅之独特的书院制,不断践行"通识性教育与全人教育相结合"的办学理念,强调培育"学贯中西、精晓古今"的全能型人才。

一、香港中文大学精神的内涵与表征

香港中文大学以人才培养和学术研究为使命,捍卫学术自由,追求卓越办学,拓宽国际视野,为区域社会发展贡献力量。同时,港中大又是一所世界级研究型高等学府,在每个教研领域都走在国际前沿,与时代并进,与文明同行。其大学精神主要体现在如下几个方面。

(一)书院精神

香港中文大学是目前香港地区仍然采用书院制办学的大学,这是港中大鲜明办学特色的体现。港中大的书院制受到英国办学模式的直接影响,注重通识教育,兼容中国人文理想和西方博雅教育,均衡而多方面地向学生传授知识,培养学生的合作意识、自信心、社会责任感以及健全的人格,提高学生的综合素养,从而达至全人教育。香港中文大学由各书院构成,每个书院都独具办学特色和独立的管理权,主要表现为:第一,每一个书院都有独立的职能机构,相互之间干涉不多。这些机构成为各个书院开展活动、服务学生、设置课程的基础。第二,各书院的特色主要体现在通识教育课程设置上。各书院立足实践,结合传统和特色,开设学生全面发展所需之课程。即便是在分配学生入院环节,也完全尊重学生的个人兴趣。书院准入资格并不依据专业年级,而依据学生事先表明的兴趣点。能够经常看到同一书院内存在不同年级,不同专业和不同国籍的学生共聚一堂,实则是通识教育的典范。书院精神构成了港中大的精神渊源,特别是新亚书院所表现出的办学理念和育人价值观尤能体现港中大的大学精神。诚如新亚书院院长陈新安教授所言:"秉持新亚书院'诚明'校训,我将竭尽所能带领书院同仁,在现有坚实基础上继续结队向前,培育敬爱自然、敬爱社会、敬爱人类历史与文化,知识与人格具备的年青人。"

(二) 人文精神

港中大的人文精神,充分体现为一种人文关怀,重在养成学生高尚的学术素养,培养学生为理想而奋斗的品格,帮助学生树立对民族的责任担当意识。在现代新儒学代表人物、香港中文大学首任文学院院长唐君毅看来,新亚精神之本源,在一定程度上是中华文化革故鼎新而追求使命担当的表现。他在《敬告新同学》中明确指出:"新亚书院是内忧外患中创办和成长起来的学校。当前全球所面临的诸多纷争和战乱,在根源上都可以归结为文化或价值观层面。因而新亚书院的初衷,就试图通过民族文化振兴和对话世界文明来培养师生的知识品性和道德修养。"[①]在港中大就读并任教于该校教育学院的郑汉文亦深情地说:"我就读的港中大,似乎像是能够学知识和供食宿的孤儿院。学校不在乎学生的家庭出身和社会地位,只要你有学习意愿就可以接受教育,只要有发展机会就会向你提供,尽管有时要求严格,但也长存宽容之心。"[②]

(三) 批判精神

"因为关怀和责任的存在,便免不了站在特定立场上以特定的标准加以批判。其中发出批判声音最响亮的往往是关注最切、责任感最强者"[③]港中大精神可用关怀和批判来概括,认为学校应对国家和社会存有关怀之心和批判

---

① 敬告新同学[M]//唐君毅全集·卷九.台北:台湾学生书局,1991:470.
② 郑汉文.中大人身份的聚散:香港中文大学的意义[C]//中大学生报出版委员会,中大四十年编辑委员会. 中大四十年.香港:中大学生报出版委员会,2004:264.
③ 储朝晖.近代香港中文大学精神的生成与特征[J].大学·研究与评价,2009(6):70.

之责。学校的管理体制也始终根植于关怀和批判的价值预设。这种强调关怀和批判的管理体制既表现出学校办学特色，也体现着作为现代大学精神的共性。"正是由于港中大秉持批判质疑精神，才使得港中大学子成为社会良心，对发生在校园内外的不公之事展开批评，这都有赖于公共知识分子的社会道义感。"①

（四）"中庸"精神

"中庸"是儒家推崇的一种道德标准。中庸，指待人接物保持中正平和，因时制宜、因物制宜、因事制宜、因地制宜。虽然港中大的产生是以民族主义为动力，但它最终得以建成，却是多方"中和"协商的结果。港中大成立之初，它的使命就给定了下来——它要在一个特定的环境中，为香港的中国人，年青的一代，闯出一条新的道路来。但就在那时候开始，中大就走上了一条"折衷主义"的道路，使得中大多多少少成为一所"折衷主义"色彩甚为浓厚的大学。因为虽然创立港中大的人是基于强烈的民族主义动力，然而港中大能够顺利诞生，却正是一种社会力量妥协下的结果。②

港中大竭力为师生创造和谐共融、汇聚多元、彼此尊重的校园生态。无论是种族、性别、文化背景、宗教或个人兴趣各有所异，学校珍惜及尊重每个人的不同之处，努力营造包容和关爱的和谐环境，以期广纳丰富多元的见解与观点，集思广益、各展所长，相互影响、彼此配合，共同朝着既定的办学目标迈进。当然，在现实办学过程中，港中大师生并不是一味妥协忍让，而是勇于捍卫自身的办学地位，在中西文化的张力中谋求稳步发展，不断化解文化冲突和价值撕裂，"进而在科技理性与人文精神的对立、学术研究与现实贡献的矛盾中间，寻找出路，把抗争转化为超越了妥协、折衷的层次而成的'综

---

① 周保松.历史的转折——再谈中大教学理想[C]//香港中文大学学生会中大学生报，中大三十年出版委员会.中大三十年：让历史指引未来.香港：香港中文大学学生会，1993：7.

② 罗永生.时代巨轮下的"中大理想"——谈我们的使命[C]//香港中文大学学生会，《中大二十年检讨活动委员会》.中大二十年.香港：香港中文大学学生会，1984：127.

合'。在时代的巨轮下,创造出中大的异彩,才是中大理想、中大使命的真正所在"。①

(五)开放精神

香港科技大学前学术副校长孔宪铎认为:"大学需要国际视野,需要追求永恒真理,否则就不能在全球大学竞争中获得平等地位,就无法与欧美大学平起平坐。只有办学开放化,才不会变成井底之蛙。"②事实确实如此,香港中文大学自创立之日起,即具有放眼世界的开放精神,这主要表现在开展"全人教育"和"国际化办学"两个方面。

就其"全人教育"而言,主要体现在其独特的全人教育模式上,包括专业教育、通识教育、研习教育及社群教育等。要求每一名本科学生必须完成上述四个方面的要求方可取得学士学位,旨在培养具有家国情怀并志向远大、亦具有国际视野、社会责任感和担当精神的人才。围绕全人教育模式,港中大非常重视教学质量和学习能力的提升,并不断强化实践教学环节,培养学生的创新创业能力等。

就其"国际化办学"而言,主要是"面向全球办学",充分发挥学校求真育人的优势。因为"只有以迈向国际水平这个目标作为努力的方向,才有足够的力量,以回答它对民族主义、民族使命的感召——只有以先进的、高水平的学术成就,才可实质地贡献于中国"。③香港中文大学的国际视野和开放精神体现在办学理念、课程建设、师资力量、学术研究、学生来源、社会服务以及管理模式等方方面面。当然,开展国际化办学,培养学生的"国际品性",也不能

---

① 罗永生.时代巨轮下的"中大理想"——谈我们的使命[C]//香港中文大学学生会,《中大二十年检讨活动委员会》.中大二十年.香港:香港中文大学学生会,1984:128.

② 曹前有,郭晓磊.打造中国研究型大学人才高地的有效路径选择:从利益到制度再到信仰[J].高教探索,2014(1):51.

③ 罗永生.时代巨轮下的"中大理想"——谈我们的使命[C]//香港中文大学学生会,《中大二十年检讨活动委员会》.中大二十年.香港:香港中文大学学生会,1984:128.

漠视或抛弃中国的"传统学术道统"。正是在传统学术道统的影响下,中大人坚信学术与生命必须融为一体。这种精神贯穿课堂和生活,不断浸润着师生的人文情怀"。① 同时,"国际品性"仍需以国人身份认同为基础,"首先要意识到自己中国人的身份定位,这是港中大实施全人教育的前提,任何在港中大读书的人,都必须强化国人身份,接受传统文化洗礼"。②

香港中文大学以保存和弘扬中华民族优秀文化为己任,在传统"士"精神的浸润感召下,逐渐形成了多元文化兼收并蓄,强调人文关怀和社会批判,开放办学和培养国际人格的育人价值观。"实现文化交流,弘扬中华文化,培养国人素质"是港中大精神的具体体现。这种精神映照着对传统文化的革故鼎新,对学术自由的追求,对家国情怀的育化。③

二、香港中文大学精神的源流与生成

香港中文大学中的"中文",意义深远。香港中文大学创校校长李卓敏认为:"可以指向中文作为主要授课语言,亦可指向举办具有深厚中华文化底蕴的大学。"④《香港中文大学条例》亦明确指出:"香港中文大学的授课语言是中文。"港中大是香港地区唯有一所由中国学人创办、坚持中国学术道统和教育信仰的高校。⑤ 探究香港中文大学的办学历史,是剖析该校办学价值观和大学精神实质的重要方式,在历史长廊中回首港中大的产生和发展进程,主要有以下几个阶段。

---

① 储朝晖.近代香港中文大学精神的生成与特征[J].大学·研究与评价,2009(6):71.
② 郑汉文.中大人身份的聚散:香港中文大学的意义[C]//中大学生报出版委员会,中大四十年编辑委员会. 中大四十年.香港:中大学生报出版委员会,2004:265.
③ 陈健民.大学同构化,中大精神何处寻[C]//中大学生报出版委员会,中大四十年编辑委员会.中大四十年.香港:中大学生报出版委员会,2004:263.
④ 李卓敏.开办的六年[C]//香港中文大学学生会中大学生报,中大三十年出版委员会.中大三十年:让历史指引未来.香港:香港中文大学学生会,1993:18.
⑤ 陈方正.与中大一同成长——香港中文大学与中国文化研究所图史 1949—1997[M].香港:香港中文大学中国文化研究所,2000:11.

第一个阶段是中华人民共和国成立前后。全面抗战爆发前后,已经有中国学人在香港成立联合书院,创办高等教育,这构成港中大的办学源流之一。抗战胜利后,又有部分具有深厚办学根基和宽泛社会基础的书院整体迁移到香港地区。这些搬迁而来的学院,在师资、设备、教学、课程和学生管理等方面均颇有建树,不过这些成就都伴随着 1951—1953 年政府刻意打压香港高等教育而变得困难重重。①

抗日战争和解放战争导致不少流民涌入香港,香港人口激增,这给香港地区的教育带来极大的挑战。此外,中华人民共和国成立初期,香港学生难以顺利返回内地就读大学,这也增加了大批学生接受中文高等教育的迫切性。在这种背景下,只能靠迁至香港的书院,如香港新亚书院等来满足学生对中文学习的需求。

第二个阶段是 20 世纪 50 年代。1952 年,多所由中国学者创办的书院开始提供四年制大学教育,并将香港"看作保存、完善和弘扬中华传统文化的土壤"。这些学者兴办书院,"不单是因为适应社会发展需要,更多的是秉持风雨如晦之心,夹杂着不可动摇的文化使命感和社会责任心在办教育。也正是基于这样的理念,书院最终能够在动荡时局中弦歌不辍,并获得相应支持,最终内化为香港中文大学的宝贵精神财富"。② 不过,英国人非常担忧,书院式中华文化传承将会滋生具有反抗资产阶级属性教育的危险,因而多次采取打压政策,阻碍中文高等教育的发展。

1956 年以后,香港中文高等教育的合法性完全被确立,这得益于以下原因:首先是中文高等教育兴办者的办学信念极为强烈,具有不可抑制的生命活力。其次是香港社会对中文的需求不断增加而导致当时的政府不得不对此做出相应妥协。当时香港地区的中学毕业生人数约 7 000 人,而在私立学

---

① 陈方正.与中大一同成长——香港中文大学与中国文化研究所图史 1949—1997[M].香港:香港中文大学中国文化研究所,2000:14.
② 陈方正.与中大一同成长——香港中文大学与中国文化研究所图史 1949—1997[M].香港:香港中文大学中国文化研究所,2000:12-13.

校读书的就高达约 3 000 人，在数量上超过香港大学学生数量 3 倍还多。香港大学每年招生人数不过 200 余人，升学矛盾逐渐显现。最后是以美国为首的国际基金会、教育捐助者持续不断的办学资助。

即便如此，中文高等教育向大学的升格仍然困难重重。首先是当时英国人限定只能设置一所大学的文化传统，限制着新的大学诞生的可能性；其次是创办和运营大学需要庞大的资源支撑，这不能只依靠社会力量而缺乏政府资助；最后是专门开设中文为授课语言的大学并无先例可循，也和当时政府所推行的所谓"分而治之"政策有所抵触，难免遭到冷遇。[①] 然而，在各方努力下，创办第二所香港地区的大学成为必然趋势。在这种趋势的推动下，建立第二所大学的建议在 1959 年被采纳。

第三个阶段是 20 世纪 60 年代以来。1960 年 3 月初，英国大学行政人员和政治哲学学者富尔敦到香港考察后，向当时的政府提交了《香港专上学院发展报告书》。该报告强调学术自由和研究工作的重要性，肯定将来新大学以中文为授课语言以及它在文化桥梁上的作用。[②] 两年后他再次来香港，并专职负责由国际学者组成的学术委员会。期间，他对三所香港书院的办学水平进行评定，规划了新大学的发展框架和使命蓝图，并在同年向政府提交了《富尔敦报告书》，对新大学的办学模式进行论证。幸运的是，这份报告书被采纳。当时的政府临时组建了由优秀华人组成的新大学校董会。在香港建立第二所公立大学，终于在 1963 年付诸实施。在新大学筹备期间，香港当地注重与得到各类基金会资助的书院进行沟通、接触、衔接，并经常以此为契机，左右新大学的办学价值取向。

香港中文大学在几十年时间内就迅速迈入国际研究型大学的行列，这得益于其在发展过程中始终贯穿着求真务实精神。"务实"就是遵从学校发展

---

① 陈方正.与中大一同成长——香港中文大学与中国文化研究所图史 1949—1997[M].香港：香港中文大学中国文化研究所，2000：67.
② 储朝晖.近代香港中文大学精神的生成与特征[J].大学·研究与评价，2009(6)：67.

的实际需求,对自身所肩负的使命和责任有一个清醒的认识,确保学校理性发展。学校创办者认为学校起步较晚,难以与世界上历史悠久、底蕴深厚的名校相抗衡,必须立足香港地区实际,认清自己的办学定位,不盲从攀比,努力做到求真务实,并积极回应社会发展的诉求。

香港中文大学精神的形成与其地理位置、历史背景、政治、经济和文化息息相关。同时,也是坚毅的港中大学人坚守"为往圣继绝学"使命的产物,是在夹缝中顽强生存并结出的硕果,这也自然成为香港中文大学精神之源。

第六章　新时代大学精神之要义

　　大学的生命力之所以历久弥新,能够经受历史的考验和洗礼,就是因为拥有生生不息、代代相传的大学精神。大学在长期的办学过程中所积淀形成的大学精神,是大学可持续发展的内在动力,承担着时代的使命和担当,彰显着大学的办学特色。大学精神具有丰厚的内涵和宽阔的外延,这也使得人们对大学精神的理解和阐释见仁见智。笔者认为,新时代大学精神的要义应包括大学科学精神、大学人文精神、大学学术自由精神、大学批判精神和大学创新精神等各具特质又彼此联系、既独树一帜又相互作用的诸多方面。

第一节　大学科学精神

　　美国康奈尔大学天文学教授、世界著名科普作家卡尔·萨根(Carl Sagan)在其著作《魔鬼出没的世界——科学,照亮黑暗的蜡烛》一书中对科学精神精辟地论述道:"科学不仅与精神性和谐共存,而且是精神性的深厚源泉。当我们抓住了生命的错综复杂、光彩美丽和精妙绝伦之时,我们就有了一种飘然飞腾的感觉,这是一种洋洋得意与自感谦卑相结合的感觉。毫无疑问,这是精神的。当我们置身于伟大的艺术、音乐或文学,当我们在甘地或马丁·路德·金等令人景仰的无私的勇气和行为面前时,我们的感觉同样是精神的。科学与精神性以某种方式的相互排斥对双方都将产生损害的作用。"①科学精神成为推动社会进步、促进国家繁荣的重要精神力量。习近平总书记在院士大会、科学家座谈会上关于科学家精神的相关论述,是新时代科学精神的具体表现。在"深入实施科教兴国战略、人才强国战略、创新驱动发展战略"的时代要求下,加强对科学精神的深入研究无疑具有重要的现实意义。

一、科学精神的释义

从大学的发展历史来看,科学精神是大学在长期的办学实践过程中逐渐形成的,它与科学知识的创新、科学思想的形成相伴而生、同向并行。

(一) 科学精神的意涵

关于科学精神,早在 1916 年,时任中国科学社社长的任鸿隽认为,科学精神者何,求真理是已。② 1990 年 8 月,我国近代思想家梁启超在南通为科学社年会上所作的题为《科学精神与东西文化》的演讲中讲道:"科学精神是什么?我姑从最广义解释,有系统之真知识,叫做科学;可以教人求得有系统之真知识的方法,叫做科学精神。这句话要分三层说明:第一层,求真知识。第二层,求有系统的真知识。第三层,可以教人的知识。"③1935 年 8 月,中国近代地理学家竺可桢在南宁六学术团体联合年会上做了题为《利害与是非》的主旨演讲,集中阐释了他对于科学精神的思考。他在演讲中娓娓道来:"近三十

① [美]卡尔·萨根.魔鬼出没的世界——科学,照亮黑暗的蜡烛[M].李大光,译.长春:吉林人民出版社,1998:序.
② 樊洪业,张久春.科学救国之梦 任鸿隽文存[M].上海:上海科技教育出版社,上海科学技术出版社,2002:70.
③ 梁启超.梁启超清华大学演讲录 为学与做人[M].北京:东方出版社,2015:171-174.

年来,一般人提倡科学救国,以为有物质科学,就有百废俱兴可以救国了,其实这亦正同'中学为体,西学为用'一样的错误。因为科学是等于一朵花,这朵花从欧美移来种植必先具备有相当的条件,譬如温度、土壤等等,都要合于这种花的气质才能够生长。故要以西洋科学移来中国,就要先问中国是否有培养这种移来的科学的空气。培养科学的空气是什么? 就是'科学精神'。科学精神是什么? 科学精神就是'只问是非,不计利害'。这就是说,只求真理,不管个人的利害,有了这种科学的精神,然后才能够有科学的存在。"[①]概言之,科学精神是大学在长期的科学实践活动中形成的共同信念、价值标准和行为规范的总称,是贯穿于大学科学活动之中的基本的精神状态和思维方式,是通过对科学的整体理解,从科学活动中升华出来的精神产物,反映着科学的内在要求,并预示着科学的方向,推动着科学的发展,影响着大学人的工作方式和生活状态。

科学精神从其结构分析,主要包括三个层次:一是认识论层次,主要体现为科学认识的逻辑一致性和实践的可检验性等规范;二是社会关系层次,主要体现为普遍性、公有性、无私利性和有条理的怀疑论等四条规范;三是价值观层次,主要体现为通过对真理的追求,达成向善、创美的统一。

(二) 科学精神的内容

科学精神主要包括追求真理的理想信念、实证化的研究方法、理性批判的态度和不断试错的模式。

其一,追求真理的理想信念。科学精神首先体现为追求真理的理想信念,认为人以其主观能动性可以客观地认识世界和改造世界。这种坚定的信念,也正是对人的精神力量的彰显,恰如培根所说的"知识就是力量"。理想信念是大学赖以生存和发展的精神支柱,驱动着大学人突破蒙昧主义和神秘

---

① 竺藕舫,黄启汉.利害与是非[J].科学,1935(11).

主义的束缚,崇尚理性,为追求真理勇于探索、乐于奉献。

其二,实证化的研究方法。北宋文学家欧阳修在《翰林侍读学士右谏议大夫杨公墓志铭》中写道:"任其事必图其效;欲责其效,必尽其方。"理想信念固然是科学精神中的首要方面,但为了能够反映客观世界的真实面目,更为科学地认识规律、利用规律改造客观世界,还需要借助于实证的研究方法,秉持一种客观的态度,在研究过程中能够尽力排除主观因素的影响,精确地揭示出事物的本来面目,以实在性、实用性和精确性保障认知的准确性,不断接近真理。

其三,理性批判的态度。理性批判的态度是科学精神的重要体现,正如康德所言:"以理性为法庭,批判一切无根据的观念和要求,特别是通过对理性自身的批判,达到重建科学的形而上学(哲学)的目的。"[①]批判是指批判主体通过理性思考对批判对象进行分析、剖析的过程,其中包含着批判主体对批判对象的肯定性、否定性或引导性的价值判断,目的在于达到对自我的超越和对外在世界的引导。理性批判的态度反对理论的神圣化,是实现理论创新发展的动力,保障了真理的客观性,成为科学精神不断发展的关键。

其四,不断试错的模式。批判理性主义的创始人、英国著名哲学家卡尔·波普尔(Karl Popper)认为,如果我们过于爽快地承认失败,就可能使自己发觉不了我们非常接近于正确。他强调,科学是一门可错的学问,科学发展的历史就是不断试错的过程,科学发展遵循试错模式。[②] 科学的进步和发展,正是通过试错的模式不断获得进展的,如爱因斯坦对牛顿力学体系进行理性的反思与批判,建立起了相对论学说等。科学所追求的正是不断试错而逐渐达向真理的过程,也就是通过不断排除错误而探索真理的过程。

---

① 黄颂杰.西方哲学名著提要[M].南昌:江西教育出版社,2002:212.
② 刘大椿.论科学精神[J].求是,2019(9):65.

二、大学科学精神的价值

英国著名物理学家、剑桥大学教授贝尔纳(John Desmond Bernal)有一句名言:"科学精神是一份人们永远取之不尽的财富。"进入 21 世纪以来,全球科技创新进入空前密集活跃的时期,新一轮科技革命和产业变革正在重构全球创新版图、重塑全球经济结构。大学作为国家科技实力与科技创新力的最为重要的力量来源,无论是适应国家战略的客观需求,还是大学高质量发展的内在要求,都需要尊崇和弘扬科学精神。对此,《中华人民共和国科学技术进步法》也明确规定,学校及其他教育机构应当坚持理论联系实际,注重培养受教育者的独立思考能力、实践能力、创新能力和批判性思维,以及追求真理、崇尚创新、实事求是的科学精神。

(一) 有助于彰显大学的本真职能

自中世纪以来,"大学是探究真理的殿堂"这一理念已被人们普遍认同。耶鲁大学第 20 任校长小贝诺·施密德特在 1987 年迎新典礼上的讲话中强调,在任何一所大学,只要为知识而忠于知识的思想占支配地位,对真理,或者至少是对近似真理的无止境追求便价值无上。[1] 德国当代著名思想家雅斯贝尔斯在《大学的理想》中指出,大学作为追求真理的机构,只忠诚于真理,而不论其所产生的智力或社会的后果如何;只服从真理的标准,而拒绝服从任何权威。[2] 大学,正是坚持对真理的不懈追求,方成为人类社会的精神家园。

探究真理,离不开科学精神。被誉为国内第一个系统论述科学精神的民国教育家任鸿隽认为,研究科学者,常先精神,次方法,次分类。科学精神乃

---

① 周雁.耶鲁大学史[M].上海:上海交通大学出版社,2012:230.
② 包万平,郭炜煜.章程:中国大学崛起的基石[N].科学时报,2009-10-27.

科学真诠,理当为首。① 对此,他解释说:"夫非豫去其应用之宏与收效之巨,而终能发挥光大以成经纬世界之大学术,其必有物焉为之亭毒而蕴酿使之一发不可遏,盖可断言。其物为何? 则科学精神是。于学术思想上求科学,而遗其精神,犹非能知科学之本者也。"②

(二) 有助于推动大学文化发展

美国著名哲学家、教育家约翰·杜威(John Dewey)强调,科学精神的重要意义主要体现在它对我们文化前途的巨大影响上,认为"我们文化的将来全由科学精神之广扩和紧握而决定"。③ 科学精神是大学生命力的根本体现,深刻影响着大学文化的建设和发展。大学失去了科学精神,大学文化的传承和创新便失去了生机和活力,也就失去了发展的动力,意味着这所大学生命力的枯萎。中国现代著名思想家胡适认为,要学得一点科学精神,一点科学态度,一点科学方法。科学精神在于寻求事实,寻求真理。科学态度在于撇开成见,搁起感情,只认得事实,只跟着证据走。科学方法是"大胆的假设,小心的求证"十个字。④ 科学精神以追求真理为目的,能够做到不随波逐流,既抵抗来自社会的压力和干扰,又能够抵御市场经济的诱惑,这种独立品格既是科学精神的体现,又是科学精神的内在要素,科学以其独特的精神品格推动着大学文化的传承和创新。

(三) 有助于培养创新型人才

习近平总书记在中央人才工作会议上强调,当前,我国进入了全面建设社会主义现代化国家、向第二个百年奋斗目标进军的新征程,我们比历史上

---

① 樊洪业,张久春.科学救国之梦 任鸿隽文存[M].上海:上海科技教育出版社,上海科学技术出版社,2002:497.
② 李醒民.科学精神的特点和功能[J].社会科学论坛,2006(2):11.
③ [美]休斯德,等.科学的动机[M].萧立坤,译.台湾:商务印书馆,1969:16.
④ 马艳玲.胡适的科学文化观[N].光明日报,2012-07-29.

任何时期都更加接近实现中华民族伟大复兴的宏伟目标，也比历史上任何时期都更加渴求人才。[①] 进军新征程、实现第二个百年目标，离不开高水平创新型人才。这就要求大学弘扬科学精神，为实现国家奋斗目标提供人才支撑。

科学精神注重在已有知识基础上的"标新立异"，主张质疑和批判。质疑意即不轻易相信和迷信一切结论和权威，凡事都要问一个"为什么"。正如我国北宋思想家张载所言："在可疑而不疑者，不曾学；学则须疑。"法国哲学家勒内·笛卡尔（René Descartes）也认为，为了来到真理的面前，能怀疑多少，就怀疑多少。质疑的过程就是发现问题的过程，相反，缺失质疑，则容易导致盲目轻信和盲目乐观。大胆的质疑之后便是无畏的批判，批判是对怀疑的延伸，体现为"吾爱吾师，吾更爱真理"。批判不仅表现在对旧有传统和已有知识的批判，还包括对自身的反思和修正。举例而言，马克思在创立劳动价值论之前，否定了英国古典经济学家亚当·斯密和李嘉图的学说，后来马克思逐渐认识到其合理性，在自我反思的基础上加以修正，并在此基础上创立了劳动价值论。科学精神正是通过质疑和批判，不断推动着创新型人才的培养。

（四）有助于提高社会文明程度

习近平总书记指出，科技是国之利器，国家赖之以强，企业赖之以赢，人民生活赖之以好。[②] 这一语道出了科学和技术在提高社会文明程度、提升综合国力方面的重要意义和重大价值。大学是汇聚智慧的灯塔，是科技创新体系的重要组成部分，大学教师肩负着弘扬科学精神的重任。

大学科学精神对提高社会文明程度具有重要的现实意义。任鸿隽教授认为："求真的科学精神也能引人趋美向善。科学的精神，是求真理。真理的作用，是要引导人类向美善方面行去。科学在人生态度的影响，是事事要求

[①] 习近平新时代中国特色社会主义思想专题摘编［M］.北京：党建读物出版社，中央文献出版社，2023：196.

[②] 习近平著作选读（第一卷）［M］.北京：人民出版社，2023：490.

一个合理的。这用理性来发明自然的奥秘,来领导人生的行为,来规定人类的关系,是近世文化的特采,也是科学的最大的贡献与价值。"①王渝生教授认为,科学精神不仅仅是科学知识,更是一种文化,一种上层建筑,一种意识形态。不是说搞科技和搞物质生产的人,才要有科学精神,当领导的,搞意识形态的,学文科的,乃至普通公民,都需要有科学精神来武装自己的头脑。不具备科学精神的人,他会说假话,伪造实验结果,欺上瞒下,糊弄老百姓,得到他自己的利益。② 这都说明了倡导科学精神是提高社会文明程度的必由之路。

三、大学科学精神的弘扬

究其本质,科学精神乃大学师生共同探究真理的精神。"吾爱吾师,吾更爱真理"是对科学精神的生动实践。弘扬大学科学精神,重在弘扬大学人追求真理、勇于创新以及在此过程中所彰显的价值观念和精神信仰。

(一) 以科学家精神为引领

2019 年 5 月,党中央印发的《关于进一步弘扬科学家精神加强作风和学风建设的意见》,要求大力弘扬胸怀祖国、服务人民的爱国精神,勇攀高峰、敢为人先的创新精神,追求真理、严谨治学的求实精神,淡泊名利、潜心研究的奉献精神,集智攻关、团结协作的协同精神,甘为人梯、奖掖后学的育人精神。2020 年 9 月 11 日,习近平总书记在科学家座谈会上的讲话中指出,科学家精神是科技工作者在长期科学实践中积累的宝贵精神财富,并重点阐述了爱国精神和创新精神,强调"科学无国界,科学家有祖国",科技工作者要把自己的科学追求融入建设社会主义现代化国家的伟大事业中去,树立敢于创造、善于创新、勇于创业的雄心壮志,努力实现更多"从 0 到 1"的突破,不断向科学

① 科学救国之梦——任鸿隽文存[M].上海:上海科技教育出版社,2002:280.
② 高博.中国需要"求真"的科学精神:慢工出细活[N].科技日报,2018-06-01.

技术广度和深度进军。大学作为科技创新的主战场,弘扬大学科学精神,应以科学家精神为引领,以钱学森、华罗庚、邓稼先等"一片赤心唯报国"的老一辈科学家为光辉榜样,心怀祖国,无私奉献,淡泊名利,攻坚克难,肩负起历史责任,激发创新活力,挖掘创造潜力,破解时代命题,服务国家战略,为实现中华民族伟大复兴做出更大贡献。

(二) 主动适应国家发展战略

习近平总书记在考察清华大学时的重要讲话中指出,要坚持中国特色世界一流大学建设目标方向,为服务国家富强、民族复兴、人民幸福贡献力量。[①]习近平总书记的重要讲话,明确了新时代我国大学服务国家战略的使命担当,是我国大学弘扬科学精神、主动适应国家发展战略的根本遵循。

弘扬大学科学精神,应主动适应国家发展战略。一是要提高认识,充分认识到大学在国家发展战略中的独特作用,坚持把优先发展教育事业作为推动党和国家各项事业发展的重要先手棋,不断使教育同党和国家事业发展要求相适应、同人民群众期待相契合、同我国综合国力和国际地位相匹配。[②] 综观世界各国高等教育的发展,服务国家发展战略已成为世界各国发展高等教育的共识。曾两度任哈佛大学校长的德里克·博克(Derek Bok)指出:"必须十分明确,大学的职责是为养育自己的社会服务。"[③]无论是 200 多年前为服务国家复原、崛起而诞生的德国洪堡大学,还是后来居上的美国哈佛大学、哥伦比亚大学、麻省理工学院、康奈尔大学、威斯康星大学、斯坦福大学这些世界一流大学,它们都在不同时期以不同方式从服务国家战略中得到了如经费、设备、人才、项目、信息、技术、大学文化、社会声望、国际交流等方面的空

① 把服务国家作为最高追求——论学习贯彻习近平总书记在清华大学考察时的重要讲话精神[N].中国教育报,2021-04-20.
② 冯培.坚持把优先发展教育事业作为推动党和国家各项事业发展的重要先手棋[J].中国高等教育,2019(15):26-28.
③ 冰启.北大校庆不妨多些反思[N].新京报,2008-05-05.

前发展。今天,我国大学已进入普及化时代,在办学条件更好、科研实力更强、国家支持力度更大、与世界教育交流更广的优势下,面对世界百年未有之大变局和胸怀中华民族伟大复兴战略全局,更应该责无旁贷地为实现国家的人才强国战略、科技强国战略、教育强国战略和经济社会发展战略等各显其能,积极服务于社会主义现代化强国建设。二是要理性把握高等教育发展趋势,紧紧依循高等教育发展规律,建设中国特色、世界水平的现代大学教育体系,不断加强大学自身的内涵建设,增强大学服务国家发展战略的能力。三是大学要深入社会、了解社会、融入社会、服务于社会,更好展现大学的学术价值,发挥大学的引领作用,提升大学服务国家战略的效能。四是要理性处理服务国家战略与守护大学品格之间的关系。大学,作为一个学术组织,以追求真理、创新知识为目的,而不是仅仅着眼于眼前的利益。建设以科学为基础的大学是国家利益所在,致力于建设科学的大学,比直接服务于社会眼前利益的高等教育机构更符合国家利益。大学要通过不断的孕育和产生新思想、新知识而服务国家战略。守护大学品格与服务国家战略的统一,乃是现代大学服务国家战略的题中应有之义。

(三) 激活大学师生潜心科研的内生动力

弘扬大学科学精神,有赖于大学师生的协同创新。德国著名思想家雅斯贝尔斯把大学定位为"一个由学者与学生组成的、致力于寻求真理之事业的共同体"。[①] 激活大学师生潜心从事科学研究的内生动力,要把握如下几点。

一是坚定理想信念。习近平总书记 2014 年 9 月在与北京师范大学师生座谈时,号召全国广大教师做"四有"好教师。什么样的教师是好老师?习近平总书记指出,首先要有理想信念。理想指引人生方向,信念决定事业成败,没有理想信念,就会导致精神上"缺钙"。人类社会发展的历史表明,对一个

---

① [德]卡尔·雅斯贝尔斯.大学之理念[M].邱立波,译.上海:上海人民出版社,2006:19.

民族、一个国家来说，最持久、最深层的力量是全社会共同认可的核心价值观。教师弘扬科学精神，应自觉认同社会主义核心价值观，以社会主义核心价值观为引领，"为天地立心，为生民立命，为往圣继绝学，为万世开太平"，培养担当民族复兴大任的时代新人。

二是增强教师科学研究的坚强意志。马克思在《资本论》第一卷法文版序言和跋中有一句脍炙人口的名言——在科学上没有平坦的大道，只有不畏劳苦沿着陡峭山路攀登的人，才有希望达到光辉的顶点。这启示我们，弘扬科学精神，并非一片坦途，更不会一帆风顺，困难和挑战无时不在。这就要求广大师生须具备坚强意志力，将科学精神内化为自身的基本素养，将科学研究作为自身的生活态度和生活方式，在科研活动中深入探究科学研究的本质，遵循科学研究的规律，真正做到潘懋元先生多年坚持的"板凳敢坐十年冷，文章不写半句空"。

三是大学行政主管部门在管理过程中应充分尊重教师的劳动。教师的劳动与其他行业相比较具有自身的特殊性，主要体现为复杂性、长期性、创造性以及个体与集体相统一的特性。大学行政主管部门应牢固树立以教师为本的管理理念，在制定相关政策时应充分考虑教师劳动的特点，更好发挥教师的积极性、主动性和创造性。尊重教师的劳动，还体现为正确处理学术权力与行政权力的关系，破除"官本位""行政化"的传统思维，尊重教师的学术权力，把学术权力还给教师，最大限度地减少不必要的行政环节，给予教师充分的学术研究自主权，最大限度地体现教师的劳动价值。尊重教师的劳动，还应体现为尊重教师的成长规律。教师的成长伴随着教师职业生涯的个体社会化过程，是一个持续不断的、量的积累的过程，特别是其科研能力并不是一蹴而就的。这就要求对教师的管理不能求全责备，更不能拔苗助长，应为教师的成长创设良好的环境，发挥其理性，彰显其个性，铸就其良好的学术品格。

（四）不断完善科研评价制度

评价的目的乃是激励，评价不应成为教师从事科学研究的"紧箍咒"，而应当以激发广大教师科学研究的创造性为出发点。弘扬大学科学精神，应不断完善科研评价制度，切实保护大学师生对科学研究的积极性，使大学师生能够专心从事科研活动。科研评价理念应充分体现对教师的尊重，真正关切教师群体的核心利益；评价内容应针对教师的不同特点，体现差异性；评价指标应凸显教育性评价，体现"提升人才自主培养能力"的根本要求，避免单纯的数字化和数量化评价；评价主体理应包括社会评价和大学评价等方面，体现多元化，避免单一化；评价应由单项被动评价转为双向互动评价。通过完善的评价制度，营造宽厚、宽容、宽松、宽阔的和谐环境，形成尊重科学、尊重人才的良好氛围，由此激发大学人的科学精神。

第二节　大学人文精神

关于人文精神，爱因斯坦认为，光有知识和技能并不能使人类过上幸福而优裕的生活，人类有充分的理由把对高尚的道德准则和价值观念的赞美置于对客观真理的发现之上。人类从佛陀、摩西以及耶稣这样的伟人身上得到的教益，就我来说要比所有的研究成果以及建设性的见解更为重要。[①] 在经济全球化时代，作为面向市场经济背景下的大学，如何深度认知和理性思考人文精神的价值，探寻践行大学人文精神的路径，是高等教育工作者需要认真思考的时代命题。

---

① 瘦竹.乔治·斯坦纳的"沉默"困境[N].青年时报,2014-02-04.

一、大学人文精神的释义

人文精神是大学的灵魂所在,是大学的重要标志之一,是对人的价值和生存意义的人文关怀,彰显着大学区别于其他社会组织的独特气质。

(一) 人文与人文精神

何谓人文? 对此,程颐在《伊川易传》卷二的解释是:"天文,天之理也;人文,人之道也。天文,谓日月星辰之错列,寒暑阴阳之代变,观其运行,以察四时之速改也。人文,人理之伦序,观人文以教化天下,天下成其礼俗,乃圣人用贲之道也。"这标志着人类文明时代与野蛮时代的区别,标志着人之所以为人的人性。[①]

人文作为一种独特的精神现象,是人类智慧和精神的载体,它在人类的世代繁衍承传中一直占据着优先地位。可以说,一部浩瀚人文史,就是一部人类不断地"认识你自己"的心灵历程的历史。正如英国著名历史学家、美学家罗宾·乔治·科林伍德(Robin George Collingwood)所认为的:"没有艺术的历史,只有人的历史。"人文体现为一种思想、一种观念,同时也是一种制度、一种法律。人文强调人的价值,要求尊重人、理解人、关心人。

关于人文精神,有学者认为,人文精神是对人的存在的思考;是对人的价值,人的生存意义的关注;是对人类命运、人类的痛苦与解脱的思考和探索。人文精神更多的是形而上的,属于人的终极关怀,显示了人的终极价值。[②] 就一般意义而言,广义的人文精神强调人性、理性和超越性。狭义的人文精神指文艺复兴时期的一种思潮,其核心思想主要包括三个方面:一是坚持以人为本,重视人的价值,反对神学对人性的压抑;二是张扬人的理性,反对神学

---

① 杜时忠.科学教育与人文教育[M].武汉:华中师范大学出版社,1998:33.
② 高瑞泉,袁进,张汝伦,李天纲. 人文精神寻踪[J].读书,1994(4):73.

对理性的贬低;三是主张灵肉和谐、立足于尘世生活的超越性精神追求,反对神学的灵肉对立,反对用天国生活否定尘世生活。

(二) 大学人文精神

大学作为社会的一个子系统,是人文精神的承载者。大学只有弘扬人文精神,才能真正担当起社会责任和历史使命,成为社会的良知。所谓大学人文精神,是大学在长期的办学过程中形成和发展起来的对人的价值和生存意义的关怀,强化人的主体意识,促进人的全面发展。大学人文精神以其价值观念和行为规范激励、规范和保障着大学人的行为,体现着大学的社会责任,实现人的内在修养和外在行为规范的知行合一,彰显着大学不同于其他机构的鲜明特征。

(三) 科学精神与人文精神的内在统一性

科学精神与人文精神既相互区别,又相互渗透、相互补充、相互促进,二者具有内在的统一性。只有坚持把人文精神与科学精神相互融合,才能真正让大学校园成为神圣的学术殿堂、社会的精神家园,这样的大学才能真正称得上一流大学。①

首先,科学精神与人文精神二者具有统一性,具有共同的根基——人。马克思指出,自然科学往后将包括关于人的科学,正像关于人的科学包括自然科学一样。② 自然科学与人文科学的这种内在统一性,决定了科学精神和人文精神交融的必然性。科学精神和人文精神都是人类文明的组成部分,它们共同的根基都是"人"。科学精神不仅是人道的,而且与善和美是相通的。正如美国科学史专家乔治·萨顿(George Sarton)所说:"我们的知识本身必

---

① 谢和平.对大学教育的几点思考[J].大学教育科学,2021(4):5.
② 中共中央马克思恩格斯列宁斯大林著作编译局.马克思恩格斯全集 第42卷[M].北京:人民出版社,1979:128.

须是仁慈慷慨的，必须是美的，否则它就是不足取的。"①他还极力呼吁"不能只了解科学的物质成就，而忽略科学的精神和内在美。真正的人文主义者必须像了解艺术和宗教的历程那样了解科学"。② 科学精神的核心是求真，人文精神的核心是向善，二者具有统一性。"求真"是"向善"的基础，"向善"是"求真"的升华。没有求真的向善是价值虚无的，没有向善的求真则不是纯真的，甚至是有害的。

其次，科学精神与人文精神互为动力，相得益彰。一方面，科学精神离不开人文精神。若只有科学精神，那么我们的生活将会失去诗意，将变得毫无趣味可言。科学技术本身是一把双刃剑，它既可以造福人类，也可以贻害人类，这就取决于掌握科学技术的人如何运用它，也就是要有赖于人文精神的指导。像哥白尼、培根、笛卡尔、伽利略等科学家，他们研究的动机和动力恰恰来自科学观念和审美意识的双重推动，对于自然秩序的理性信念和对审美观念的情感体认，成为推动他们献身科学的巨大动力。另一方面，人文精神只有不断吸取人类理性成就的养分，才能获得更加旺盛的生命力。如果只有人文精神，也是同样有害的，而且也不现实。毕竟物质资料的生产方式是人类社会赖以存在和发展的物质基础，是人类其他一切活动的首要前提。如果只有人文精神，失掉了求真的科学精神，那么人类就会生活在虚无缥缈的幻想世界之中。只有自觉地把科学精神蕴于宏大的人文精神之中，人文精神才更富于清晰性、准确性，才能更好地指导人类实践。

再次，科学精神与人文精神相互作用，共同促进人的全面发展。科学精神与人文精神相辅相成，二者不可偏废、缺一不可，共同促进人的全面发展。一方面，科学精神能够为人文精神体系提供新的认识方法和手段，通过理念促使大学人对原有价值观念等进行反省，丰富大学人的个性。另一方面，由

① ［美］乔治·萨顿.科学史和新人文主义［M］.陈恒六，等译.北京：华夏出版社，1989：10.
② ［美］乔治·萨顿.科学的生命［M］.刘珺珺，译.北京：商务印书馆，1987：2.

于人是知、情、意的统一体,不同的心理体验对形成大学人的理想追求、完美个性等都具有潜移默化的影响作用。强化一方面的作用而弱化另一方面的作用,只能造成人的片面发展。因为关于人的许多现象和问题,有着与自然界不同的特性,因此成功应用于认识自然的科学方法与科学精神,不一定能有效地应用于认识人文现象、解决人生观问题。[①]

二、大学人文精神的功用

黑格尔有句名言:"一个民族有一些关注天空的人,他们才有希望;一个民族只是关心脚下的事情,那是没有未来的。"在高等教育面向市场经济背景下,在坚持以人为本、实现人的全面发展的现实诉求中,重建日渐逝去的大学人文精神,为国家、民族培养造就更多"关注天空的人",是 21 世纪中国大学的核心使命,这对于促进大学的高质量发展具有极为重要的意义。

(一) 有助于彰显大学特质

关于人文精神之于大学的功用,我国古代《大学》一书,开章即曰:"大学之道,在明明德,在亲民,在止于至善。"这体现着一种强烈的人文意识和人文精神。大学天然是人文精神形成和传播的重要场所,是未来世界公民"精神成人"的摇篮。正如蔡元培所认为,大学是人文精神的摇篮,但不是道德楷模,不是宗教之所。他在《教育独立议》中进一步指出,教育是帮助被教育的人,给他能发展自己的能力,完成他的人格,于人类文化上尽一分子的责任;不是把被教育的人造成一种特别器具,给抱有他种目的的人去应用的。[②]

---

① 宋清波.科学精神与人文精神融合的必然性和必要性[J].中州学刊,2005(1):124.
② 章兢.人文精神:大学不能没有的灵魂[N].光明日报, 2009 - 01 - 14.

（二）有助于培育学生核心素养

培育学生核心素养，主要是明确学生应具备的适应终身发展和社会发展需要的必备品格和关键能力，突出强调个人修养、社会关爱、家国情怀，更加注重自主发展、合作参与和创新实践。在高等教育面向市场经济背景下，功利主义对大学生的价值观产生了严重的负面影响，诸多大学生把学习的目的视为将来找一个好工作，而不是真正热爱自己的专业；认为"学习只为谋求高薪职业"，把接受高等教育的目的简单理解为单纯的职业教育和谋生手段，面临着学习被动、理想缺失、未来目标不明确等问题。

人文精神是人在社会化过程中，即自我完善的过程中起支配作用的核心要素，是大学生在社会生活和工作中最具竞争优势的素质。香港科技大学人文社会科学学院院长李中清在与大学生就高等教育与学生成长进行对话时表示，大学生认为人文学科"无用"是一种短视，现在很多美国学生毕业后拥有了不错的职位，由于人文素养的欠缺，职业发展的"天花板"很快降临，而那些人文素养更高的学生，在职场上"可持续发展"的动力更强。[1] 人文精神对于其他素质的形成与发展会产生很大的影响。马克思就提出过激情本体论："激情、热情是人强烈追求自己的对象的本质力量。"[2]爱因斯坦同样认为情感、意志等是科学不可或缺的人文力量，它"照亮我的道路，并且不断地给我新的勇气去愉快地正视生活的理想，是善、美和真"。[3] 他甚至断言，科学家"每日的努力并非深思熟虑的意向或计划，而是直接来自激情"。[4] 人文精神对于大学生形成健全人格、改善思维方式、冲破狭隘功利主义大有裨益。当大学的人文精神内化为大学生品性中的一部分时，无论他处于怎样的境遇，

---

① 华羽.人文素养是大学生的优势竞争力[N].光明日报，2013－12－31.
② 中共中央马克思恩格斯列宁斯大林著作编译局.马克思恩格斯全集 第42卷[M].北京：人民出版社，1979：169.
③ 爱因斯坦文集 第3卷[M].许良英，等译.北京：商务印书馆，1979：43.
④ 爱因斯坦文集 第1卷[M].许良英，等译.北京：商务印书馆，1979：103.

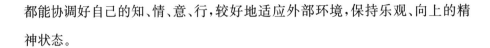

都能协调好自己的知、情、意、行,较好地适应外部环境,保持乐观、向上的精神状态。

(三) 有助于推动大学文化建设

大学教育,本质上是一个有目的、有计划的文化传承过程。推动大学高质量发展,文化建设是关键,正如美国著名社会学家史谟勒(Small)所认为的,"文化是机械的、心灵的和道德的技术之全部整备。在某一时期,人用这些技术来达到他们的目标"。①

人文精神既是大学文化的核心,也是大学文化的灵魂,体现了大学对人的价值和生存意义的终极关怀,对大学文化的建设和发展具有推动作用。人文精神是对人的全部特征及活动领域以广泛而又深刻影响的"实践哲学",是整个人类文化所表现出来的根本的价值精神,以人的全面发展为终极目的,它作为人类超越性的价值追求,向往的是社会文化价值的整体进步,面对的是社会生活整体。② 缺失人文精神的统领,大学文化将失去根基进而失去活力,也将丧失大学文化的核心价值。大学文化能够深化和凝练大学的人文精神,促进大学人文精神的创新发展。具体而言,大学人文精神对大学文化的推动主要体现为:人文精神有助于大学生形成正确的人生观和价值观,以核心价值观统领大学文化建设;人文精神能够提升大学生的科学素养和人文素养,促进大学生的全面发展,凸显大学文化的育人功能。大学人文精神的核心是以人为本,但由于每一所大学的办学历史、发展现状等各有不同,每一所大学的人文价值取向体现出差异性,这种差异性为大学特色文化的发展提供了重要支撑。

---

① 韦政通.中国文化概论[M].长沙:岳麓书社,2003:5.
② 刘旭东,薛荣.人文精神:现代课程的价值取向[J].教育理论与实践,1998(1):40.

三、大学人文精神的陶冶

大学作为人文精神陶冶的载体,体现着永不停息的精神追求。加强大学文化建设,不仅有助于进一步推进高等教育改革创新、实现内涵发展,而且对于人才培养、科学研究和社会服务等大学功能的实现,也具有重要意义。① 面对现实,我们还应清醒地看到,在学术资本主义思潮的影响下,高等教育变得更加具有商业性或市场化了。有些大学为了获得来自企业或公司的资助,有偿贩卖知识和技术,并主动迎合大众需要开设收费性质的课程。这些商业化行为难免令人忧虑,因为其过分追求创收极有可能破坏大学传统的文化和价值观念。由于人文性质的课程和研究几乎是很难产生经济效益的,这就导致一些院校不得不为学校整体发展和日渐增多的成本而考虑创收问题。学术资本主义的逐利本质决定了"资本至上"。这对大学的伤害无疑是致命的。陶冶大学的人文精神,消解学术资本主义的影响,彰显大学生作为人的本质存在及其人文关怀,重塑教育的本真价值,已成为当今大学强化内涵建设的应有之义,更是推进大学高质量发展的"软实力"。

(一) 理性认识人文精神的育人价值

1948 年 11 月,时任美国陆军参谋长奥马尔·纳尔逊·布拉德利(Omar Nelson Bradley)在波士顿商会举行的第一次世界大战停战纪念日午餐会上说:"我们有无数科学家,却没有什么宗教家;我们掌握了原子的奥秘,却摒弃了耶稣的训谕。人类一边在精神的黑暗中盲目地蹒跚而行,一边却在玩弄着生命和死亡的危险秘密。这个世界有光辉而无智慧,有强权而无良知。我们的世界是核子巨人、道德侏儒的世界。我们精通战争甚于和平,熟谙杀戮远

---

① 　杨卫.大学的发展必然担负着文化使命[N].中国教育报,2010－06－07.

甚于生存。"①布拉德利发人深省的讲话是在向人们警示人文精神的不可或缺。当今,大学高质量发展已成为新时代高等教育发展的核心命题。大学高质量发展的主体是大学人,关键在于大学人潜能的挖掘和发挥。人文精神的核心正是关心人、尊重人,最大限度地实现人的价值,促使大学人掌握人文知识,获得处理人类自身内部关系的能力,以改造人的精神世界,如人生观、价值观、世界观等,发展人的道德品质、审美能力、合作精神,并指导大学人的行为方式,使之朝着合乎人道、合乎人类理想的目标迈进。人文精神重视发展大学人的个性,着力提升大学人的文化水准,使得大学人能够正确理解人生的意义及目的,掌握科学的思维方式和方法,充分体现高等教育的育人价值。

(二) 发挥中华优秀传统文化的育人价值

中华优秀传统文化是中华民族赖以生存和发展的道德根基、精神支柱,正如印度诗哲泰戈尔所言:"世界上还有什么事情比中国文化的美丽精神更值得宝贵的?"习近平总书记在党的二十大报告中指出,中华优秀传统文化源远流长、博大精深,是中华文明的智慧结晶,其中蕴含的天下为公、民为邦本、为政以德、革故鼎新、任人唯贤、天人合一、自强不息、厚德载物、讲信修睦、亲仁善邻等,是中国人民在长期生产生活中积累的宇宙观、天下观、社会观、道德观的重要体现,同科学社会主义核心价值观主张具有高度契合性。② 大学要自觉认识、领悟我国优秀传统文化的丰富内涵,理性认同我国优秀传统文化,发挥中华优秀传统文化的育人价值。

中华民族的传统文化有着博大精深、源远流长的文化底蕴。对包含在中华优秀传统文化中的思想和智慧的传承与创新,守望人类文明,对文化怀有温情与敬畏,应当是陶冶大学人文精神的题中应有之义。陶冶大学人文精

---

① 詹得雄.世界向何处去? [J].丹东海工,2012(1):68-69.
② 习近平.高举中国特色社会主义伟大旗帜 为全面建设社会主义现代化国家而团结奋斗——在中国共产党第二十次全国代表大会上的报告[N].人民日报,2022-10-26.

神,应该植根于中华优秀传统文化,积极探索中华优秀文化传承创新的新模式,不断提升文化软实力,增强中华优秀传统文化的国际影响力,为推动人类社会的文明和进步做出应有的贡献。作为民族优秀传统文化的坚守者,大学在传承、弘扬优秀民族文化方面有着自身的明显优势,应当主动规划,积极在实践中推进落实,树立"和而不同"的理念,增强民族文化自信,强化中华优秀传统文化教育。

(三) 实现通识教育与专业教育的有机融合

作为人格养成的通识教育,不仅指在学科领域和专业领域的教育,更是"为人"和"为学"的教育。通识教育成为培育大学人文精神的重要途径。通识教育以"人格养成"为本,即以"精神成人"而非"专业成才"为本,亦即立德树人,以人的道德认知、情感体验、理想信念、行为养成为本,着力把学生培养成为有社会担当、有人文情怀、有科学精神、有国际视野的全面发展的人。通识教育的实质是通过科学知识与人文知识的相互渗透,塑造学生的专业素养和人文素养,实现学生的和谐发展。作为让人成为"有用的人"的专业教育,是人的理性不可缺少的组成部分。如果说通识教育是手段,专业教育则是目的。但是,专业教育容易使人的发展趋向单一片面,甚至使人成为局限在过于狭窄的专业领域中的工作机器。陶冶大学人文精神,应以专业教育促进通识教育,以通识教育服务专业教育,并实现二者的有机融合。大学教育中不能存在两个完全分离的教育壁垒,通识教育与专业教育之间应围绕"培养什么样的人"进行有机融合,形成向心力和聚合力,共同实现人的全面发展。

(四) 实现科学教育与人文教育的深度融合

纵观教育思想的发展和演变历史,可以看出科学教育与人文教育经历了"融合—分化—再融合"的历程。科学教育是一种崇尚理性的实用主义教育,其目的是求真;而人文教育是一种价值内化的生命主义教育,其目的是向善、创美。二者反映了大学教育不同的价值和使命,是大学教育的一体两翼,二者彼此作用、相互生发、不可偏废,共同推动人的全面发展。实施科学教育与人文教育的深度融合,是陶冶大学人文精神的基本路向。

科学教育与人文教育深度融合,是大学教育发展的内在要求。首先,体现在大学的人才培养目标上。大学应将培养科学精神的要求与人文精神的要求共同纳入专业培养目标,具体规定各专业所需培养人才的基本要求和规格。以通识教育课程为基础构建与专业培养目标相关的科学教育和人文教育课程体系,凸显通识课程对提高学生的创新精神和创造能力的重要作用,加大综合性课程、跨学科课程、研究性课程及活动课程的比例,增加选修课,使学生在学习科学知识的过程中积累丰富的人文素养。其次,应不断强化通识教育。通识教育是指面向学科背景各异的所有学生开展的、致力于教育对象知识结构优化、能力提升和精神健康成长的非专业教育,它具有非专业性、非功利性等特征,是科学教育与人文教育相融合的重要载体。通识教育的实质是通过科学知识与人文知识的相互渗透,塑造学生的专业素质和人文素养,实现学生的和谐和全面发展。通过强化通识教育,在很大程度上能够弥补现代大学专业教育在人才培养上的不足。

(五) 营造充盈人文精神的校园文化

唐代诗人常建在《题破山寺后禅院》中云:"山光悦鸟性,潭影空人心。"徜徉在大学校园,与文人为伴,与书香同行,视野开阔,心灵醇化。"大学的历史和现实,大学的每一活动机制,教师的一言一行渗透着浓厚的人文教育,滋养着学生的诚信、仁爱、自律、责任等现代人文素养,激发着学生自主学习、独立思考、勇于创新的自由本质。"[①]正可谓是"蓬生麻中,不扶自直",校园文化具有"润物细无声"的育人力量。校园文化是大学历史发展的产物,是大学师生

---

① 岳阳.从软实力角度看大学校园文化建设[J].理论观察,2008(5):108.

在特定环境中所创造的一种与社会发展密切相关,同时具有校本特色的人文氛围、校园精神和生存环境。校园文化是一种无形的课程资源,它以其个性化的校园精神影响着大学生的个性发展。

营造充盈人文精神的校园文化,一要重视具有人文气息的校园物质文化。大学校园里的一尊雕塑、一幅壁画、一株花草,都能体现大学的审美理想和审美品位,传达人文情怀,体现"文以载道"的精神,陶冶大学人的情操,激发大学人的审美情趣,凝聚丰厚的文化底蕴,传达深厚的人文精神,彰显育人的功能。正如斯坦福大学首任校长戴维·斯塔·乔丹(David Starr Jordan)在开学典礼上所说,学校的这些建筑长廊连同它们的华贵的圆柱,也将会对学生的教育培养起到积极的作用。其每一块砌墙的石头,必定会给学生以美和真的感染熏陶。二要重视具有人文气息的精神文化。校园精神文化渗透在大学的教风、学风、校风、校训等方面,可谓无处不有、无时不在。正如林语堂所说:"文章有味,大学亦有味。味各不同,皆由历史沿袭风气之所造成,浸润熏陶其中者,逐染其中气味。"①营造充盈人文精神的校园文化,就是要在校园内营造和谐的氛围,处处体现出人文关怀,把校园精神文化注入每一位大学人的灵魂深处,支撑大学人的精神世界,重铸大学人的理念、情感和灵魂。三要重视打造具有人文气息的校园网络文化。伴随着信息技术与教育的深度融合,网络文化在改变着大学生学习和生活的方式方法,影响着大学生的人文精神世界。校园网络文化有利于知识的掌握、理解和深化,有利于整合各种文化,有利于提高大学生的交往能力,丰富大学生的精神文化生活。但是,也不能忽视校园网络文化给人带来的价值取向紊乱、非智力因素弱化、人际交往困难、个性发展受阻等问题。大学理应趋利避害、因势利导,搭建彰显人文精神的网络文化平台。要把握网络文化主旋律,努力营造健康向上的网络文化氛围,尽量为大学生提供健康向上的网上生活空间。要通过网络平台,

①　林语堂.林语堂集[M].广州:花城出版社,2007:238.

创造积极向上的学习氛围,提高大学生的学习的主动性,体现大学生学习的主体性。要开展丰富多彩的网络文化活动,提高大学生的网络文化素养。如举办网络知识竞赛、网络创意、页面设计、个人网站建立、软件设计等活动,将网络文化与校园文化紧密结合,使大学生真切感受充满挑战和机遇的网络世界,激发大学生的创新精神和创造能力。要引导学生选择适当的交往方式,把握好交往方式的适宜性,做到理性交往、适度交往,通过交往加深友谊、促进学习、提升素养。

第三节　大学学术自由精神

学术自由精神是大学生机和活力的象征,是世界各国大学矢志不渝的理想追求。在走向高等教育现代化的征程中,作为社会复杂系统下的大学组织,其教育职责和社会服务职能不断深化、拓展,我国大学如何在服务社会的同时,又能保持自己的独立品格,以学术自由精神实现大学的高质量发展,更好服务国家战略需求,正成为高等教育必须关注的理论命题和时代使命。

一、大学学术自由精神的释义

中国著名作家汪曾祺在《新校舍》中写道:"有一位曾在西南联大任教的作家教授在美国讲学。美国人问他:西南联大八年,设备条件那么差,教授、学生生活那样苦,为什么能出那样多人才? 这位作家回答了两个字:自由。"[①]学术自由既是大学精神的精髓之所在,也是大学精神产生和发展的根基。

---

① 王善勇.从西南联大看大学的"自由"[N].中国科学报,2020-05-19.

（一）大学学术自由精神的意涵

大学的学术自由精神，最早可以追溯到 1575 年 2 月 8 日荷兰莱顿大学（Leiden University）的创立。莱顿大学作为欧洲学术声誉最高的综合性大学之一，秉承"自由之棱堡"的校训，成为欧洲最早实践宗教和信仰自由的大学之一。其开放包容的治校精神，吸引了无数顶尖国际学者慕名前往，在自由学术环境中潜心治学，这使莱顿大学一度成为欧洲科学人文中心。1809 年，柏林大学将学术自由作为办学的基本宗旨之一，柏林大学创始人洪堡认为，自由是教育的"第一个不可缺少的条件"，学术活动是一种精神活动，"精神活动需要必然的自由和不受干扰"，若是国家过分干涉则会限制人的才能的充分发展。因此，柏林大学创建伊始，就强调大学的学术自由并成为大学的治校理念，"对于确保大学在高等教育机构中充分发挥其特殊作用至关重要。这并非有关机构或学术界人士的特权，而是大学完成自身使命和履行国家职责的先决条件"。① 1819 年，美国第三任总统托马斯·杰斐逊（Thomas Jefferson）在弗吉尼亚州立大学成立时宣示：新大学以人类思想不可限制的自由为基础，自由精神理应成为大学存在和发展的基本精神。

"大学自由精神，既包括某一所大学的个体自由，又包括作为大学群体的高等教育共同体的集体自由。作为个体的大学，一定的象牙塔品质是必要的；作为整体的高等教育共同体，则必须走出象牙塔，积极服务社会。要解决现代大学探索学术与适应社会之间的基本矛盾，使大学在办学过程中努力实现'个体自由'与'集体自由'的辩证统一。"② 这种自由，是在自愿履行社会责任、自觉涵养自律品质基础上的自由，而不是随心所欲的极端自由主义。

学术自由，是大学最高准则之一，正如德国著名哲学家约翰·歌特利勃费希特（Johann Gottlieb Fichte）所认为，学术自由是教师在专业上享有自由

---

① ［英］尤斯廷·P.托伦斯.学术自由与大学自治[J].杨红,译.教育展望,1999(3):47-48.
② 刘振天,刘理,赖静,等.论高校教学评估与大学自由精神[J].清华大学教育研究,2008(1):102.

探讨、发现、出版、传授在各自专业领域内所发现的真理的权利,并且这种自由不受任何限制,也不听从任何权威的指挥,任何政治的、党派的、社会的舆论都不得加以干涉。[①] 就其本原含义而言,学术自由包括两个层次的含义:一是指言论自由,或曰研究自由;二是指教育过程中的教学自由,包括"教的自由"和"学的自由"两个方面。概言之,所谓学术自由,是指在学术研究的过程中,不受外界的压力和牵扰,从而客观、自主、潜心地进行创造性思考、研究和交流。这里的"学术",是广义的,包括有关教学、科研及一切探索真理的活动。这里的"自由",又是相对的,是学术权利与社会责任的有机统一。[②] 可以说,学术自由是大学探究高深学问的根基。

(二) 大学学术自由精神的哲学基础

20 世纪 60 年代,美国高等教育由二战后的"黄金时代"进入到"艰难时期"。从表面上来看,由于越南战争、人权运动等事件接连爆发,美国的学术界也受到了影响,用莎士比亚的话来描述这一时期的美国高等教育现状,称其为学术界"大为不满的冬天"。学生们先于教授开始怀疑高等教育的可靠性,进而开始怀疑在法律上高等教育是否有必要存在,出现了高等教育的"本体危机",甚至认为出现了高等教育"合法性危机"。当代美国哲学家约翰·布鲁贝克"把高等教育哲学作为一个整体来处理",从高等教育的本体论基础——"认识论"和"政治论"加以论述,不断厘清高等教育的内部逻辑及其与外延功能的矛盾,并试图将二者整合以实现高等教育的自身价值和社会价值。布鲁贝克认为:"在 20 世纪,大学确立它的地位的主要途径有两种,即存在着两种主要的高等教育哲学,一种哲学主要以认识论为基础,另一种哲学则以政治论为基础。强调认识论的人,在他们的高等教育哲学中趋向于把以'闲逸的好奇'精神追求知识作为目的……第一种高等教育哲学是政治论的。

---

① 朴雪涛,王怀宇.大学制度创新与中国研究型大学建设[M].北京:光明日报出版社,2007:13.
② 韩延明.当代大学学术自由的理性沉思[J].教育研究,2006(2):16.

按照这种观点,人们探讨深奥的知识不仅出于闲逸的好奇,而且还因为它对国家有着深远影响。"①

　　认识论的高等教育哲学以纽曼、洪堡、赫钦斯等人为代表,认为高等教育对高深知识的探究是以"闲逸的好奇"精神追求作为目的,是为学术而学术的。正如罗伯特·赫钦斯(Robert Maynard Hutchins)所言,大学是独立思想中心。如果大学不是这样的,那么它将失败。除非大学认真地把独立思想中心作为自己的使命,否则就没有希望。② 政治论的高等教育哲学以胡克、科尔为代表,认为大学探究深奥知识不仅出于"闲逸的好奇",而且还因为它对国家有着深远的影响,是为国家而学术的,必须介入社会、关注现实,否则就失去了存在的合法性。不论是从高等教育面临的种种现实问题,还是从学科研究自身的逻辑来说,布鲁贝克提出的认识论的高等教育哲学和政治论的高等教育哲学及其思考,为我们研究大学的学术自由精神提供了重要的哲学基础。

二、大学学术自由精神的界限

　　马克思主义认为,人的本质属性首先在于他的社会性,处在一定社会关系中的人,无不受到现实社会关系、社会条件和物质基础的制约和影响,因此,离开人的社会性来谈论个人自由或设想某种自由状态,实际上是一种抽象的、空想的自由。作为社会系统中的大学,其学术自由精神也无不受到现实社会关系、社会条件和物质基础的制约和影响。

(一) 大学学术自由精神的相对性

　　学术自由精神是大学精神的核心,理应受到尊重和保护,因为大学不是

---

① ［美］约翰·S.布鲁贝克.高等教育哲学[M].王承绪,等译.杭州:浙江教育出版社,2001:13.
② ［美］罗伯特·M.赫钦斯.民主社会中教育上的冲突[M].陆有铨,译.台北:桂冠图书股份有限公司,1994:8.

完全独立于社会之外的孤岛,总是要与其存在的社会的政治、经济、文化、历史、宗教等发生各种各样的联系,自然要受到社会的政治、经济、文化、历史、宗教等因素的制约。正如英国哲学家、观念史学家以赛亚·伯林(Isaiah Berlin)所认为:"一个人或一个民族在多大程度上有如其所愿地选择自己生活的自由,必须与其他多种价值的要求放在一起进行衡量;平等、公正、幸福、安全或公共秩序,也许是其中最明显的例子。因为这个原因,自由不可能是不受限制的。"①也就是说,学术自由作为一种大学精神,是促进学术发展和繁荣的有力武器,大学决不能放弃。但是,教育的外部关系规律又使学术自由无法超越政治和摆脱控制,学术自由只能是保持自由的基本精神,有一定限度和制约的相对的自由,而且大学还必须审慎使用这种自由,否则,便可能遭受挫折或受到抑制。因为古今中外,没有一种学术体制可以完全脱离社会而靠自身发展起来,现代大学更是早已与瞬息万变的社会生活融为一体。②

(二) 大学学术自由精神与大学责任的统一性

古罗马时期著名的哲学家爱比克泰德(Epictetus)有句名言:"真正的自由对我们是有所要求的。要去发现、理解我们与他人的基本关系,并热忱地履行我们的职责。只有这样,才有可能获得所有人都渴望的自由。"大学的自由精神与大学的责任本是相辅相成不可分割的整体。就大学学术活动的整体而言,必须对社会负责,只有当大学整体的学术活动能有利于社会的文明和进步,这种自由才是负责任的自由。大学的自由精神与大学的责任犹如一个硬币的两面,自由精神在彰显自由的探究精神的同时,又蕴含着一份社会的责任、规范、自律和义务。伴随着高等教育日益融入经济社会的中心,学术自由精神不仅仅是一个理论问题,更是一个实践问题。从具体层面来说,社会的政治、经济、文化、历史等因素在一定程度上影响着大学自由精神的实

---

① [英]以赛亚·伯林.自由论[M].胡传胜,译.南京:译林出版社,2003:243.
② 韩延明.当代大学学术自由的理性沉思[J].教育研究,2006(2):17.

现,但同时又成为实现自由精神的条件。大学应自觉地在价值观念上努力与国家、社会保持一致,用大学的智力资源主动地为社会承担更多的义务和责任。大学还要采取各种有效举措珍视和维护学术自由,坚持服务国家重大战略,把握学术自由的"度",确定学术自由的准则,创设良好的学术生态环境,避免学术行政官僚化等。

(三) 大学学术自由精神与大学规训的相融性

法国哲学家、社会思想家米歇尔·福柯(Michel Foucault)认为,学校是现代社会发展起来的一种规训机构。"规训'造就'个人。这是一种把个人既视为操练对象又视为操练工具的权力的特殊技术……规训权力的成功无疑应归因于使用了简单的手段:层级监视,规范化裁决以及它们在该权力特有的程序——检查——中的组合。"①据此,我们可以认为大学作为一种规训机构,不受限制的无界限的自由精神是不存在的,大学的规训和教化与大学自由精神具有相融性。

大学的规训是大学历史发展的产物,是大学进行科学治理、实现可持续发展的基础和保障。大学的规训与学术自由精神不仅不相矛盾,而且恰恰是大学学术自由精神的基础和前提条件。离开一定的规训,学术自由精神只不过是人们美好的主观愿望而已,其受到国家政治、经济、文化、历史、宗教等因素的制约。我们必须从其所处社会的政治、经济、文化、历史、宗教的整体中去认识和定位,并置身于大学主体社会性、历史性的现实实践关系中进行综合考量。

大学的规训以管理制度的形式表现出来,体现国家对高等教育的具体要求,依循高等教育的发展规律,符合大学生身心发展规律,在大学内部成为大学自由精神的一道界限。大学作为一种学术机构,为确保大学内部秩序的规范运

---

① [法]米歇尔·福柯.规训与惩罚:监狱的诞生[M].刘北成,杨远婴,译.北京:生活·读书·新知三联书店,2003:193-194.

行,离不开能够涵盖教育教学各方面和各环节的行为规范体系,这些基本规范为大学整体办学行为提供了行动指南并划定了一个边界。在这一界限内,"大学人"作为"教育者"或是"受教育者"而存在,这就决定了"大学人"的活动是一种社会活动,这种社会活动自然要受到社会的生产力发展水平,社会的政治、经济、文化、历史、宗教等因素的制约。具体而言,作为"教育者"而存在的"大学人",其教育教学行为则应体现国家意志,遵循教育教学规律和大学生身心发展规律,完成立德树人根本任务;作为"受教育者"而存在的"大学人",其学习行为则是在教育者引导下的具有控制性行为,自然会受到大学各种规章制度的制约。"教育者"与"受教育者"的互动过程体现着大学的精神要素,共同促使大学的教育教学秩序得以建构,大学的权利得以实施。大学规训既是保证大学教育教学活动健康运行的必要条件,也是按照高等教育内外部发展规律办学的基本前提,成为大学学术自由精神生长的基础。

当然,我们也应认识到,大学规训不同于一般社会组织的规范和制度。一是大学目标的模糊性。正如伯顿·克拉克所认为:"由于高等教育的任务既是知识密集型又是知识广博型的,因此很难陈述综合大学和学院的目的,更不用说一个国家的高等教育系统的目的了……学术和教育是为了自身的理由还是为了国家的利益? 学校应培养统治人才还是训练普通老百姓? 是应该满足学生的需要还是人力规划的需求,或两者都不是?"①与一般社会组织目标的明确性相比较,大学组织目标体现出明显的模糊性,使得其发展所面临的环境具有不确定性。二是大学的学术性。大学在本质上是一个学术组织,学术性决定了大学的教育教学工作是一种有规则的探究性活动,而非随意性较大的一般社会活动。三是不同类型和层次的大学,由于其办学历史和发展环境不同,办学理念和人才培养目标不同,因而对其教育教学工作的要求也体现出特殊性。

---

① [美]伯顿·R.克拉克.高等教育系统——学术组织的跨国研究[M].王承绪,等译.杭州:杭州大学出版社,1994:18.

三、大学学术自由精神的守护

学术自由精神是知识创造的前提条件,是大学发展的目的性价值。作为高等教育工作者,要深刻认识到大学在经济社会发展过程中的独特地位,自觉将学术自由精神置于新时代的坐标系上理性认识,从反思自由精神的伦理限度、推进教授治学、建立自由精神取向的大学制度等方面着手,守护大学的学术自由精神,推动高等教育的高质量发展。

(一)反思学术自由精神的伦理限度

大学的学术自由具有社会属性,是相对意义上的自由,它并非减少大学研究工作的义务和边界,也不包含"摆脱""逃离"等否定性的独立价值,而是指引入公共责任的一种主动引领社会价值和自主践行学术使命的积极自由。因此,大学的学术自由精神需合乎其责任的伦理限度,即道德责任、社会责任、育人责任和学术责任,并从制度规范和研究者自身两个方面加以落实。

第一,大学应以制度规范作为学术自由精神的伦理底线。大学制度规范是依据教育的本质属性及其发展规律而制定的有关大学活动的基本准则,它作为一种外在的、强制性的约束力量,能够规范大学内部的行为秩序,规约和惩处各种不良行为,进而能够更好地厘清大学学术自由的边界,实现学术自由与学术责任的一致性。教育内在的规范之需,既为学术自由划定了边界,又是学术自由精神生长的土壤。① 因此,学术自由精神的实现需满足学术自由与学术责任的伦理统一,只有在合理的制度规范内,才能保证学术自由精神更好地实现。

第二,学术主体应将制度规范内化为自己的行为律令。行为主体的学术

---

① 高校教学评估理论与实践课题组,刘振天,刘理等.论高校教学评估与大学自由精神[J].清华大学教育研究,2008(1):101.

自由基于其自觉选择、自主活动的意志能力。因此,学术主体只有理性地对待外在要求,将以制度规范的公共责任内化为自身的行为自觉,并能够自主自愿地在各种可能性中进行合乎责任的学术活动时,学术自由精神才能得以真正实现。这就要求学术主体应具有自觉自愿践行道德责任的态度、积极探寻知识的求索精神、专心育人的教学热情以及关注和解决社会问题的公共使命感。总之,学术自由精神是学术主体自身的内在品质,如果学术主体将外部的责任作为一种束缚、压迫和阻碍,不能自觉遵守制度规范、自愿践行公共责任,不能认识到两者之间内在的统一性,则无法实现真正意义上的学术自由。

(二) 推进"教授治学"

教师是大学学术自由精神的主体,而教授又是主体中的重心,是一所大学学术成就的标志。学术自由精神是教授治学的内在要求,而推进教授治学是培育学术自由精神的重要举措。

第一,明晰教授治学的定性和定位。教授治学是教授天然的品格,是大学发展的内在逻辑要求,是大学提高管理水平和学术质量的客观需要,是现代大学制度建设的重要基石。正如布鲁贝克所言:"教师就应该广泛控制学术活动。由于他们最清楚高深学问的内容,因此他们最有资格决定应该开设哪些科目以及如何讲授。此外,教师还应该决定谁最有资格学习高深学问(招生)、谁已经掌握了知识(考试)并应该获得学位毕业要求。更显而易见的是,教师比其他人更清楚地知道谁有资格成为教授。"①教授治学,作为世界大学管理的历史传统和办学理念,作为现代大学内部的一种有效治理模式,是指以教授为代表的教师群体积极参与高校的人才培养、学科发展、学术研究与学风建设等活动。"教授治学"的首要任务是"治教学"、重要任务是"治学科"、必要任务是"治学术"、紧要任务是"治学风"。② 它与党委领导、校长治校

---

① [美]约翰·S.布鲁贝克.高等教育哲学[M].王承绪,等译.杭州:浙江教育出版社,2001:31-32.
② 韩延明.论"教授治学"[J].教育研究,2011(12):41-42.

构成大学内部治理结构的一个有机整体,共同推进大学的和谐发展。教授治学既是一种秉承学术传统与学术标准、以促进学术发展为基本原则的治理方式,也是现代大学制度建设的题中应有之义。

第二,优化教授治学的政策。教授治学的政策的制定应确保科学性,能够符合人才成长规律,反映教授治学的本质特征,坚持以教授为本,为教授治学提供可靠的制度保障。同时,政策的制定应该有前瞻性,既要反映当今高等教育的发展要求、体现社会的根本需求,更要着眼未来,切忌朝令夕改。此外,应该确保政策的长效性和延续性。大学是遗传和环境的产物,具有高度的历史继承性。大学的政策是一所大学办学理念的具体体现,大学的政策理应服务于大学的办学理念。而理念是基于现实又高于现实的,是一种理想追求,并不是在短期内就能实现的,这就要求政策必须具有长效性和延续性。这也是一所大学健康发展的基本要求。我们知道,哈佛大学创建早期(初为"新市民学院",后改为"哈佛学院")便立下一个规矩:哈佛的毕业生不能直接留校任教,所有在哈佛的大学教授必须直接给学生上课。这些规矩一直延续至今。这或许就是"哈佛"之所以成为"哈佛"的重要理由。确保政策的长效性和连续性,还应体现政治责任、行政责任、法律责任和道义责任,坚持政策的核心价值取向,确保大学的可持续发展。

第三,形成教授治学的文化认同。美国经济史学家道格拉斯·诺斯(Douglass C.North)指出:"在任何高度复杂的组织中,要想使任何决策得以贯彻执行,必须调动各个层次的人员。只有他们的决心、他们的积极性和他们的认可(总之,避免他们的消极抵抗)才能决定一项决策能否及时得以贯彻。"[①]教授治学乃是教授群体的生活方式、行为模式、价值观念、思维方式、情感表达方式等。文化认同教授治学主要包括群体认同和自我认同两个方面。群体认同主要是指行政主管部门对教授治学的认同,直接关系到制定什么样

---

① [美]菲利克斯·A.尼格罗,[美]劳埃德·G.尼格罗.公共行政学简明教程[M].郭晓来,等译.北京:中共中央党校出版社,1997:158.

的政策法规；自我认同主要是指教授群体对治学行为的自我肯定，直接决定着治学的效能。文化认同教授治学的关键是如何正确处理好学术权力与行政权力的关系，充分发挥教授的学术权力，凡是关涉大学发展的教学、学术等重大问题的改革，应当充分尊重教师的核心利益，充分发挥教师的主观能动性，建立健全"教授委员会""学术委员会"等学术机构，使教授在学校重大问题上有知情权、话语权、决策权、监督权。

(三) 构建学术自由精神取向的大学制度

大学作为社会组织机构，受到政府、社会以及学校内部行政部门的制约。但大学作为学术自治机构，以"探究高深知识"为己任，应拥有学术自由精神。因此，我国大学应平衡学术自由与学术秩序之间的张力，在政府、社会和自身的制度变革中实现学术自由。

在政府层面，政府应通过不断简政放权、完善法律法规、提供资源保障等行政手段来守护大学的学术自由精神。第一，政府应简政放权，转变管理职能，避免过度干预，不断扩大高校办学自主权，在大学管理过程中，做教育事业发展的规划者和协调者，为学术自由提供保障。第二，政府应通过完善法律法规规范大学学术自由的发展。现代大学制度的建构如果离开了专门的法律法规的保障就谈不上学术自由精神。政府应结合中国大学的发展实际，制定专门的法律法规守护大学的学术自由精神。第三，政府应提供资源保障。经济基础是实现学术自由精神的物质前提，大学的学术自由只有在资源保障的条件下才能真正实现。政府应不断加大投入力度，为学术自由精神的守护提供资源保障。

在社会层面，大学应理性处理好与社会的关系。守护大学的学术自由精神，既需要社会的支持，又要遏制社会的过度干预。大学的发展自然要受到社会的政治、经济、文化的制约，但大学作为一种根据培养人的目的而建构起来的组织环境,这种环境显然不是被动地反映社会现实。① 因此,大学既关注和参与社会,又要与社会保持适当的距离,保持其自身的相对独立地位,为社会的发展提供更多新的有益的可能。这样大学才能以一种清醒的力量,实时给社会注入清流。② 此外,大学还应该重视和保护学术主体作为社会"发言人"的身份,允许他们在重大教育问题上和公共政策方面公开表态,就有争议的问题自由发表言论。只有这样,才能促进他们在公共利益方面的作为,才能发挥学术主体服务社会的更长久的引领价值。

在大学层面,大学应理性处理好学术权力与行政权力之间的关系。在管理制度上,改变硬性管理制度和科层化的管理模式,促进行政人员与学术主体之间的沟通与协作,促使学术主体在被信任的基础上承担起优化行政部门职能的责任。在法律上,切实落实《中华人民共和国高等教育法》等法律法规的有关精神,确保学术职能机构及其人员充分行使管理权限,建立起自我调节机制,更好地调动广大教学、科研人员的积极性和主动性。在管理体制上,明确行政部门的管理边界,促进民主管理,防止不合理的干涉行为,切实改变"行政化"的管理模式,设立符合学术特点的、遵循学术发展规律的组织模式。

第四节　大学批判精神

高等教育要完成"对整个社会可持续发展和进步的促进作用",就必须"通过不断对新出现的社会、经济、文化和政治趋势进行分析,加强自己的批判性和前瞻性功能,成为预测、报警和预防的中心"。③ 正如美国著名教育批

---

① 高校教学评估理论与实践课题组,刘振天,刘理等.论高校教学评估与大学自由精神[J].清华大学教育研究,2008(1):102.
② 肖海涛.论大学的学术责任与学术自由[J].高等教育研究,2000(6):99.
③ 朱清时.21世纪高等教育改革与发展[M].北京:高等教育出版社,2002:7.

评家亚伯拉罕·弗莱克斯纳所指出的："大学不是风向标，不能什么流行就迎合什么。大学应不时满足社会的需要，而不是它的欲望。"①在高等教育现代化的进程中，大学如何在服务社会的同时，又能保持自己的独立品格，以批判精神来推动社会的发展，正成为高等教育工作者必须关注的重要命题。就此而言，现代大学不仅应尽量适应社会、服务社会，还应尽力导引社会、推动社会，这就要求大学教师应以敏锐的眼光观察社会并富于批判精神和革新意识。②

一、大学批判精神的释义

20 世纪上半叶，浙江大学校长竺可桢在战时西迁途中对学生说："大学犹之海上之灯塔，吾人不能于此时降落道德之标准也。诸生在校尤应切记，异日逢有作弊之机会是否能涅而不缁、磨而不磷，此乃现代教育之试金石也。"③大学之所以能够"涅而不缁、磨而不磷"，重在其批判精神的彰显。

大学批判精神是指大学坚持以真理为标准，对其所处的环境进行审视、省察、修正和引导的内在倾向和行为规范。大学"具有一种强烈而严肃的使命，这就是思考。大学是独立思想的中心，既然它是一个思想中心，一个独立思想的中心，那么它也是一个批判的中心"。④ 批判精神表现为大学承担反省与引导社会发展的责任，体现着大学对社会存在价值和发展方式的思考，又以价值观念和行为规范影响着社会的行为，显示着大学不同于其他社会机构的品质特征。大学应当是捍卫真实社会的良知，大学必须具有这种批判精

① ［美］亚伯拉罕·弗莱克斯纳.现代大学论——美英德大学研究［M］.徐辉，陈晓菲，译.杭州：浙江教育出版社，2001：3.

② 韩延明.当代大学学术自由的理性沉思［J］.教育研究，2006(2)：19.

③ 竺可桢.竺可桢日记(第 2 卷)［M］.北京：人民出版社，1984：840.

④ ［美］罗伯特·M.赫钦斯.民主社会中教育上的冲突［M］.陆有铨，译.台北：桂冠图书股份有限公司，1994：8.

神。正如美国著名教育家赫钦斯说："如果在一所大学里听不到与众不同的意见，或者它默默无闻地隐没于社会环境中，我们就可以认为这所大学没有尽到它的职责。"①为了尽到大学的这种职责，大学理应以批判的眼光审视和反思社会现实，倡导正确的价值观，实现自我超越与发展。

首先，大学批判精神推动着大学对高深知识的探索。关于什么是高深知识，布鲁贝克认为："高等教育与中等、初等教育的主要差别在于教材的不同：高等教育研究高深的学问。在某种意义上，所谓'高深'只是程度的不同。但在另一种意义上，这种程度在教育体系的上层是如此突出，以致使它成为一种不同的性质。教育阶梯的顶层所关注的是深奥的学问。"②伯顿·克拉克（Burton R. Clark）则从外在和内在两个方面，勾画出高深知识的外在特征和内在特征。从外在特征看，高深知识是知识中比较深奥的一部分，是专门化和系统化的知识；从内在特征看，高深知识具有复杂性、有序性和变动性。综合布鲁贝克和克拉克的观点，高深知识处于知识结构的顶端，是深奥的、专门化的系统知识，具有相对性。大学是研究高深知识的场所，大学以高深知识为旨归，对高深知识探索的过程就是对现有知识加以分析、批判的过程。只有通过批判精神，才能推动对知识的探究，催生知识更新的动力，才能保持高深知识"苟日新、日日新、又日新"的生机和活力。

其次，大学批判精神推动着大学对真理的追求。追求真理需要持久而专注地甄别错误认识、错误方法和错误理论，这都要求学者批判性地看待既有知识和理论体系，以动态和发展的姿态审视既有知识的局限性，探讨复杂环境下真理的适切空间。但是追求真理异常艰难，因为真理总是无法精准捕捉，它们会不断变换形式和外衣，借助某些不露本体的幻象来干扰我们。真理的标准和存在的合理性并非一成不变，而是在人类认识能力不断提升和实践环境逐渐真切的背景下不断修订和完善。这就决定了批判性地看待知识

---

① ［美］约翰·S.布鲁贝克.高等教育哲学［M］.王承绪，等译.杭州：浙江教育出版社，2001：45.
② ［美］约翰·S.布鲁贝克.高等教育哲学［M］.王承绪，等译.杭州：浙江教育出版社，2001：2.

及其合理限度对探求真知非常重要,否则人类对真理的认识和探索便会停滞,逐步走向故步自封的绝境。

再次,大学批判精神推动着大学文化的发展。"大学文化最重要的体现为大学的基本定位。大学本身是一个学术性机构,或者说它是一个知识传授和教学的机构。但从人才培养的基本含义而言,大学最根本的定位仍然是一个文化机构。"①大学作为一个文化机构,大学文化的建设和发展自然要受到社会的政治、经济以及大学自身的办学历史、办学条件等因素的制约。大学文化是一种追求真理、崇尚学术、严谨求实、培育人才的文化,育人功能是大学文化的本体功能。推动大学文化发展、强化大学文化育人功能,必须亮化大学精神文化、融合大学多元文化、彰显大学特色文化、规范大学制度文化、建设大学校园文化。②

最后,大学文化的不断建设和发展,离不开批判精神的参与。大学文化只有经历了真正的怀疑和批判才能有真正的建设和发展,只有经得起理性的怀疑和批判的大学文化才是有真正生命力的文化。大学批判精神是大学文化建设和发展的源泉,特别是在全球化时代,高等教育面向多元文化背景下,更离不开大学犀利而严谨、激烈而理智的批判。如果大学对自身和社会中的不良现象、文化观念和错误风气缺少批判性审视与文化性引领,大学也就丧失了自身存在和持久影响公众心智的必要性。一方面,大学批判精神能够选择和提升大学文化。可以使大学文化的内涵得以取其精华、去其糟粕,摒弃不良的文化,以达到大学文化的不断发展和完善。特别是在多元文化背景下,大学文化要面对传统与现代、东方与西方等多元文化的冲击,更离不开批判精神的参与。另一方面,大学批判精神能够更新和创造大学文化,不断激发出新的文化内容,焕发大学文化的生机和活力。

---

①　谢维和.大学是一个文化机构[N].光明日报,2014-10-20.
②　韩延明.强化大学文化育人功能[J].教育研究,2009(4):91-93.

二、大学批判精神的式微

在高等教育面向市场背景下,大学那种探究高深知识、追求客观真理、坚守社会道义、守护道德良知的精神已渐行渐远,大学的批判精神日渐式微已成为一个不争的事实。

(一) 高等教育面向市场经济背景下,学术资本主义盛行

高等教育受到市场全球化的重大影响,呈现出企业化、商业化和市场化的发展趋势,在大学产生了一种新兴的关系形态——学术资本主义,美国学者希拉·斯劳特(Sheila Slaughter)和拉里·莱斯利(Larry L. Leslie)将其定义为一种院校及其教师为确保外部资金的市场活动或具有市场特点的活动。[①] 学术资本主义的出现,使得大学利用所拥有的学术资本,服务于自身所处的大学、合作的企业以及更广泛的社会各阶层,大学正卷入学术资本主义之中。学术资本主义在拓展了大学服务功能的同时,也不可避免地冲击到大学的批判精神。一方面,高等教育领域的市场化转向预设这样的认识,即办学市场化能改进教学质量、增强科研水平、加快学术成果转化成效,有助于增进大学办学使命的达成,特别是在经费缺口不断扩大而经费拨付额度有限的背景下,越来越多的大学开始思考营利性问题,试图凭借知识资本参与市场活动。但是由于缺少对自我使命的精准而稳定的坚守,导致自身陷入学术资本主义编织的"牢笼",成为丧失批判精神的"公司大学"[②]。另一方面,在信息时代,大学教师逐渐从知识权威者向知识阐释者转型。从"权威者"到"阐释者"的转型,意味着学者从"知识与权力"的共生关系转向了分离关系,学者凭

---

① [美]希拉·斯劳特,[美]拉里·莱斯利.学术资本主义:政治、政策和创业型大学[M].梁骁,黎丽,译.北京:北京大学出版社,2008:8.

② [美]埃里克·古尔德.公司文化中的大学[M].吕博,张鹿,译.北京:高等教育出版社,2005:1.

借稀缺性知识以治宰和仲裁社会生活和文化习俗的权力被消解。知识意义感的丧失将知识矮化为专家、专门学者和专业化成员的财产,而非公众的共有财产。[①] 越来越多的教师受到资本裹挟而成为特定利益的发言人,也就丧失了作为独立学者的高贵性和为公共利益代言的社会良知。

(二)高等教育跨越式发展进程中,行政化冲击严重

我国大学长期以来存在着的学术权力与行政权力的失衡,这直接影响到大学批判精神的彰显。毋庸置疑,在推动高等教育内涵式发展和实现高质量发展的语境下,通过"放、管、服"改革以释放高等教育办学自主性正成为趋势。但短期内行政力量过度介入和干扰学术事务的情况仍然存在,借助制度管控、经费监管和绩效考核等方式来管理大学事务的思维惯性也仍然存在。

大学在行政思维的路径依赖模式中,大学治理的权力结构存有失衡:行政力量凭借自身在权力结构上的有利位置,教育资源配置的制度优势,学术议程中的话语权威而获得较大的权力空间,而学术力量则在行政力量的挤压下走向式微。同样,在学术治理具体进程中,制定相关政策和负责监督落实政策执行效果的主体是行政人员而非学术人员,但该政策意图能否贯彻落实下去的实践主体是学术成员,这也就造成了政策制定人与政策执行人的主体错位,进而导致负责制定和监督的人不能实质性地参与政策执行,而负责政策贯彻落实的人则无权对政策运行中的不合理因素予以矫正。更令人担忧的是,当行政逻辑和资本逻辑在大学场域叠加绽放时,本就缺少学术自治传统和学术独立精神的大学及其成员,就更难抵御外部力量的入侵而丧失自身独立性和批判性。

---

① [英]弗兰克·富里迪.知识分子都到哪里去了——对抗 21 世纪的庸人主义[M].戴从容,译.南京:江苏人民出版社,2012:55.

（三）高等教育国际化办学语境下，盲目借鉴域外经验

高等教育国际化发展为建成中国特色、世界高水平的大学奠定了坚实的基础。但在高等教育国际化办学实践中，不少大学缺少文化自信，盲目借鉴其他国家或地区的办学经验和实践模式，大学的批判精神失落，结果导致自身办学特色由于缺乏凝练和巩固而消失殆尽，出现国际化办学千篇一律的问题。

具体而言，可以归纳为：一是盲目追求数量的增长。诸多大学将国际化理解为国际合作项目的增加，师生交换学习人数的增长，以及国际化指标排名的上升等。其结果就是无视高等教育国际化内涵的丰富性而盲目招聘或引入外籍教师，盲目开设所谓国际化课程，盲目招收国际学生等，进而丧失了自身办学的优势。二是多采取单向流动方式。长期以来，诸多大学在国际化办学过程中，缺乏办学自信而多采取吸纳和招收国际学生、引进国际学者、申请国际教育组织的科研项目等方式，反而自身办学特色和资源优势则较少"走出去"。三是办学标准上的盲目趋同。诸多大学盲目借鉴国际上既定的人才培养模式和评价体系，不自觉地利用世界上其他大学的标准来对标自身办学条件。盲目按照这种标准来推动自身国际化发展，势必会遮蔽中国大学扎根本土、服务地方和传递中国声音的办学定位，其结果是丧失了文化自信和办学特色，在趋同化的浪潮中迷失办学方向。实际上，高质量办学的标准应当也必须是扎根本土，削足适履式的做法和心态引发的对自身文化传统和办学实际的怀疑及否定，都存在着某种办学依附性的心态，一流大学的设想也只能流于形式。

三、大学批判精神的重塑

大学历经千年，能够伴随着时代的变迁而不断发展，被视为社会发展的

动力站,很重要的原因就是大学能够坚守批判精神,引导社会的主体价值观,从而引领社会的发展方向。重塑大学的批判精神,不仅需要理智,以大学知识分子的责任对大学的发展进行理性思考;更需要热情,以大学知识分子的良心对大学的发展贡献聪明才智。

(一) 坚持对高深知识的理性探究

"大学是一种传递深奥的知识,分析、批判现存的知识,并探索新的学问领域的特殊机构。"①坚持对高深知识的理性探究是发挥大学批判精神的前提。大学若不能对高深知识进行探究,就失去了批判的权威和能力。

一要强化学术研究的理性品格。大学及其成员要秉持"一切为了真理、为了一切真理、为了真理的一切"而持续奋斗的学术理性,警惕功利主义、消费社会和文凭社会对学术研究动机和信念的异化。大学不仅需要在价值信仰的高度上认同学术研究的批判性和创新性品质,更需要大学自觉能动地践行这种学术研究品性,坚守马克斯·韦伯所倡导的"学术志业"精神,秉持为学术而献身的信念,致力于真理的探求与坚守,构筑以高深知识浸润师生批判人格的文化战线。

二要处理好基础研究与应用研究的关系,使基础研究与应用研究相辅相成。首先,要认识到基础研究的基础性和全局性作用,认识到基础研究在把握学术前沿和学术研究方向上的重要功能,为重大社会问题提供理论支撑和实践导向的科学理路,进而赋予科学事业以动力、方向和神圣性。其次,要正视应用研究在检验理论知识可信度与有效性方面的合理价值,致力于释放知识生产效能以推动经济社会的发展,并借助实践情境推敲理论的适切性与局限性。最后,要推动基础研究与应用研究的融会贯通,既要借助应用研究规避理论研究"过于虚化"的问题,也要借助基础研究规避应用研究"过于务实"

---

① [美]约翰·S.布鲁贝克.高等教育哲学[M].王承绪,等译.杭州:浙江教育出版社,2001:13.

的倾向,进而实现"仰望星空"与"脚踏实地"的有机结合。

三要促进经济社会发展与高深知识探索二者之间的互动共进。首先,大学要立足于高深知识形成的内在逻辑,坚守对高深知识的理性探究,不能仅仅按照经济社会发展的需求做到有求必应。其次,大学要在坚守对高深知识理性探究的同时,服务经济社会的发展。最后,要构建从高深知识到社会发展再回到高深知识的动态微循环,保持知识与社会经济发展的紧密融合。只有这样,大学既能拥有高深知识,以其高深知识服务社会发展,又能够充分发挥其批判精神的功能,引领经济社会的高质量发展。

(二)发挥教师对大学批判精神的导向作用

梅贻琦先生认为:"凡一校精神所在,不仅仅在建筑设备方面之增加,而实在教授之得人。"[①]一方面,大学教师以其所拥有的高深学问,能够对社会问题加以理性思考,形成明辨是非的批判能力。另一方面,大学教师以其独立的人格,摆脱利益集团的狭隘、自私和肤浅化的文化认知和行动模式,进而凭借开放化、民主性和公共性的批判品性,为全体人类社会福祉而奋斗的文化信念,来审视和纠正公共生活中的一切缺陷和不足,进而寻找可能的解决之道。[②]诚如美国著名社会批评家、批判教育学的创始理论家亨利·A.吉鲁(Henry.A. Giroux)所言,作为知识分子,他们必须把反思与行动结合起来,不只关心如何获得个人成就,推动学生沿着职业的阶梯进步,还要关心如何赋予学生以权能,从而使他们能够批判性地观察社会,并具有变革社会的行动能力。[③]

一要培育大学教师以学术为志业的人格特质。要赋予大学教师以自由思考、表达和行动的主体性,释放大学教师作为公共知识分子的道德责任感

① 梅贻琦.大学的意义[M].苏州:古吴轩出版社,2016:10.
② 刘振天.大学社会批判精神的源泉及当代境遇[J].北京大学教育评论,2003(3):62.
③ [美]吉鲁.教师作为知识分子:迈向批判教育学[M].朱红文,译.北京:教育科学出版社,2008:6.

和时代使命感。历史和实践无数次证明,但凡取得不俗学术成就或对人类社会进步产生积极影响的人,无不具有独立之人格、自由之精神和自治之信仰,缺少这种独立人格的支撑,学术研究的崇高性和使命感就会消解。因而培育大学教师的批判精神,培育具有批判性思维的时代新人,必须首先培育大学教师的独立学术人格。

二要强化大学教师的批判精神和学术职业的自主性。在某种程度上,学术职业与其他社会职业的本质区别,在于学术探究的不可规定和不可预期性。按照行政逻辑或市场逻辑来管理或规范学术职业发展的方向和目标,必然会造成学术职业学术性的式微。按照潘懋元先生的理论,学术事业归属"第三部门",既不是按照行政逻辑架构的第一部门,也不是按照资本逻辑配置的第二部门,而是根据学术特性自主运行发展的"第三部门"。因而学术事业的发展需要呵护和强化学术职业的自主性,否则可能会出现在学术沙漠中感怀学术绿洲的情形。

三要涵育大学教师的道德伦理品性和批判自觉。教师道德伦理是一种社会道德形态,是教师在从事教育教学过程中形成的较为稳定的职业道德观念和行为规范的综合,包括教师道德伦理范畴、教师道德伦理原则、教师道德伦理规范等构成要素,其中也包括教师的道德伦理批判精神。[①] 大学教师秉持批判精神,除了需要高深知识外,还需要以道德伦理为精神自觉,以饱含关切之情的人文情怀来陶冶公众心灵。这就要求大学教师评价或审视社会问题时,出于公共利益和公序良俗的立场为普遍利益代言,而非出于特定利益群体的立场揭露社会生活中的问题。大学教师要具备崇高的道德伦理品性,以敏锐观察力和谨慎判断力对社会问题进行纠偏,自觉能动地站在捍卫社会公共性的立场上。

---

① 韩延明.摭论大学教师的"师道"与"师德"[J].中国德育,2007(4):9.

（三）注重培养大学生的批判性思维

现代社会的发展证明，一所大学只对学生进行单一专业的培养已不能满足社会的需要。大学教师的主要工作应是教会学生如何独立思考，要让大学生尤其是本科生具有批判性思维。如此，我们才会拥有创新活力。大学批判精神的培育，离不开批判性思维的参与。这是因为知识创新的过程是对原有知识不断质疑、修正乃至否定的过程。大学实现知识创新，贵在已掌握的知识基础之上加以批判。大学生只有在批判性思维的过程中才能学会"反省的怀疑"和"有根据的判断"。①

培养学生的批判性思维，一要充分发挥学生在学习过程中的主体价值，彰显学生的主体地位。这就要求学生在学习过程中，能够以批判性思维审视、发现和探究知识，变被动的接受性学习为主动的探究性学习，体会发现、探究和创造的乐趣，在合理批判、自由表达观点的基础上表情达意、形成立场，使批判成为一种习惯，继而形成批判思维，从而形成批判精神。二要形成对话型师生关系。国际21世纪教育委员会的报告《教育——财富蕴藏其中》中指出，假如期待我们的学生在毕业后有改变或引领社会发展的品质，并借助一定的方式来适应复杂社会情境的话，我们现行的教育就应当为此付出努力，持续培育学生的责任意识和批判创新品质，并将这种品质的培育与教师的学术事务紧密联系起来。② 形成对话型师生关系，教师在教学过程中应是"平等者中的首席"，成为与学生进行平等的批判型对话的伙伴，成为学生自我发现、自我思考的引导者，成为学生学习的促进者、帮助者、同行者。三要积极构建勇于批判、乐于批判、善于批评的学习氛围，使学生充分体验到与教师之间、与同学之间以及与自己思维、智慧和灵魂的碰撞，为学生批判性思维

---

　① 朱新秤.大学生批判性思维的培养：意义与策略[J].华南师范大学学报（社会科学版），2006（3）：124.

　② 教育——财富蕴藏其中：国际21世纪教育委员会报告[M].联合国教科文组织总部中文科，译.北京：教育科学出版社，1996：76.

的培养创设良好的氛围。只有在民主对话和互动协商的学习环境下,学习主体间的灵感碰撞和情感交融才能更加深刻而持久。

(四)营造有利于凸显大学批判精神的制度文化

只有当大学及其成员置身于鼓励和倡导学术自由、文化育人和捍卫真理的制度文化中,大学批判精神才能被凸显和强化。制度文化提供了兼具强制性与自愿属性的文化氛围,促使成员按照预设价值诉求思考与行动。诚如学者博克所言:"制度文化有一种似非而是之处,它通过约束人的行为而使人获得解放。"①

一要明晰现代大学的价值追求。文化属性是现代大学的核心属性。作为文化组织的大学通过"以文化人"的方式浸润师生心灵,以拥有的"社会良心"引领社会,通过"心智重塑"的方式来培育时代新人。诚如哈佛大学第 28 任校长德鲁·福斯特所言:"一所大学的精神所在,是它要特别对历史和未来负责——而不单单是对现在负责。一所大学关乎学问(learning),影响终生的学问,将传统传承千年的学问,创造未来的学问。"②因此,在大学治理现代化进程中,要明确大学作为文化组织和肩负文化使命的制度界限和行动法则,划定大学作为"理性的堡垒"和"精神的高地"的"制度域",从而在顶层设计上强化大学作为文化组织的制度规定性,巩固大学及其成员通过德性浸染和伦理规范来净化社会风气、引领文化方向的制度合法性,进而深刻而持久地影响公众心智和道德。

二要加强学术自由的制度体系建设。学术自由是大学精神的灵魂,其本质诉求在于师生能够自由、平等、民主地就社会转型和人类发展过程中的学术问题进行非限制性探讨,摆脱政治、经济和宗教以及学术共同体内部的学阀束缚,

---

① 眭依凡.教育发展理论研究[M].北京:高等教育出版社,2001:437.
② [美]德鲁·福斯特.放飞我们的想象力——哈佛大学校长就职典礼演讲[J].郭英剑,编译.法制资讯,2008(7/8):22-23.

进行质疑、批评和合作。这就要求大学持续加强学术自由相关制度体系的建设力度，按大学章程中对学术自由的范围、形式、保障和监督等有关规定，制定鼓励和倡导学术争鸣或学术研讨的规章制度，确保师生在学术议题探讨中具有主体地位和能动意识，敢于批判公共生活中的不良思想或行为。需要警惕的是，学术自由不是师生用来豁免其本该承担或履行相关政治责任、经济责任和道德责任的借口，这意味着学术自由制度体系的完善需要与社会现实保持必要的张力或距离，满足社会发展的需要而非其无限制的欲求。

三要协调行政权力与学术权力的制度安排。要明确行政权力与学术权力的价值界限，警惕行政权力在制度结构、资源配置和人员聘任中的优势属性对学术事务及其成员的过度侵扰，避免行政事务主导化和学术事务行政化倾向。如通过基层学术组织制度建设和教授治学相关制度建设等方式规避行政权力泛化引发的问题，充分发挥教授会和学术委员会等在咨询与决策学校教育教学、科学研究、社会服务和文化创新等议题中的主体性和积极性，进而创设科学管理、民主决策的制度环境。同时，还要创设以学科带头人和学术骨干为中心的基层学术治理模式，缓冲自上而下的行政指令与自下而上的教师诉求之间的矛盾，为新思想、新观点和新方法的孕育与发展提供必要的学术环境。

四要倡导集体决策和民主协商的群体共识。批判精神归根结底属于文化范畴，若要转变他者的文化观念，必须借助民主对话的方式展开，否则无法获得来自群体成员的认知共识。这就决定了大学治理过程需要时刻采取民主对话的策略，就分歧问题开展实质性对话，推动现代大学治理从"集权式"转向"分权式"，搭建彼此间合作互动的伙伴关系，确保与持有不同见地的教职员工达成共识。还应确保学术议程的商讨与践行建立在集体决策的基础上。这意味着大学使命的践行应兼顾利益相关者的合理诉求，理性审视经济社会发展的需求、立德树人的教育诉求和学生个性化发展的正当性，确保大学既能"内育时代新人"也能"外助社会发展"，既能"浸润师生心灵"也能"净化社会风气"。

第五节　大学创新精神

创新精神既是大学精神的精华,也是一所大学能站在时代前列的基础和保障,理应成为大学发展的永恒追求。

一、大学创新精神的释义

创新是一所大学的生命力之所在,是现代大学精神的本质。唯有创新,才能使大学的功能得以充分发挥,才能实现大学的高质量发展。

(一) 大学创新精神的意涵

大学创新精神体现为以现代教育理念为引领,以创造性思维为导向,利用现有的教育资源,在特定的环境中,本着特定的办学目标,创造出新颖性的事物、方法、元素、路径等,主动超越自我,以更好满足经济社会发展需求和人的发展的内在要求的动力特征。曾任复旦大学党委书记的秦绍德教授曾讲到"不强调认同他人而否定自己,不努力否定他人而标新立异,只是把握好自己、认同自己",这很好地诠释了大学的创新精神。

(二) 大学创新精神的特质

创新精神决定现代大学的科学性。大学的创新精神必须坚持和运用马克思主义的世界观和方法论,必须尊重和依循高等教育发展规律和人才成长规律,切忌浮躁、浮夸、浮华和急功近利的短期行为。

创新精神决定现代大学的求真性。作为大学精神的精髓和灵魂,创新精神决定了现代大学是一个不断探求真理的殿堂。大学创新精神鼓励大学人以科学的态度和"朝闻道,夕死可矣"的坚定信念追求真理,为追求真理不尚空谈,勇于实践,敢于担当。

创新精神决定现代大学的包容性。大学一词来自拉丁文名词"universitas",意即"整体""社会""世界""宇宙""普遍",从词源上就已经蕴含了包容万象的特性。创新精神要求现代大学充分发挥教授治学的作用,做到学术自由、兼容并包,允许不同学术观点的存在,允许不同见解的辩论,以海纳百川之胸襟形成浩瀚大海之力量。

创新精神决定现代大学的开放性。创新精神要求现代大学在多元文化背景下,能够勇于直面传统文化与现代文化、东方文化与西方文化、本土文化与外来文化等的差异,在多元文化共存中探究真理。

创新精神决定现代大学的批判性。真理是伟大而神圣的,但探究真理的过程是复杂而艰苦的,甚至会付出生命的代价。创新精神要求大学在探求真理的过程中,理性处理守正与创新的关系、继承与批判的关系,做到"不唯上、不唯书、只唯实"。

大学之所以成为社会思想的高地和文化的源泉,成为"社会之光""文化的灯塔""创新的高地",正是由大学的创新精神所决定的。

二、大学创新精神的取向

我国著名科学家钱学森在谈及他在加州理工学院学习的感受时说:"创新的学风弥漫在整个校园,可以说,整个学校的一个精神就是创新。在这里,你必须想别人没有想到的东西,说别人没有说过的话。拔尖的人才很多,我得和他们竞赛,才能跑在前沿。这里的创新还不能是一般的,迈小步可不行,你很快就会被别人超过。你所想的、做的,要比别人高出一大截才行。那里的学术气氛非常浓厚,学术讨论会十分活跃,互相启发,互相促进。"①大学的创新精神推动着大学的创新发展。大学创新精神的取向主要体现在如下几个方面。

(一) 创新精神是国家创新驱动发展战略的客观需求

习近平总书记在 2016 年省部级主要领导干部学习贯彻十八届五中全会精神专题研讨班开班式上的重要讲话中指出,要着力实施创新驱动发展战略,抓住了创新,就抓住了牵动经济社会发展全局的"牛鼻子"。在党的二十大报告中,习近平总书记指出,创新是第一动力,要深入实施创新驱动发展战略,开辟发展新领域新渠道,不断塑造发展新动能新优势。抓创新就是抓发展,谋创新就是谋未来。我们必须把发展基点放在创新上,通过创新培育发展新动力,塑造更多发挥先发优势的引领型发展领域,做到人有我有、人有我强、人强我优。创新驱动实质上是人才驱动,而大学教育则是创新型人力驱动的根基。习近平总书记对大学加强创新发展寄予厚望,要求"我国高校要勇挑重担,释放高校基础研究、科技创新潜力,聚焦国家战略需要,瞄准关键核心技术特别是'卡脖子'问题,加快技术攻关"。② 新时代的大学要顺应国家发展战略,彰显时代责任担当,着力锻铸大学的创新精神,推动创新型人才的培养,为国家创新驱动发展战略尽职尽责。也正如耶鲁大学前校长雷文所认为的,日本经济发展后劲不足,关键在于缺乏创新精神,整个国家所实行的传统教育模式是阻挠创新精神产生的根本。"仿效别人最先进的技术对于那些受过严格训练的工程师来说完全没问题,但自从软件、互联网等'软能力'急剧发展之后,日本似乎就有点跟不上了"。雷文校长告诉记者:"当中国经济发展到一定水准之后,劳动力成本低的优势就不会显现,只有维持创新的动

---

① 涂元季,顾吉环,李明.钱学森最后一次谈话:中国大学缺乏创新精神[N].人民日报,2009 - 11 - 05.
② 朱孔军.以新发展格局引领高等教育高质量发展[J].红旗文稿,2021(3):37.

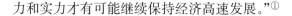

力和实力才有可能继续保持经济高速发展。"①

（二）创新精神是大学高质量发展的着力支点

大学作为创新的主体，离不开创新精神的驱动。"十四五"期间，我国高等教育将进入高质量发展阶段，作为新时代的大学，亟须在办学理念、发展模式、评价体系和治理能力等方面进行综合改革、实现创新发展。创新是推动高等教育高质量发展的第一动力，是建设高质量教育体系的战略支撑。面对全球新一轮科技革命和产业变革的加速演进，高等教育的创新发展成为国家谋求竞争优势的核心战略。党的十八大以来，国家层面不断提出创新驱动发展战略，强调科技创新是提高社会生产力和综合国力的战略支撑，必须摆在国家发展全局的核心位置。2016 年 5 月 20 日，中共中央、国务院印发了《国家创新驱动发展战略纲要》，把大学视为创新的主体，要求大学"系统提升人才培养、学科建设、科技研发三位一体创新水平。增强原始创新能力和服务经济社会发展能力，推动一批高水平大学和学科进入世界一流行列或前列"，这是对我国高等教育事业高质量发展的规律性认识，更是对大学高质量发展的时代要求和深化。

（三）创新精神是对创新型人才的根本要求

顺应创新型国家发展战略，为国家培养具有创新精神和实践能力的创新型人才，这也是由我国的人才培养目标所规定的，这就要求大学必须具有创新精神。以物联网、大数据、机器人及人工智能等技术为驱动力的第四次工业革命正以前所未有的态势席卷全球。第四次工业革命为中国的产业转型升级、经济社会发展带来了机遇，同时也使劳动就业、重塑人力资源结构面临着挑战。第四次工业革命对科技创新人才的素质提出了更高的要求。随着

---

① 张贤贞.耶鲁大学校长：不创新，中国经济将重蹈日本覆辙[N].劳动报,2006 - 07 - 20.

科技体系和知识体系的更新迭代加速以及社会分工的日益细化,各种高度复杂的问题需要有更加全面的视野来进行分析和解决,这就要求大学培养的创造型人才,既具备复合知识背景和开放、包容、协作的精神,又要在特定方向钻研精深,具有创新、探索、终身学习的能力。

(四) 创新精神是大学深化创新创业教育的导航仪

国务院办公厅颁布的《关于深化高等学校创新创业教育改革的实施意见》中指出,深化高等学校创新创业教育改革,是国家实施创新驱动发展战略,促进经济提质增效升级的迫切需要,是推进高等教育综合改革,促进高校毕业生更高质量创业就业的重要举措。开展创新创业教育已成为当今大学改革与发展的核心要务和重要内容。大学如何深化创新创业教育,首要的问题是以创新精神为引领,把大学的创新精神作为大学深化创新创业教育的导航仪。

三、大学创新精神的锻铸

创新精神作为一种精神力量,激励着大学人不断打破束缚、推陈出新,从而提高育人、育才的效能。2009 年 11 月 5 日,《人民日报》发表的《钱学森最后一次谈话:中国大学缺乏创新精神》一文中指出:"我回国这么多年,感到中国还没有一所这样的学校,都是些一般的,别人说过的才说,没说过的就不敢说,这样是培养不出顶尖帅才的。"[1]目前,我国大学推进一流大学和一流学科建设,实现高等教育的高质量发展,如何锻铸大学创新精神则显得尤为重要和迫切。

---

① 涂元季,顾吉环,李明.钱学森最后一次谈话:中国大学缺乏创新精神[N].人民日报,2009 - 11 - 06.

（一）明晰创新教育理念

理念是行动的先导,体现着行为过程中始终坚守的根本信念。锻铸大学创新精神,应不断创新大学教育理念,把握高等教育发展趋势,掌握高等教育发展的阶段特征,紧紧依循高等教育规律,建设具有中国特色、世界水平的现代高等教育体系,警惕"身体"已经进入普及化阶段而"思想"还停留在精英化阶段的局限性。具体而言,应着力凸显学生中心、产出导向和持续改进这三大要素。一是学生中心,即着眼于学生的全面发展,尊重学生主体地位,实现从以"教"为中心向以"学"为中心的转变,使教育教学改革的成果惠及全体学生。二是产出导向,即强调教育的"产出"质量,也就是毕业生离校时具备了什么能力、能干什么、会做什么。三是持续改进,即有自己的质量保证体系并能够持续改进,是一所学校成熟和负责的表现。要建立并完善"发现问题—及时反馈—敏捷响应—有效改进"的质量改进循环机制。

（二）改革教育模式

首先,教育目标要着力培养学生的创造性思维。美国著名心理学家、教育家爱莉诺·达克沃斯(Eleanor Duckworth)认为,课堂教学必须建立在学生的"精彩观念"之上。……教学就是围绕问题或主题而沉思、实验、对话、讨论的过程,即思想诞生的过程。这样,"教学"和"研究"之间的阻隔被彻底冰释,教师成为研究者,学生成为创造者。教师彼此间、学生彼此间、师生彼此间的合作研究过程,即"知识的集体创造",这个不仅是个研究过程,还是一个真正的民主协商过程。这样,教学的"研究境界"和"民主意义"共一体。①

其次,教育内容要凸显创新精神。大学要确立以新工科、新医科、新农科、新文科为主题的教育内容,不断促进新工科、新医科、新农科、新文科的均

---

① 俞中立.全球化时代[M].上海:华东师范大学出版社,2008:279.

衡协调发展,加强学科的交叉与融合,为大学教育制定能够凸显创新精神的课程体系,以此推动大学教育的专业建设和课程建设。

再次,教育方式方法要多样化,满足学生个性化发展的需求。联合国教科文组织在《21世纪的高等教育:展望和行动》中指出:"提倡利用新的教育教学方法,帮助学生获得技能、才干和交往的能力,学会创造性和批判性的分析以及独立思考和协同工作。"[①]以多样化的教育方式方法满足学生个性化发展的需求,特别要不断强化实践教学。创新精神存在于人的实践活动之中,实践活动真实地显示和实现了人的创新精神,创新精神能够为人的活动注入新的能量,从而改变了人的活动方式,增强了人的活动能力,最终表现为对外部世界的改造。大学师生在实践教学过程中,能够亲身理解、体验和感悟社会需求,更能激发他们的创新精神。同时还要充分借力信息技术服务平台,实现信息技术与教育的深度融合,为学生学习提供多样化的技术服务,促进学生个性化发展的要求。

最后,教育评价体系要凸显创新精神的教育评价导向,把锻铸创新精神作为评价大学教育的核心指标,形成更具创新活力的大学教育评价体系,建设一支规模宏大、富有创新精神、敢于承担风险的创新型人才队伍,按照创新规律培养和吸引人才,按照市场规律让人才自由流动,实现人尽其才、才尽其用、用有所成。

(三) 强化大学生的主体地位

学生是大学创新精神的主体,锻铸大学创新精神,应强化学生的主体地位。1998年,世界高等教育大会通过的《关于21世纪高等教育的世界宣言:设想与行动》中明确指出:"当今这个日新月异的世界上,高等教育显然需要有以学生为中心的新的视角和新的模式,大多数国家的高等教育都需要进行

---

① 赵中建.全球教育发展的研究热点——90年代来自联合国教科文组织的报告[M].北京:教育科学出版社,2003:410.

深入的改革和实行开放政策,以便培养更多不同类别的人……国家和高等院校的决策者应把学生及其需要作为关心的重点,并应将他们视为高等教育改革的主要的和负责的参加者。"①

　　强化学生的主体地位,就是要尊重每一位学生作为个体存在的价值。教育过程就其本质而言,就是提升学生个体价值的过程。正如美国教育家拉尔夫·沃尔多·爱默生(Ralph Waldo Emerson)所说:"教育的秘诀是尊重学生。"②尊重学生的个体价值,就是尊重学生的个性,因为没有个性就没有创造性;尊重学生的个体价值就是要尊重学生的个体差异性,做到因材施教,使不同类型的学生能够得到区别发展;尊重学生的个体价值,就是要尊重每一位学生,特别是对弱势群体的尊重,使每一位学生的潜能都能得到充分的自由的发展。

　　强化学生的主体地位,就是要充分发挥学生的主体参与行为。鲁洁教授认为:"受教育者的最大特点就是他是作为一个主体而存在的。任何教育要求都必须通过受教育者的主体活动,同化为他自身的要求,才能促使他们的发展。"③学生作为学习的主体,具有能动性、自主性和创造性。学生只有主体参与,才能充分彰显其价值,增强创新精神的认同力,才能最大限度地激发学生的创造潜能。

(四) 营造锻铸大学创新精神的浓郁氛围

　　创新是在自主自由的状态下进行的自觉活动,"只有从无限的自由出发,创造才是可能的,因为新的、未曾存在过的事物只能从无限的自由中创造出来"。④ 美国人本主义心理学的主要代表人物之一卡尔·兰塞姆·罗杰斯

　　① 赵中建.全球教育发展的研究热点——90年代来自联合国教科文组织的报告[M].北京:教育科学出版社,2003:410.
　　② [美]爱默生.爱默生格言集[M].庄起敏,编译.上海:上海世界图书出版公司,1996:84.
　　③ 南京师范大学教育系.教育学[M].北京:人民教育出版社,1984:34.
　　④ [俄]别尔嘉耶夫.论人的使命[M].张百春,译.上海:学林出版社,2000:170.

(Carl Ransom Rogers)认为:"创造性发展的前提是必要的心理自由和心理安全。"锻铸大学创新精神离不开良好的社会环境和大学的学术氛围。

首先,营造锻铸大学创新精神的社会环境。习近平总书记在党的二十大报告中指出:"加快实施创新驱动发展战略","形成具有全球竞争力的开放创新生态","培育创新文化,弘扬科学家精神,涵养优良学风,营造创新氛围"。① 就社会而言,创新植根于一定的传统和文化,"创新体现了民族文化活性的一个重要标志,是政治、经济、教育以及文化等方面的互动性的重要体现"②。全社会应善待大学、敬畏大学,尊重大学作为一个学术组织而存在,为大学创新精神的锻铸营造良好的社会环境。

其次,营造锻铸大学创新精神的学术氛围。良好的学术氛围依赖于对学术真诚的理解和尊崇。在良好的学术氛围中,学术活动才能达到自由的状态,才能孕育和滋生创新精神。营造良好的学术氛围,"教师不要求学生接受教师的权威;相反,教师要求学生延缓对那一权威的不信任,与教师共同参与探究,探究学生所正在体验的一切。教师同意帮助学生理解所给建议的意义,乐于面对学生提出的质疑,并与学生一起共同反思每个人所获得的心照不宣的理解"。③ 营造良好的学术氛围,应构建一种"教师式学生"和"学生式教师"的师生关系,使之成为真正意义上的学术共同体。在这样的学术共同体中,"将更少地体现为有知识的教师教导无知的学生,而更多地体现为一群个体共同探究有关课题的过程中相互影响"。④ 营造良好的学术氛围,应正确处理学术权力与行政权力的关系。作为教师应倍加珍惜自己的学术权力,正确行使自己的学术权力。

---

① 习近平.高举中国特色社会主义伟大旗帜 为全面建设社会主义现代化国家而团结奋斗——在中国共产党第二十次全国代表大会上的报告[N].人民日报,2022-10-26.
② 冯增俊.教育创新与民族创新精神[M].福州:福建教育出版社,2002:4.
③ [美]多尔.后现代课程观[M].北京:教育科学出版社,2000:227-228.
④ [美]多尔.后现代课程观[M].北京:教育科学出版社,2000:5-6.

第七章　新时代大学精神之培育

"莲发藕生,必定有根",教育强国,赢在有魂。"一个国家、一个民族不仅要有实力,更重要的是要有魅力。这种魅力是文化的魅力、精神的魅力。"①大学是"社会之光"和"文明之火",是民族的精神家园,是创生"新思想、新文化、新学术"的神圣殿堂,大学的实力在于大学精神的魅力。学者汤用彤在致北京大学校长胡适的信中写道:世界著名大学,必有特殊之精神及其在学术上之贡献。若一大学精神腐化,学术上了无长处,则实失其存在之价值。② 新时代大学要实现高质量发展,培养创新型人才,提升服务国家战略能力,理应重塑大学精神,展现大学魅力,永葆大学生命之树常青。

第一节　当代大学精神的式微

美国著名教育批评家和改革者亚伯拉罕·弗莱克斯纳(Abraham

---

① 韩美林.没有文化的文化是可怕的[J].杂文选刊(下半月版),2006(3):6-7.
② 中国社会科学院近代史研究所中华民国史研究室.胡适来往书信选[M].北京:中华书局,1979:503.

Flexner)曾经说过:"大学像教会、政府、慈善组织等人类所有其他机构一样,都是特定时代社会这个大网络之内的东西,而不是社会网络之外的东西。它不是远离现实社会的东西、历史上的东西、很难屈服于新的压力和影响的东西。相反,它既对现在和将来产生影响,又是时代的反映。"①伴随着高等教育普及化时代的到来,大学社会服务职能更趋凸显,而作为大学灵魂的大学精神则日渐式微。大学呈现出"失去灵魂的"的卓越。正如有学者所言:"高等教育真正的危机,不是来自外部,而是来自高等教育内部,来自高等学校对大学精神的放弃。"②

一、大学泛市场化侵蚀精神家园

高等教育面向市场既是世界高等教育发展的基本趋势,也是经济全球化时代高等教育发展的必然选择,是高等教育外部规律的具体反映。毋庸置疑,在高等教育领域内引入市场竞争机制,运用市场的理念、原则和方法运营高等教育,更能满足市场经济对高等教育的需求,更能提高大学为经济社会发展的服务能力,对促进高等教育的高质量发展具有一定的积极作用。

如今大学的服务意识不断增强,其服务项目已经伸展到社会的各个角落、各个环节,大学与经济社会的关系越来越密切。然而,大学不同于市场,市场调节以经济效益作为目标,这与高等教育造就全面发展的人的培养目标相背离。日本广岛大学有本章教授强调指出:"若以营利为目的,就是大学的自杀行为。大学的根本任务是以教育促进对学习者的援助,培养有助于社会进步和学问发展的人才,以学术研究发展学问,以社会服务为社区做出贡献。"③高等教育如果完全为市场所左右,就易导致大学偏离既定的教育发展

---

① Abraham Flexner.Universities:American,English,German[M].New York:Oxford University Press,1930:3.

② 潘艺林.大学的精神状况——高等教育批判功能引论[M].北京:中央编译出版社,2004:5.

③ 陈永明.发达国家是如何实施教师聘任制的[N].中国教育报,2003-08-02.

方向和人才培养目标,难以承载应有的教育使命,甚至会使大学慢慢成为市场规则下单纯追逐利润的机构。不少大学在"适应"市场的同时忘掉了初心,在探究知识的同时失落了精神。尽管人才培养依然是大学的主要职责,但对于培养什么样的人才,大学已不再是唯一的发言人,大学逐步变成了社会的"公共服务站"。大学要打造社会文明中心和精神家园的使命,正逐渐被经济社会各个层面的泛市场化所侵蚀,大学精神的式微问题愈益严重。

二、大学"实用性"割裂培养目标

德国哲学家费希特认为,教育首先是培养人,不是首先着眼于实用性,不是首先去传授知识和技术,而是要去唤醒学生的力量,培养他们自我学习的主动性、归纳力、理解力,以便他们在无法预料的未来局势中做出有意义的自我选择。在费希特看来,实用性、服务现实,只是高等教育的副产品,既不是出发点,也不是目的。美国芝加哥大学前校长罗伯特·梅纳德·赫钦斯(Robert Maynard Hutchins)指出:"行业上的诀窍不能在一所大学中学到,而且如果能够学到这些诀窍,也不应该去学。之所以不能在一所大学中学到,是因为这些诀窍容易过时,并为新的诀窍所取代;是因为大学中的教师知识容易陈旧,不能掌握新的诀窍;是因为这些诀窍只能在它们能够被使用的实际情景中才能学到。而且,职业教育主义会导致浅薄和孤立。它贬低了课程和教职人员的价值。它剥夺了大学唯一的生存理由,即在不受功利或'结果'的压力牵制的情况下,为追求真理提供一个天堂。"[①]面对现实,我们必须坦率地承认,当今不少大学为适应经济社会发展对人才的需求,难以专注于对高深知识的探究,大学与产业界应用性研究的密切合作颇受青睐,这从一定程度上会侵蚀大学自身的探究精神,使大学在"实用"培养目标中失去了"自

---

① 何光沪,任不寐,秦晖,等.大学精神档案(当代卷)[M].桂林:广西师范大学出版社,2004:221-222.

我"。大学这种人才培养目标的短期行为,只瞄准市场需求,不能反映人才培养过程及专业设置、学科建设的长期性和相对稳定性。虽然体现了用人单位的个别需求,但难以客观地反映宏观经济对专门人才的总需求。大学的这种"实用性"培养目标,致使大学精神成为被大学"遗忘的角落"。

三、大学人文教育弱化或缺失

关于人文教育的价值,哈佛大学校长福斯特在 2016 年达沃斯世界经济论坛期间接受记者专访时讲道,人文教育使得人们有更为超越的眼光,不只看到自己,还可以从不同的视角看待这个世界,更可以挑战那些人们习以为常的事物。而这种思维方式将影响人的一生。"教育的目的,并不是要训练学生为了某种单一工作而努力,或者一毕业就找到工作。"她认为,人文教育的目的"是要发展学生的批判性思维、创意以及自省能力。而这种思维和能力,在各种经济、社会和环境的变迁中都将持续"。她阐释道:"你们既想活得有意义,又想活得成功,你们清楚,你们所受的教育,不应仅仅是为了让你们感到舒适和满足,更是为了替你们身边的世界创造价值。而现在,你们必须想出一个方法,去实现这一目标。"她进一步指出,社会对于诠释、判断和鉴别的能力始终存在需求,而这种能力可以在人文学科中得到培养和完善。"我们必须挑战自我,以确保我们的毕业生准备好了去'观察、比较、思考和判断'。""而且,这些能力是可以触类旁通的。不论学生毕业后选择在哪个领域奋斗,它们都将带给学生回馈丰硕的生活和职业生涯。"[1]20 世纪 50 年代末,英国科学家兼作家查尔斯·珀西·斯诺(Charles Percy Snow)根据自己对大学教育和知识生活的观察,在剑桥大学演讲时提出了"两种文化"的概念,用以指称科学与人文相疏离、甚至相互排斥的现象。[2] 此后,这一问题引起了人们较多

---

① 参见赵晗等人写的《哈佛校长:受教育是为替身边的世界创造价值》一文。
② [英]C.P.斯诺.两种文化[M].陈克艰,等译.上海:上海科学技术出版社,2003:10.

的关注和探讨。然而,半个世纪过去了,斯诺担心的问题不仅远未得到解决,反而在某些方面有愈演愈烈之势。

综观当今大学,"人文教学在高等教育中受到轻视,导致大学生对文化传统极其陌生。值得忧虑的趋势是:不少大学生对教育目标及人文教育价值没有清晰概念;人文学科在大学课程中丧失了中心地位,设课越来越少;学生主修人文学科的人数比率急剧下降,许多获学士学位的大学生没修过重要的人文课程;许多大学毕业生对历史、文学、艺术、哲学茫然无知"。[①] 这直接导致大学功利主义思想盛行,道德失范现象严重,信仰危机频发和价值观迷失;导致大学只能培养"心灵上的残缺者",或者说培养的只能算是一个"畸形人、零碎的人、不健全的人"。人文教育是塑造大学人文精神的主要途径和载体,它的弱化乃至缺失,对大学精神的塑造和弘扬无疑是一种阻碍和伤害。

四、大学服务职能过度延伸

经济全球化时代,伴随着我国高等教育的普及化发展,大学在经济社会发展中担当着越来越重要的角色。鉴于大学对经济社会发展的贡献,大学亦被誉为社会发展的"服务站""动力站""火车头"等。

服务社会是大学的职能之一,是经济社会发展对大学的客观要求。在高等教育面向市场经济背景下,大学与经济社会的联系越来越密切,大学逐渐步入适应经济社会需求、服务社会发展之路,并根据经济社会发展需求的变化而改变自身,大学教育的职业性特征愈加凸显。一方面,大学极力迎合利益相关者的要求,不论是国家、集团甚至个人,只要能够给予大学一定的资助,就可以对大学的发展具有一定的发言权甚至控制权,从而使大学服从其

---

① 杨启亮.困惑与抉择——20 世纪的新教学论[M].济南:山东教育出版社,1995:449.

意愿。另一方面,大学无法回避经济飞速发展所带来的社会分工对人才需求的影响,这种影响就像人才培养的晴雨表,使大学不断地调整其学科、专业和课程以缓解这一供需矛盾。服务职能的过分凸显,势必会削弱大学的人才培养、科学研究、文化传承与创新等职能。"不可否认,在当今中国,绝大多数大学的角色意识出现了不同程度的错位:它们在不断适应社会需要的过程中,担当了越来越多的本来不该由自己承担的社会服务职责,与此同时却忽视了自己的本份——高水平的教学与科研。"①大学的这种错位发展,也会导致大学作为社会精神家园的中心地位逐渐倾斜,进而使大学精神渐趋衰微。

五、大学浮躁之风盛行

大学浮躁之风,意即在学风、教风、学术之风和工作作风等方面,表现为浮夸、烦躁、不持重、不扎实、缺乏诚信、急功近利等。其实质是人们内心的轻浮、急躁、焦虑、失衡、无定力、随波逐流,甚至是投机取巧、弄虚作假、道德堕落,不管过程,只要结果。高扬大学精神,倡导严谨治学,应戒除大学浮躁之风,使宁静成为心灵的常态,还大学一方净土。

大学校风与大学精神两者是辩证统一的,具体表现为:一方面,大学精神所营造的氛围,弥漫在大学每个个体周围,使个体的言谈举止都浸染上它的痕迹和色彩,从而形成某种价值取向。这种氛围的传承,便诞生了一所大学的传统和风气,即校风。另一方面,校风属于大学校园精神文化的范畴,是大学校园精神文化的具体化和外化。② 也就是说,大学精神必须通过一定的校风才能真正映照出来。就此而言,发扬大学精神,必须建设良好的大学校风。

学风是一所大学的核心,是办学底蕴和发展理念的表现形式。学风建

---

① 董云川.论中国大学与政府和社会的关系[M].昆明:云南大学出版社,2004:24.
② 韩延明,徐愫芬.大学校训论析[M].北京:人民教育出版社,2013:28.

设问题,不仅是大学教师的教学之风和大学生的学习之风,也更深层次地反映着一所大学的校园文化,对引导大学师生树立正确的人生观、教育观、学术观、学习观、成才观等产生重要的影响作用。学风,是大学精神的外在表现形式,反过来又能促进大学精神的形成和提升,是塑造大学精神的关键。

雅斯贝尔斯曾经说过:"大学的理想要靠每一位学生和教师来实践,至于大学组织的各种形式则是次要的。如果这种为实现大学理想的活动被消解,那么单纯凭组织形式是不能挽救大学生命的。"[①]大学精神的重塑需要广大师生的共同努力和实际行动,并在大学人身上体现出来并发扬光大。但是,面对现实,大学浮躁之风盛行已经成为不争的事实。有的大学教师把教学工作只是作为完成教学工作量的一种无奈的"形式"或"程序",而对大学课堂生命活力的焕发,师生互动的人文关照,以及与学生的对话交流等根本不予考虑,直接导致教学质量的下滑。不少大学教师从事学术研究工作是以功利性为前提,而不是基于对科学的敬畏和探索,从而表现为学术研究工作缺乏原创意识和创新精神,学术成果只重数量不重质量,导致急功近利、学术不端甚至学术腐败等问题的出现。就大学生而言,则表现为学习目的异化,学习态度扭曲,不是把学习看作基于全面发展的需要,而是为了获得诸如学位、学历、各类证书等,以便能够更好地得到社会的认可。读大学早已不再是求"学",而是谋生求职,在不断探究高深知识的道路上渐行渐远。学风浮躁之乱象丛生,这无疑是对大学精神的背离和亵渎,其直接后果是教育思想原创性的消失,教育资源的浪费和教育教学质量的滑坡。长此以往,大学必将难以担当其应有的学术使命和社会责任。

---

① [德]卡尔·雅斯贝尔斯.什么是教育[M].邹进,译.北京:生活·读书·新知三联书店,1991:139.

第二节 大学精神培育的现实矛盾

20 世纪 90 年代中后期,大学内部出现了诸多引人关注的"大学现象",诸如行政官僚化,大学趋同发展,学术不端行为,教学质量滑坡,学生学习动力严重不足等现象。这些现象深刻反映了大学面临着独立性与依附性的矛盾,大学学术性与功利性的矛盾,教授治学与管理科层化的矛盾,科学教育与人文教育的矛盾等。倘若不能及时化解这些矛盾冲突,势必使大学发展遭遇各种困难和羁绊,阻碍大学精神的培育。

一、大学的独立性与依附性的矛盾

大学的独立性是指大学具有自身独特的发展规律,即大学的发展应体现为与社会发展相适应以及与人的身心发展相适应。首先,这种适应,不是被动依赖的适应,而是具有主观能动性的适应,能够主动适应社会的发展和人的身心发展。其次,大学具有自身的规定性,即培养人,这是大学作为高等教育研究机构与其他社会机构的本质区别。再次,大学的发展与社会的生产力和政治经济制度的发展具有不同步性,大学的发展与社会发展,存在的一定程度的超前性或滞后性。此外,大学的独立性还表现为大学的办学理念、文化传统、学术发展水平、学科专业设置、教育教学的内容和方式等均具有相对独立性。

大学作为实施高等教育的机构,具有独特的组织功能,与社会的政治、经济、文化、科技等有着内在的关联性,是社会发展到一定阶段的产物,对社会发展具有一定的依附性。这种依附性,首先表现为大学对政府的依附性,成为政府的分支机构,成为以行政权力为主导的机构,有关大学改革和发展的决策等均采取下级服从上级的管理体制;其次表现为大学对社会的依附性,要求大学成为知识创造、科技创新的园地,人类文化传承创新的家园以及社会文明的灯塔和向导。

大学的存在和发展体现出相对独立性,这是大学的魅力所在,也是由大学的根本属性和基本职能所决定的。同时,大学亦不能脱离社会而独立存在,特别是在高等教育普及化时代,大学已经深度融入社会的各个领域甚至各个环节,与社会的政治、经济、文化等存有不可分割的内在关联性。大学在复杂、多元的社会中,既要"独善其身",秉持自身的高洁品格,永葆"人类精神殿堂"的本职,又要"兼济天下",成为社会发展的"动力站"、"精神文明的高地"以及"人类进步的灯塔",这是培育大学精神必须理性审视的时代命题。

二、大学的学术性与功利性的矛盾

中国当代著名哲学家、教育家冯友兰曾指出,大学不只是一个比高中高一级的学校,它有两重作用:一方面它是教育机关,另一方面它又是研究机关。教育的任务是传授人类已有的知识,研究的任务则在求新知识——当然研究也需要先传授已有的知识。大学作为一个高等教育机构,同样也是探究高深学问的学术机构,体现出对高深学问和真理的深入探索,对知识的整体性与统一性的尊重,永无休止地研究未知的精神。也正是这种对高深学问和真理的不断探究,使得大学获得了经世不衰、历久弥新的生命力。

20世纪以来,伴随着全球政治多元、经济增长、科技革命、知识激增、信息瞬息万变等进程,大学的角色和职能发生了前所未有的深刻变化,大学越来越呈现出多元化、巨型化、国际化、现代化等特征。大学毋庸置疑地成为社会的知识工厂和思想库,成为科技进步的"孵化器"和社会进步的"加速器"。在这个过程中,大学的功利性目标日渐凸显,导致大学整体品质的下降和大学精神的失落,严重影响甚至扭曲了大学人才培养、科学研究、社会服务和文化传承创新的职能。大学对于世俗功利的追求,不仅会使社会不良风气的纠正缺乏资源和力量,而且会使世俗功利气息随高校学子流传到社会,从而助长社会中的逐利之风,甚至有道无德、有规无格,难以有效实现大学引领社会文明和人类进步的目的。梁启超曾经说过:"学也者,观察事物而发明其真理者也;术也者,取所发明之真理而致诸用者也。"学术研究绝不只是做学问,而是有个学术品位和学术道德问题,这就是人们常讲的"学术人格"问题。①

大学的功利性体现在将大学生接受教育的目的仅仅确定为获得一张"文凭",并由此而换来一份"好"工作。这种功利性的学习目的,使学生成为知识水平和人格水平并不平衡的"半面人",从而难以实现人的全面发展。雅斯贝尔斯曾批判道:"由于众多大学并存的现象,造成了毁灭真正学术的趋势,因为学术研究为了拥有读者,只好投大众之所好,而大众往往只顾及实际的目的、考试以及与此相关的东西。受其影响,研究工作也只限于那些有实际用途的东西。于是,学术就被限制在可了解、可学习的客体范围内,本来应是生存在永无止境的精神追求中的大学,这时也变成了普通的学校。"②

三、大学的学术权力与行政权力的矛盾

大学内部客观存在着两大权力系统:一是以大学党委书记、校长以及大学职能部门为代表的行政权力治理系统;二是以知名教授以及学术委员会为代表的学术权力治理系统。本真意义上的学术权力和行政权力虽然在管理体制、表现方式、价值追求等方面有所不同,但二者相辅相成、互为补充,形成

① 韩延明.改革视野中的大学教育[M].青岛:中国海洋大学出版社,2006:22.
② [德]卡尔·雅斯贝尔斯.什么是教育[M].邹进,译.北京:生活·读书·新知三联书店,1991:140.

一种合力,共同构成大学治理的权力系统,以保障大学功能的发挥,完满实现大学的教育目标。但是,目前我国大学行政权力泛化的现象比较严重,正如有学者所言,中国大学目前森严的行政等级结构与其他任何社会组织无异也是基于这样一种狭隘的认识:判断来自组织的顶层,而行为在底层;中层管理人员的作用是综合来自高层的信息,指导、监督、控制下层人员。这实际上完全无视大学作为一个教育组织存在的特殊性。[①]

作为对高深知识进行选择、传承、批判和创新的机构,大学体现出很强的学术性。高深知识是学术权力的基础和前提,大学教师作为高深知识的拥有者,享有最大的学术权力。"教师就应该广泛控制学术活动。由于他们最清楚高深学问的内容,因此他们最有资格决定应该开设哪些科目以及如何讲授。此外,教师还应该决定谁最有资格学习高深学问(招生)、谁已经掌握了知识(考试)并应该获得学位(毕业要求)。更显而易见的是,教师比其他人更清楚地知道谁最有资格成为教授。最重要的是,教师必须是他们的学术自由是否受到侵犯的公证人。"[②]

大学作为一个组织化的系统,诸多的事务需要共同治理,行政权力发挥着决策主导作用。如以校长为代表的校级行政权力承载者,以大学职能部门负责人为代表的中层行政权力承载者,他们的主要职责是科学规划大学的发展等。同时,学术权力的施行也离不开行政权力的支持和帮助。总之,大学在治理过程中的学术权力和行政权力,共同构成大学这一社会组织的权力系统,维系着大学的和谐发展,有意或无意放大或强调一方面的权力,都难以应对大学治理实践的复杂性与多维性,都不利于大学的高质量发展。

---

① 董云川.论大学行政权力的泛化[J].高等教育研究,2000(2):61.
② [美]约翰·S.布鲁贝克.高等教育哲学[M].郑继伟,等译.杭州:浙江教育出版社,2001:31-32.

四、大学的科学教育与人文教育的矛盾

科学教育作为传授科学技术知识和培养科学技术人才的社会活动,是一种有目的地促进人的科学化的活动,主要包括科学知识教育和科学精神教育,重在培养科学技术人才和提高民族科学素养。而人文教育是指对受教育者所进行的旨在促进其人性境界提升、理想人格塑造以及个人与社会价值实现的教育,主要包括人文知识教育和人文精神教育,其实质是人性教育,其核心是涵养人文精神。科学教育与人文教育的有机融合,共同成为培育现代大学精神的根基。

20世纪40年代,伴随着以信息技术的广泛应用为标志的第三次产业革命兴起,科学知识特别是生产和生活实用知识得以迅猛发展,促进了人类物质财富的极大增长,引发了人们对科学教育的盲目信奉,引起人文教育的极度失落。社会的转型发展使得大学教育中的实用主义得到张扬,非实用性的人文教育受到了强烈的冲击,直接导致了科学教育与人文教育的割裂。由于知识的爆炸及社会各业发展对知识的依赖与需要,大学已成为"知识工业"的重地,学术与市场已经集合,大学自觉不自觉地成为社会的"服务站"。[①] 在大学社会服务职能扩张的过程中,科学教育进一步巩固了它的主导地位,带来了科学教育冲击人文教育的危机。

大学作为高等教育机构,其功能的释放和价值的体现最终落脚在"人"上。科学教育与人文教育的有机融合,共同构成了促进人的全面发展的完整的教育,二者相辅相成、相得益彰。重视一方面而轻视另一方面则不能成为完整的教育,难以促进人的全面发展,更不能有效实现教育目的。正如爱因斯坦所言:"学校教育的目的始终应该是,青年人在离开学校时,是作为一个

---

① 林正范.自主管理与管理效率 香港高等学校管理[M].杭州:杭州大学出版社,1991:49.

和谐发展的人,而不是作为一个专家。"仅仅"用专业知识教育人是不够的,通过专业教育,他可以成为一种有用的机器,但是不能成为一个和谐发展的人,要使学生对价值有所理解并且产生热烈的感情,那是最基本的,他必须获得对美和道德上的具有鲜明的辨别力"。耶鲁大学前校长雷文也认为:"如果一个学生从耶鲁大学毕业后,居然拥有了某种很专业的知识和技能,这是耶鲁教育最大的失败。"如何拆除科学教育与人文教育之间的藩篱,实现科学教育与人文教育之间的有机融合,实现皮亚杰所认为的"要密切看到人文科学与自然科学之间的关系,并有必要寻求一些补救办法,来弥补大学里灾难性地分裂成为若干独立学科所产生的缺点",已经成为培育现代大学精神所必须面对的挑战和机遇。

第三节　新时代大学精神培育的价值取向

在新时代,高等教育之于社会的政治、经济、科技、文化等的地位及其价值发生了质的飞跃,高等教育与社会的政治、经济、科技、文化等的联系日益密切,成为社会发展的巨大引擎和风向标,成为大国崛起的必要倚重。这为人们重新认识大学精神,培育和塑造新时代大学精神,提供了更为广阔的思维空间和更加开放的社会环境。

当前,我国已经步入高等教育普及化初始阶段,并将逐渐进入普及化深度发展阶段。我国高等教育的普及化发展所带来的巨大成就与所面临的新的挑战,更使得新时代大学精神培育成为重塑社会价值的重要内容之一。

一、凸显科学理性

(一) 何谓科学理性

对科学理性的理解可以从"科学"和"理性"的确切认知展开。现代汉语词典中,科学被理解为"能够反映自然、社会、思维等的客观规律的分科的知识体系"。而理性则通常被理解成按照客观真实和合乎逻辑的方式思考和行动,使人依托科学自身的逻辑体系和行动范式展开思考,在合乎理性和客观规律的基础上认识和发现自然、社会与科学。"科学理性是科学活动主体以自然界为对象,研究自然事物的结构、属性与规律,理解和解释自然现象的认识活动,其目的是科学发现,以求得人类知识的增长。"[①]就此而言,科学理性是指按照事物的自身逻辑和发展规律看待和改造自然、社会和思维的某种思维模式或思维范式。它影响人的思维习惯,转变人对自然、社会和自我认知。作为一种理性思维,它渗透着一种客观求真、严谨求实的认知态度,表现出一种合理推断、精心求证的科学信念,体现着一种质疑权威、修正真理的豁达境界。

科学理性不等于技术理性,前者是对自然、社会和思维等的本质规律的认识与运用,而后者则是基于这种认识而衍生创造的操作技能的认知与运用。科学理性也不等于科学精神,前者指向某种本质化的规律体认,后者则指向对这种规律或意志的社会践行。[②] 当然科学理性也不等于科学素养,前者展现出动态性、螺旋上升性和实践智慧,后者则以静态化方式呈现人所应具备科学能力的规定或要求。

---

① 陈凡,王桂山.从认识论看科学理性与技术理性的划界[J].哲学研究,2006(3):95.
② 刘大椿.从中心到边缘:科学、哲学、人文之反思[M].北京:北京师范大学出版社,2006:315-321.

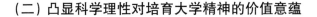

（二）凸显科学理性对培育大学精神的价值意蕴

首先,凸显科学理性能够指向大学精神内蕴的求真品格。"科学研究者的求真精神,是他所应具有的科学精神的核心、灵魂。没有了求真精神,就等于没有了科学精神。没有了求真精神,科学研究者就失去了本质上是'求真'的科学活动的精神动力。"①因此,凸显科学理性,强调严谨求真,实事求是地反映事物的本质及其规律,是构筑大学精神之求真、求实诉求的重要途径。这种求真品质,主要通过以下三种方式构筑大学精神求真之维度。一是秉持普遍质疑态度,不受权威观点或既有结论的束缚,严格审查观点或理论存在的事实依据,并独立做出评判,以不盲从、不轻信的严谨态度审查研究对象。正如笛卡尔所言:"要想追求真理,我们必须在一生中尽可能地把所有事物都来怀疑一次。"②二是坚定客观主义立场,坚持承认研究对象或认识事物的客观存在性,坚持认为人能够在实践中认识和把握其本质特征和发展规律,坚持认为事物能够通过人的科学探究和理性思考被认知和改造。这种按照客观主义来对待事物和认知事物的态度避免了主观臆断或脱离实际的危险。三是有逻辑地思考与表达,对既有事实或对象进行科学的研判,看是否符合认知逻辑要求,是否契合普遍性真理的规范,是否尊重了既有的客观事实。同时,通过简短而精炼的概念或命题,消解概念模糊性和语句不通顺的问题,用数理逻辑和符号工具精准地表达要素间的辩证关系,有效地培养和历练人的求真品质。

其次,凸显科学理性能够孕育大学精神所倡导的批判精神。科学理性中的批判性精神,要求大学在科学研究和教育教学过程中保持一种冷静、客观和非神圣化的理性态度,并将事物的发展与消亡视为循环往复的动态过程,不以绝对化或武断化态度对待人才培养、学术研究和社会服务。在观念层

---

① 王金福,宋新康.论科学精神[J].苏州大学学报(哲学社会科学版),2009(5):4.

② [法]笛卡尔.哲学原理[M].关文运,译.北京:商务印书馆,1958:1.

面,科学理性要求师生以谨慎态度对待既有理论的合理性和局限性,用发展的视野和开放的态度来审视事物动态化发展的过程,警惕绝对主义或相对主义对自我认知惯习的影响。在方法层面,科学理性渗透着以科学辩证法来认识和改造主客观世界的思路,将任何事物都视为生成式、发展式和衰败式的对象来研究和探讨。正如马克思所言:"辩证法不崇拜任何东西,按其本质来说,它是批判的和革命的。"①科学理性发展阶段以科学辩证的思维方式看待世界。而在价值层面,科学理性要求大学成员站在公共利益或价值无涉的立场上探讨问题,因为站在私有化立场或特定利益群体的立场上研究事物,会丧失价值判断的客观立场。这决定了大学成员既不能完全遵照其他理论或学说的观点审视问题,也不能对既有自我认知和理论判断存有一种倚仗性或偏好性。要勇于纠正自我认知与价值判断上的误区,全面冷静地思考与行动。

再次,凸显科学理性能够呵护大学精神所持有的宽容精神。宽容精神和批判精神并不矛盾,恰是科学理性之辩证体现。科学理性呵护宽容精神的表现:一是宽容精神保护新观点或新事物的发展。每当新事物或新观点出现时,尽可能给予宽容环境,保护其生长壮大的空间,避免将其扼杀在萌芽期的危险。正如有学者指出的:"良好的宏观人文环境可以激发科学精神的产生,推进科学技术的进步,同样,微观也需要营造一个和谐、轻松、宽容,无拘束的人文环境氛围,这不仅有利于科技成果的取得,还有利于新颖思想的萌发和创新智慧火花的产生。"②二是允许科学研究犯错误。不要以教学科研过程中犯错误的行为将其一棍子打死,也不能因为师生在探求真理过程中的认知或方法错误就给其贴上失败的标签,因为真理的修订和完善总是在纠正错误的过程中完成的。三是给予不同观点或意见以验证判断的时间和空间。要耐心等待实践对不同观点或方法的反复检验,给真理判断预留空间,特别是在

---

① 中共中央马克思恩格斯列宁斯大林著作编译局.马克思格斯选集(第2卷)[M].北京:人民出版社,1972:218.

② 刘泽雨.论科学精神与人文精神的互动[J].社会科学,2003(2):87.

不同学术观点或意见的对立情形下,更应当采取冷静而客观的姿态,以摆事实、讲道理的方式解决争论或分歧,而不是武断否定或打压。给谬误和真理的判定留有时间、空间的余地,不要绝对化。一种理论观点,是真理还是谬误,是需要经过社会实践的反复检验的。在一定历史条件下被人们判定为谬误的认识,不一定就是谬误,或不全是谬误,随着时间的推移,人们的实践可能证明这些认识是真理,或包含着真理的成份。①

(三) 凸显科学理性的大学精神的培育

大学需要通过确立科学理性信念、学习科学理性知识、掌握科学理性方法等途径来培育科学理性,并在人文精神与科学理性的互动交融中培育大学精神,浸润师生心灵。

第一,确立科学理性信念。"所谓科学理性信念,就是相信自然界有其自身的客观规律,而且这种规律是可以被人们所认识的。科学理性信念促使人积极地去探索自然,探究客观事物的本质与规律。"②正是由于坚信科学理性,才孕育了古希腊数理逻辑思维,为近代科学启蒙和现代科学发展奠定基础;正是由于坚信科学理性,才使得人类社会从愚昧无知的束缚中解脱出来,走向自我理性解放和自我价值超越的道路。大学要培育凸显理性的大学精神,理应确立科学理性信念,坚定地相信借助科学思维、科学方法和科学精神探求世界奥秘的方向正确性,明确树立依托科学理性精神来认知和把握事物的价值观。唯其如此,才能激励和引领他们自主能动地探究事物的规律,摆脱陈旧落后观念的束缚,成为具有科学素养的人。正如英国哲学家怀特海所言:"首先,我们如果没有一种本能的信念,相信事物之中存在着一定的秩序,尤其是相信自然界中存在着秩序,那末,现代科学就不可能存在。"③这就要求

---

①　王金福,宋新康.论科学精神[J].苏州大学学报(哲学社会科学版),2009(5):6-7.

②　吕耀怀,刘剑康.全方位展开大学的科学理性教育[J].现代大学教育,2004(3):84.

③　[英]A.N.怀特海.科学与近代世界[M].何钦,译.北京:商务印书馆,1959:4.

师生树立以追求科学理性和永恒真理为幸福生活的远大志向,抵制追求科学道路上的诱惑、批评和讥讽,排除心中杂念、沉浸于科学探究的事业当中。

第二,学习科学理性知识。"科学理性知识是人类对于客观规律的认识和总结,是人类心智征服物质世界、发现科学真理的记录,其中不仅包含着人类认识和改造客观世界的思想成果,也凝结着能力、情感、意志、品德等人类主观精神。"①在传授科学理性知识过程中,一方面要做到分类处理,对人文社会科学领域的学生来说,主要传授自然科学和基础科学相关知识、原理和规律等内容,补足科学知识储备与科学思维模式上的短板。对于理工科学领域的学生来说,应侧重传授科学技术发展史、科学哲学、技术哲学和科学社会学等方面的内容,在拓宽学生知识视野的基础上,厚植人文素养,提升学生的道德品性和文化修养。另一方面要增强科学理性知识的理解与运用能力。譬如借助信息技术手段和人工智能模拟科学知识产生与运用的虚拟情景,模拟现实语境下科学知识运用的潜在影响。再如,不定期邀请科学专家或科研人员讲解从问题提出、研究假设、实验设计、结论探讨和实际应用的完整过程,帮助学生理解知识到实践的转化过程。

第三,掌握科学理性方法。科学理性方法总体上分为两大类:逻辑方法和数理方法。前者指借助逻辑推理的方式,演绎或归纳出科学结论,进而获得理性认识;后者指借助数据计算的方式,计算或模拟出科学结论或模型,进而获得关于研究对象的理性认识。前者要求大学教育注重学生形式逻辑和实质逻辑的训练,帮助学生养成合乎逻辑要求思考和分析问题的习惯,并借助抽象概括、经验归纳、知识演绎和类比推演等方式获得关于研究对象或社会问题的理性认识。后者则要求大学教育充分运用数字、符号、公式、图像和命题、概念等,简练而精准地描述事物间的数量或因果关系,帮助学生掌握严谨认真和踏实细致的数字运算能力,并在此过程中深刻领会变量控制、关系

① 左鹏.科学理性:现代大学教育的应有之义[J].科学与无神论,2010(1):11-12.

预测、结论检验的重要性。同时,在掌握科学理性方法时,务必遵守普遍化、兼容性、实证化和合理质疑的原则,即科学方法掌握须立足更普遍化和共性化的反映客观世界规律或特性的基础上;确保科学方法或科学实验设计排除矛盾性观点,确保假设和反假设不得同时为真;科学方法运用与科学结果解释均须以科学事实和实践检验为依据;有理由并谨慎地怀疑科学结论适切性的意识与能力。只有严格遵守上述原则,才能确保科学理性方法运用得当并卓有成效。

二、凸显人文关怀

(一) 何谓人文关怀

对人文关怀的理解首先建立在对"人文"的解读上。"刚柔交错,天文也。文明以止,人文也。观乎天文以察时变,观乎人文以化成天下。"[①]"人文"具有精琢人的本性、臻至人的天性之意。而在现代汉语词典中,"人文"指"强调以人为主体、尊重人的价值、关心人的利益的思想观念",亦具有完善人性之意。

事实上,人文关怀一词源自哲学范畴,被德国哲学家保罗·蒂里西(Pual Tillich)概括为"对存在意义的本源性追问,它既显现为人自身存在的自觉,也意味着超越存在的有限性、回归真实的存在形态"。[②] 人文关怀也就被赋予了探究人存在终极意义的价值。就其产生而言,人文关怀借由国外传入,起初是基于对科学技术削弱人文精神的境况而提出,但并无准确或统一的概念认知。具体而言,人文关怀涵盖如下层面:在科学层面,对知识、真理和理性的注重与探求;在德性层面,对人性修养、道德信念、伦理规范、自我人格的观照与侧重;在价值层面,对自由平等、民主法制和社会正义等价值观的推崇与求

---

① 王大珩,于光远.论科学精神[M].北京:中央编译出版社,2001:186-187.
② 杨国荣.哲学论域中的终极关切[J].学术月刊,2003(9):31.

索;在人性层面,对人存在与发展的品性与自主精神的关切;在存在层面,是对生与死、存在与意义、生存哲学、幸福追求和生命信仰的理解与审思。但不论其外延有多么宽泛,均集中指向对人的尊严、人格、自由和生存价值的追问与探索,这构成了理解和把握人文关怀的关键。

(二)凸显人文关怀对培育大学精神的价值意蕴

其一,能够凸显以人为本的大学精神追求。大学的终极追求是对人的关注,通过发掘、发展、完善和解放人的方式实现人才培养鹄的。人文关怀是大学精神的灵魂,体现了对人的价值和存在意义的本体性追问与探求。对人性的关注和呵护,对自我个性的张扬,对独立人格的塑造,对生存意义的确认等,均在认识论层面彰显了大学以人为本的办学追求和文化使命,持续渗透着"一切为了学生发展,一切以学生发展为中心"的价值诉求。凸显了人文关怀,强化对人的要素的重视,契合了大学精神浸润学生心灵、塑造学生人格、培育学生德性的本真使命,内蕴了"以人为本"的价值取向和"办好人民满意的教育"的殷切期望,夯实了新时代大学教育教书育人、立德树人的认知基础。

其二,能够指明涵养大学精神的方法思路。关注人、发展人和完善人的人文诉求,在方法论层面提供了涵养大学精神的可行思路。首先,人文关怀对人性的彰显、人格的陶冶、自由的追求、正义的守护等,暗含着大学精神培育的多重维度,提供了从多视角理解和铸就大学精神的方法视野,指明了多维度共同熔铸大学精神的思路。其次,人文关怀兼具现实关怀和终极关怀,既指向对现实的人的生存发展境遇的关切,也指向对精神世界中人的生命信念和终极意义的关切,这为培育大学精神开辟了可行思路。既要脚踏实地,关注学生的现实生活需求,也要仰望星空,关切人之为人的良善本性,避免大学精神育化走向偏颇和狭隘。最后,对人性的关切和探求,归根结底指向健全人格的塑造,指向独立品性的锤炼。这厘定了大学精神培育的最终指向,即多元共生的大学精神,最终落脚点是淬炼人的独立人格,完善人的道德品性,培育人的理性思维,这无疑清晰了大学精神育化的进路。

其三,能够强化立德树人的大学精神品性。凸显人文关怀体现了大学精神立德树人之根本价值诉求。首先,对人及其本性的关切与彰显,指向新时代大学教育培根铸魂、涵育社会主义事业建设者和接班人的价值诉求,体现了"独善其身"与"兼济天下"的共融共进性,也构筑了以人文精神育化学生心灵与德性的精神防线。其次,对社会正义、时代责任和家国使命的认知与担当,提供了依托大学精神培育和弘扬社会主义核心价值观的载体,为中华民族伟大复兴培育新人的站位提升大学精神的品性,最终通过培育具有中国梦情怀和践行能力的时代新人来彰显其精神品性和价值意蕴。最后,对技术理性的批判和人文精神的倡导,对科学伦理的重建和自由精神的呐喊,对生存境遇的关切和精神世界的探求,无不强化着大学精神以塑造自由而全面发展的人为己任的价值共识,无不体现着大学精神和谐圆润的育人品质。

(三) 凸显人文关怀的大学精神的培育

首先,强化认知,在理念上重视人文教育在塑造学生健全心智和完善人格中的作用,重视人文关怀对大学精神培育与重铸的育人价值。大学要保持追求真理的信念,坚持不懈地探求真善美的永恒价值,坚定不移地捍卫以人文知识浸润师生心灵的教育信仰,积极弘扬社会主义核心价值观。大学应当将传播人文知识、塑造人文品质、凸显人文关怀视为育才标准和育才目标,通过人文化育的方式塑造学生的健全人格。大学不仅是产生学问和知识的场所,还是陶情冶性、培育心灵的圣地,引领公共社会的价值取向。这就要求大学在顶层设计、章程建设、制度优化和师资建设、学生管理、教育教学过程中,始终树立为学生全面发展和个性发展服务的办学理念,为师生"诗意栖居"提供精神家园。

其次,扎实推进通识教育,厚植师生的人文素养。"通识教育在培育学生人文精神、独立个性、自由理念和家国情怀、社会责任等方面具有不可替代的作用。"①要培养学生人文素养,离不开通识教育的支撑。一方面,大学需要通过课业指导、自主探究、名著导读、选修课程、文化研讨、人文讲座、学术报告和社会实践等形式,帮助学生透过纷繁复杂的现象,深刻理解人性的发展、心灵的成长、情感的升华和审美的情趣对自我存在的价值,养成批判性精神和创造性思维,对自我与社会、自我与自然、社会与自然的辩证关系进行理性审视。另一方面,需要大力建设通识课程体系,在内容上突破专精化知识的局限,采取跨学科方式整合课程知识体系,在跨界融合和集成综合的基础上拓宽知识面。可扩大研究性课程、综合性课程、哲思性课程、实操性课程、公选性课程的比例,为学生综合素养的提升和复杂问题的解决提供坚实的知识基础。此外,大学要加强通识教育师资队伍的建设力度,甄选具有扎实专业素养和广博知识储备的教师开展通识教育活动,理性协调通识教育"专精与宽泛""知识与能力""传统与现代""本土与域外"的辩证关系。

再次,营造充满人文关怀和文化韵味的校园环境,净化师生心灵,升华学生人格。良好的校园环境具有文化浸润作用,能够潜移默化地影响师生思想与行为,是激发学生求学奋进、彰显个性和自我超越的文化沃土。这就要求大学在全校范围内倡导为中国梦的达成而读书,为社会进步和文明传承而读书,为彰扬社会主义核心价值观而读书,为自我个性彰显和诉求达成而读书的文化氛围,将静态化的催人奋进的文化势能转化为动态化的开拓创新的文化动能。

① 王义遒.文化素质教育与通识教育关系的再认识[J].北京大学教育评论,2009(3):99.

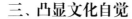

三、凸显文化自觉

(一) 何谓文化自觉

"文化自觉"的字义即"对文化的自觉",亦是能动、自主、自律和自为地觉醒、觉解和觉察。从词义上看,"文化自觉"就是对某种文化持有的一种自觉自为的认可和觉醒。社会学家费孝通明确提出了"文化自觉"的概念,认为"文化自觉只是指生活在一定文化中的人对其文化有'自知之明',明白它的来历,形成过程,所具的特色和它发展的趋向,不带任何'文化回归'的意思,不是要'复旧',同时也不主张'全盘西化'或'全盘他化'。自知之明是为了加强对文化转型的自主能力,取得决定适应新环境、新时代时文化选择的自主地位"。① 基于此,我们认为,大学文化自觉,就是大学对自身文化的发展演进过程的把握和理解,对大学文化的鲜明特性、发展趋势的认同与接纳。大学文化自觉,最终体现为内化于心而外化于行,并以此为前提深刻把握现代大学文化发展的诉求,在固本培元的基础上革故鼎新,传承、弘扬和创新大学文化。

普及化时代的大学文化自觉,主要表现在以下几个方面:一是大学对自身文化的继承,明晰大学文化的来龙去脉、特征和未来走向,在认知层面理解优秀大学文化的精髓和灵魂,并将这种凝聚着文化结晶和精神力量的要素融入新时代高等教育高质量发展的进程中。二是大学对办学传统和价值诉求的自我认同,唤起师生对大学文化的认同感和归属感,激发文化自信心,进而潜移默化地与优秀大学文化保持精神追求和行动规范层面的一致性,最终表现为对中国特色社会主义文化的认同与践行。三是大学对优秀大学文化的

---

① 费孝通.反思·对话·文化自觉[J].北京大学学报(哲学社会科学版),1997(3):22.

开拓创新,根植优秀大学文化沃壤的基础上,顺应社会转型和高等教育普及化阶段的发展趋势,推动传统大学文化与现代大学文化的交融互鉴,进而探索大学精神创新发展的路径。

(二) 凸显文化自觉对培育大学精神的价值意蕴

凸显文化自觉能够夯实大学精神秉承的育人信仰。在多元价值诉求激荡的高等教育普及化时代,大学愈发需要铸就立德树人和文化育人的精神信仰,主动肩负起培育德才兼备的社会公民之重任,使文化育人与中国梦相契合,同人民满意的教育之期望相适应,与综合国力竞争的要求相匹配。大学文化自觉以高度的育人责任感和教育使命感为标志,帮助受教育者树立崇高远大的理想信念,确立正确的人生观、世界观和价值观,践履为党育人、为国育才的崇高使命,理性回答"为谁培养人,培养什么人,怎么培养人"的根本问题。大学文化自觉强化了"以学生发展为中心"的文化共识,在思想认识、制度创新、教育管理和教学科研诸多层面,确立了"一切为了学生,为了一切学生和为了学生的一切"的育人理念。大学文化自觉凸显"尊重学生兴趣,彰显学生个性,完善学生德性,塑造学生人格"的特质,将"以生为本、以师为尊"的办学定位贯彻到人才培养全过程,夯实了培养高素质人才的办学信仰。大学文化自觉敦促大学不局限于知识传授、技能训练,而是与时俱进地把握当前社会对人才规格的要求,培育其理性思维、创造精神、辩证意识和实践能力,帮助学生不断成长。文化自觉在价值观层面巩固了以文化感召和价值引领方式育化师生心灵的认识,构筑了知识掌握与精神升华协同并进的高地,也能警惕大学教育技术化的危险,守住以文化人的底线。

凸显文化自觉能够激发大学精神重塑的精神动力。"文化是一个国家、一个民族的灵魂。文化兴国运兴,文化强民族强。"[①]当代中国大学的文化自

---

① 习近平新时代中国特色社会主义思想专题摘编[M].北京:党建读物出版社,中央文献出版社,2023:306.

觉,就是立足于中国或现代化伟大事业的建设实际,为大学精神的重铸提供不竭动力。大学文化自觉强化了在喧嚣环境中静心办学、潜心育人、独立自主的精神基因,并要求大学辩证处理好人才培养规律与社会发展诉求间的关系,严格遵照育才逻辑来推动各项工作的开展,守住大学的精神品性和文化人格。大学文化自觉明确了大学教师作为重塑大学精神的文化主体地位。"教职员整体就是大学本身——是它最主要的生产因素,是它荣誉的源泉。教师们是这种机构的特有合伙人。"①大学精神正是在大学教师的教学和科学研究过程中生成、沉淀和熔铸的,并反过来激励大学成员认同、践行和修正大学精神所要求的内容。例如大学人对学术自由的认可与践行就是明证。同时,主动对接经济社会发展需要,为中华民族伟大复兴提供智力和技术支撑是新时代大学精神发展的应然诉求。大学文化自觉对社会转型期我国社会发展的现实情况的把握,对当前全球时代文化发展趋势的敏锐觉察,对全国人民向往美好生活愿景的精准定位,提供了助力经济社会良性发展的不竭文化动能。这种为中华民族伟大复兴而育才的崇高使命感,成为激励大学弘扬中华优秀文化,提升学生文化自信,增进全民文化素养的强大动力。

凸显文化自觉能够彰显大学求真精神的本体定位。大学文化的本真价值乃是求真育人。大学文化以知识创新和人才培养为己任,具有探究永恒真理和推进创新人才培养的文化使命和价值自觉。正如艾伦·布鲁姆(Allan Bloom)所言,大学是以理性为根基的文化殿堂,是有志于献身纯粹真理的组织,它能够激发公众的崇敬感和使命感,并自觉将这种观念融入探讨真理和彰显理性的过程中。②崇尚学术、追求真理的学术文化,奠定了大学求真育人的文化理性根基,彰显了为学术献身、以学术为业的精神品性,构筑了大学成员追求闲逸生活的精神高地。同时,捍卫知识公共性和学术纯粹性的价值感召,也提供了警惕学术市场化和知识商品化的价值界限,赋予了大学及其成

---

① [美]克拉克·克尔.大学的功用[M].陈学飞,等译.南昌:江西教育出版社,1993:71.
② [美]布鲁姆.走向封闭的美国精神[M].缪青,等译.北京:中国社会科学出版社,1994:264.

员理性审视基础研究与应用研究间价值张力的可能性。对大学来说,文化自觉展现的精神气质和道德品性,决定了与其他社会组织的本质性差别,也实现了对投身高深学问的价值锁定。可以说,在知识内生逻辑与外部发展诉求的紧密结合中探求真理,已成为大学及其成员不证自明的价值自觉。

(三) 凸显文化自觉的大学精神的培育

以文化自觉培育大学精神,需要以求真育人的本真使命的诉求来增进文化自知,需要坚持以中国特色社会主义核心价值观来提升大学文化自信,需要以大学办学特色的兼收并蓄来增强文化自为。

首先,始终坚持以求真育人的本真使命的诉求来增进文化自知。所谓文化自知,就是指人或组织对某种文化的认知和理解。普及化时代的大学精神,迫切需要通过求真育人使命的诉求来强化文化自知,明确自身以何种态度对待求真育人的天职定位,以何种精神状态投身大学教育事业。这就要求大学始终以立德树人为一切教育活动的根本指向和价值依循,以学生德性的完善、人格的健全、知识的增长和情感的陶冶、社会责任意识的养成为行动指南,把培养有责任、有理想、有担当的筑梦人视为根本使命。同时,大学要辩证处理好教书育人、科学研究、社会服务等职能并行不悖的关系,始终以求真育人为道德底色和逻辑原点,构筑大学精神创新发展的认知底线。只有这样,才能确保大学各项职能有条不紊地运转和推进,生成人才培养的强大合力。

其次,始终坚持以社会主义核心价值观来强化大学文化自信。社会主义核心价值观提供了大学文化自觉的路径,明确了大学办学和发展的文化姿态和价值立场,深刻回答了以何种文化观念指导和规范大学文化发展的问题。以社会主义核心价值观为核心的社会主流文化,提供了人才培养的价值取向和发展策略,构筑了遏制外来不良思想和价值观念侵蚀的精神屏障。对大学来说,只有在中国共产党的坚强领导下,坚定不移地走文化自信道路,以社会主义核心价值观为精神底气,才能明晰自身文化定位和价值取向,找准文化育人的发展航向,把握时代精神的发展趋势,内生大学文化自觉的信念。同时,中华民族传统文化自信是对中华民族传统文化价值及其生命创造力和自我发展前景的充分肯定、自觉坚信与执着坚守,而这种对优秀传统文化的肯定、坚信与坚守,迫切需要通过大学教育来贯彻落实,这既是教育与文化血肉关系的本质要求,也是培育大学精神的关键所在。这就要求大学教育注重凝练和传承关于世界观、人生观、价值观方面的可贵品质和精神基因,激活学生对优秀传统文化的认可度和自豪感,持续增强办学的文化自信。

再次,始终坚持以大学办学特色的兼收并蓄来增强文化自为。大学文化不是封闭的文化,具有开放性和包容性等特质。大学在办学过程中应具有宽广胸怀和包容精神,以开放姿态吸纳其他大学的办学特色和文化精髓,在兼收并蓄的过程中增进文化自为能力。大学既要持续从自身的办学历程和办学特色中提炼优质文化基因,也要不断吸收借鉴其他大学优质办学经验和文化精髓,在继承中发展,在借鉴中升华,增进文化自为的能力。大学理应本着吸收借鉴、为我所用的文化理念,正确看待其他大学包括国外大学办学经验和发展模式的合理性,甄别、借鉴其有益成分。当然,兼收并蓄并非域外经验的简单移植,中国大学理应扎根中国大地,遵循中国逻辑,立足中国实情,凸显中国特色,创新大学发展的文化路径。

四、凸显创新意识

(一) 何谓创新意识

所谓创新,乃是指抛开旧的,创造新的,体现为创造性和新颖性,通常指超出既有逻辑范式或常规见解,借助既有物质条件、文化环境和技术手段,以满足既定社会需求为导向,对某种事物进行改造、优化甚至重塑的过程。这种行为通常体现在产品、技术、理念、环境、制度等层面,并同时伴随着某种有形或无形收益。创新既可能是文化领域的理念或知识上的创造与更新,也可能是生产领域的技术优化与革新,还有可能是组织领域的制度优化、健全或重构等。意识则指人的大脑对客观事物或客观世界的反映,表现为人的思维的创造性、能动性和自主性等特性。

基于此,我们认为,创新意识指个体根据社会或自身发展的需要,激活创造新事物或新观念的动机,并在创造新事物或新观念过程中展现出某种创造性、活跃性和能动性的精神品质。创新意识具有新颖性,指向新事物、新方法或新观点的创造;创新意识具有历史性,受到当时社会发展条件的制约;创新意识具有个体差异性,不同个体因知识储备、思想状态、文化素养、兴趣偏好和职业属性等的不同而有所差异。

(二) 凸显创新意识对培育大学精神的价值意蕴

第一,凸显创新意识能够鼓励大学成员勇攀学术高峰。大学是思维和创造力最活跃的学术场所,是新知识、新技术和新观念的策源地。大学在知识传递、知识创新、知识应用的过程中,离不开创新意识。在敢于超越、拓新前行的创新文化引领下,大学及其成员获得了探求高深学问、追求永恒真理的自由空间,也激励着他们优化教学方法,超越知识生产的学科界限,采取最有效力的管理模式,切实推进创造性人才培养工作。同时,鼓励创新、勇于超越和不畏权威的创新精神,也激励着大学成员不拘泥于学术研究的陈旧条框,不畏惧学术权威的话语束缚,不打压排挤同行在学术问题探讨上的观点对立,不讥笑嘲讽其他学术研究的失误或错误。也正是由于创新精神和创造文化的浸润,才使得大学成员能够攻坚克难地参与创新人才培养、高深知识创造、追求卓越文化的进程,才使得开拓创新、锐意进取的创新基因能够以文化遗传的方式植入人才培养和社会服务活动过程之中。

第二,凸显创新意识能够具体规定人才培养的标准和方法。创新精神体现了创造性人才培养的根本要义,集中体现了大学精神的价值指向和育人诉求,也间接指出了大学在持续演进过程中保持组织特性和自身价值的核心动力。创新意识内蕴的创造思维、创新能力、协同品质等明确了创造性人才培养的标准,使得大学课程、教学、教师和其他育人工作能够聚力到如何发展学生创造性精神、创新化能力、协同合作品质上。同时创造意识所倡导的开放精神、全球视野等办学理念,同样蕴含了通过创新思维培育、创新理念孵化、创新胆量试炼、创新能力训练来育化创造性人才的路径。因为创新意识体现了人才素质结构的本质要求,建构了创新型人才的培养模式,并持续引领大学教育按照创造意识的自身规律来推行,进而通过学生自主意识的唤醒、能动精神的强化和创造思维的培育来优化人才培养模式。

第三,凸显创新意识能够赋予大学发展的持久性动力。创新意识是培养创新型人才的核心要素,也是大学在不断发展的社会洪流中彰显自身特色、体现自身价值的内在动力。创新意识将一群有志于追求高深学问的学者聚集在一起,致力于推进人类社会进步与文明发展进程,在观点碰撞和灵感交织的过程中发现新知、平等对话,并在此过程中逐步建构起大学组织的合法性基础。同时,创新意识作为一种文化创新和精神鼓舞的力量,有力地激励着一代又一代学人捍卫真理和社会正义,奋力争取自由和民主,并在开拓进取、锐意奋进的过程中坚定不移地将前辈们的未竟之业进行到底。此外,创新意识也为大学与经济社会良性互动注入了活力。作为创新意识关涉的批判思维、拓新精神、独立品性、科学素养等,更是引领时代精神发展走向和价值诉求的风向标,是展现和构筑时代精神的强大力量。

(三) 凸显创新意识的大学精神的培育

大学理应创新人才培养模式,着力培育满足国家战略发展需求的创造性人才。这就要求大学通过转变人才培养理念、优化人才培养模式、革新本科教学制度等方式培育师生凸显创新意识的大学精神。

一是要转变人才培养理念,确立"以生为本"的育才观。以学生发展为中心,就是视学生为发展中的"人",基于对"人性"的理解,重视教育管理过程中的"人本原理",顺应其上进心、求知欲、自尊心、创新性。这就要求大学充分调动师生在工作、学习和生活中的自主性和积极性,始终依靠师生的开拓创新和勇于担当来培养人和塑造人,满足学生的学习需要。这既是大学教育的"天赋",也是大学教育的使命。大学要站在学生立场上审视办学过程,充分尊重师生员工的权利,主动回应并满足师生合理的个性化诉求和正当性权益,将学生全面发展视为一切工作的出发点和落脚点,以高度的人文关怀和责任感对待师生。大学要将以人为本理念贯彻到育人全过程,确保大学教育的顶层设计、战略规划、制度优化和结构布局等充分体现人性化特点。

二是要优化人才培养模式。大学要深入研究大学生的新特点、新变化、新需求,推动本科教育重点领域、关键环节改革不断取得突破,提升专业建设水平,优化课程设置,更新教学内容,有效提升学生的学习效果与学习体验。[①] 大学要通过教育信息化推动教育现代化,实现优质课程资源的全球共享,突破时空限制和现行教育形态,以互联网技术、翻转课堂、混合式教学、人工智能等学习模式的变革提升本科教育创新力。学校要审慎制定创新创业教育的目标追求、实施主体、教育内容、教学方法以及评价体系等,切不可盲目照搬,应当根据自身办学特色和地区经济社会发展需求,走创新创业教育特色发展道路。大学要采取增益性评价体系,关切学生学习满意度,从创新知识掌握、创新思维生成、创新能力培育和创新观念育化方面评价创新人才培养质量。

三是要革新大学教学管理体制和运行机制。科学的管理体制和良好的运行机制是提升人才培养能力的根本保障。大学应该发挥管理体制在创新人才培养过程中的约束、激励和导向作用,把管理体制和运行机制创新作为提升其办学活力和办学质量的关键。要逐步完善本科教育人才培养体系建设,将学校层面的培养目标、学院层面的人才培养方案、教师层面的课堂教学

---

① 张炜.高等教育现代化的高质量特征与要求[J].中国高教研究,2018(11):8.

目标以及学生的学习追求有机结合,发挥学校、学院、教师三者在人才培养体系中的合力作用。要制定教师专业发展的政策,确保教师在自我发展、薪资待遇、职务晋升、民主参与、社会声誉等方面的权益,确保学校成为教师乐学、乐教、能够诗意栖居的场所。要建设具有中国特色的大学教师人事制度,对教师聘任、薪资待遇、分类管理以及教师考评等进行有益探索,充分认识教师生存与发展之于大学发展的战略意义,采取有助于提升教师教学积极性和科研水平的考核评价体系。

第四节　新时代大学精神培育的基本原则

新时代大学精神的培育,既要依据大学自身的特质,也要结合社会的政治、经济、科技、文化、教育等要素的影响。培育新时代大学精神,需要把握和坚持如下几条基本原则。

一、共性与个性相结合原则

英国高等教育家埃里克·阿什比(Eric Ashby)指出:"任何类型的大学都是遗传和环境的产物。"①当代大学具有大学自身的一般属性和基本诉求,保留着大学的"遗传基因"。同时大学的环境也在不断地发生变化,这种变化又在不断地影响着大学的发展。每一所大学的精神,既有与其他大学一样的共性,也有相对独立的个性。培育新时代大学精神,应坚持共性与个性相结合的原则。

---

① 　[英]阿什比.科技发达时代的大学教育[M].滕大春,滕大生,译.北京:人民教育出版社,1983:7.

（一）坚守大学精神的共性

大学作为社会的高等教育机构，其精神必然要反映社会体系中的根本需求。大学精神的共性是大学普遍具有的精神，从根本上体现大学的普遍价值追求，是每一所大学都应坚持并维护的根本遵循。

坚守大学精神的共性，首先要体现大学对民族、国家和社会的使命担当。大学作为人类社会发展的动力站，是大国崛起所必须倚重的。习近平总书记在考察清华大学时指出："坚持中国特色世界一流大学建设目标方向，为服务国家富强、民族复兴、人民幸福贡献力量。"[①]习近平总书记的重要讲话，明确了新时代我国大学的使命担当，是我国建设中国式现代化大学、培养社会主义建设者和接班人的根本遵循。大学精神作为大学的灵魂与精髓所在，关乎民族的希望、国家的兴盛和社会的进步，应充分体现民族、国家和社会的使命担当。其次要体现大学对个体的发展要求。无论大学的职能如何变化，人才培养的根本职能没有发生改变，大学必须牢牢抓住全面提高人才自主培养能力这个核心点，这是大学高质量发展的根本体现。坚守大学精神的共性应充分体现大学的这一根本职能，充分发挥大学精神的育人价值，科学回答为谁培养人、培养什么样的人和怎样培养人的根本问题。再次要回答大学对学术的追求这一组织特性。大学从根本上来讲乃是一个学术组织，学术性是大学的本质属性，学术本位是大学不变的"内核"，对学术不懈的本真追求，是大学建设的价值导向，坚守大学精神的共性应充分体现大学的学术性。

（二）凝练大学精神的个性

大学往往不是面面俱到的全能者，由于自身的历史传统不同，所处的地域环境不同，每所大学的办学理念、办学模式、人才培养目标等也不尽相同，

---

① 把服务国家作为最高追求——论学习贯彻习近平总书记在清华大学考察时的重要讲话精神[N].中国教育报,2021-04-20.

各自彰显着独特的个性,成为整个高等教育体系中的不可替代者。我国大学实现高质量发展,应注重凝练大学精神的个性,以此明晰大学的办学定位,凸显大学的特色。

凝练大学精神的个性,一是要以大学文化传统涵养大学精神的个性。大学的文化传统,不是对大学发展历程中某些重大事件的终结,而是对大学发展历程"灵魂的记忆",是大学文化根脉的传承,融入大学的现实生活之流,沉潜于大学的校园文化之中。凝练大学精神的个性,不应遗忘或舍弃大学的文化传统。二是要以社会主体文化主导大学精神的个性。我国著名哲学家汤一介先生认为,任何一个民族文化必须扎根在自身文化的土壤中。一个没有能力坚持自身文化的自主性,也就没有能力吸收其他民族的文化以丰富和发展其自身的文化,它将或被消灭,或全盘同化。[①] 以社会主义核心价值观为主旨的社会主义文化,主导大学精神的个性,凸显社会主义文化在大学个性化发展中的主体地位,发挥社会主义文化在大学个性化发展中的主体能力,实现社会主义文化在大学个性化发展中的主体价值。三是要以地域文化滋润大学精神的个性。充分利用地域文化资源,滋润大学精神的个性,是大学的文化传承和创新职能的具体体现。合理利用地域文化资源,在有机结合自身办学实际的基础之上,从地域文化中汲取营养,丰富办学理念、提升办学能力、优化办学品格等,理应成为凝练大学精神的个性的理想追求。四是要以多元文化助力大学精神的个性。联合国教科文组织在《世界文化多样性宣言》中指出:"文化多样性是交流、革新和创作的源泉,对人类来讲就像生物多样性对维持生物平衡那样必不可少。从这个意义上讲,文化多样性是人类的共同遗产,应当从当代人和子孙后代的利益考虑予以承认和肯定。"[②]全球化背景下多元文化的发展打破了原有文化之间的樊篱,为不同国家、不同地区

---

① 汤一介.儒学的现代意义[N].光明日报,2006-12-14.

② 胡显章.全球化背景下的文化多样性与文化自觉[J].清华大学学报(哲学社会科学版),2007(3):141.

大学文化之间的交流和合作提供了便捷条件,促进了大学文化之间的相互理解和尊重。凝练大学精神的个性,应以多元文化为动力,丰富大学个性化发展的文化选择,为大学个性化发展贡献多元智慧。

二、传承与创新相结合原则

我国当代著名哲学家、历史学家庞朴先生曾经说过:"为了走向未来,需要的不是同过去的一切彻底决裂,甚至将过去彻底砸烂;而应该妥善地利用过去,在过去这块既定的地基上构筑未来大厦。"①任何一所大学的精神培育都是从尊重历史开始的,这就离不开对大学传统的传承;而创新是大学改革和发展的根本动力,是大学的必然追求。创新能够使大学与社会同步前进甚至超前于社会,真正成为人类社会进步的引导者,成为培育大学精神的不竭动力。哈佛教授哈里·李维斯(Harry R. Lewis)指出:"很难说大学所学的知识有哪些在未来二十年里会最有价值,所以从长远来说要想成功,大学需要看重创新、独立和对学习的热爱。"②

传承与创新是相辅相成的。没有对大学精神的传承,大学就丧失了原有的精神,也就失去了发展的根基;若是没有对大学精神的创新,大学精神也就谈不上发展,大学也就失去了发展的动力。在新时代,培育大学精神需要妥善处理好传承与创新之间的关系,做到既要传承大学的优良传统,更要与时俱进、不断创新。

(一)传承大学传统精神

传承大学传统精神,要挖掘大学的优良传统,从而形成强大的凝聚力。

---

① 庞朴.儒家精神 听庞朴讲传统文化[M].北京:中国华侨出版社,2014:27.
② [美]哈里·李维斯.21世纪的挑战:大学的使命、通识教育与师资的选择[J].教育发展研究,2007(5):2.

培育大学精神要重视回顾学校的历史发展进程,总结学校在人才培养、科学研究和服务社会方面做出的贡献,以及在办学过程中形成的办学特色,坚持和弘扬优秀的文化传统,用学校的传统精神教育在校的师生,动员校友关注学校的发展,并由此形成大学发展的强大凝聚力。

大学精神的培育是一个不断积淀的过程,不仅不能割断历史,反而应该尊重历史。对大学过去的传统精神,要取其精华、弃其糟粕,使其中的优良传统精神成为未来文化的起点和基础。随着大学内外环境的不断变化,大学应该站在战略高度,展望未来,提出前瞻性的价值观,引导大学师生开拓新局面。这样,大学精神才会与时俱进、充满活力,保持生命之树常青。比如清华大学在历史上以理科为主,形成了严谨务实的文化特色;北京大学则以文科见长,所以一直是新文化思潮的发源地。但时至今日,两所著名大学在发展过程中基本上形成了多科性、国际化的格局,在文化体系上也体现出比以往更大的包容性、更广的多元性和更强的创新性。

(二) 培育新时代大学精神

中国高等教育发展到今天,大学所肩负的历史使命不同了,因而现代大学精神的培育也应适应时代的要求,注入新的生机和活力,有所创新、有所突破。

培育新时代大学精神,一是要反思现有的大学精神,真正做到以人为本,崇尚学术自由,追求卓越。苏格拉底认为,"没有经过反思的人生,是不值得过的人生",大学精神的培育也是如此。反思是对过往和现有的大学精神进行综合评价的过程,是深刻"认识自己"的过程。培育新时代的大学精神,理应紧密结合大学的办学定位,依据大学的办学理念,遵循高等教育发展的规律,对现有的大学精神不断加以检视。二是对现有的大学精神进行理性批判。大学"具有一种强烈而严肃的使命,这就是思考。大学是独立思想的中心,既然它是一个思想中心,一个独立思想的中心,那么,它也是一个批判的中心"。① 培育新时代大学精神,需要大学基于自觉意识、判断能力和社会责任感而进行自我批判。通过自我批判,更加明晰办学理念,提高办学能力,优化办学制度,提升大学品格。三是创新大学精神。大学理应在不断反思和深度批判的基础上,促进现有大学精神的创新发展,充分发挥大学精神在大学改革和发展过程中的灵魂作用,以便更好地促进大学的高质量发展。

三、适应与超越相结合原则

大学的发展总是与社会的需求紧密联系在一起。"每个国家,当其变得具有影响力时,都趋向于所处的世界上发展居领导地位的智力机构,希腊、意大利的城市、法国、西班牙、英国、德国,以及现在的美国都是如此。伟大的大学是在历史上伟大政治实体的伟大时期发展起来的。今天,教育与一个国家的质量更加不可分割。"②大学自产生之日起就成为社会不可或缺的一部分,成为社会系统中的有机组成部分,大学的发展自然要受到社会各种因素的强有力的影响。大学的改革和发展要与社会发展相适应,这既是大学改革和发展的必然选择,也是高等教育发展规律的根本体现。同时,我们也应注意到,大学又是在很大程度上独立于社会而存在的社会组织,体现出相对的独立性,故而大学在适应社会的过程中,不是被动地适应,而是有选择性的主动适应。正如美国著名教育学家布鲁姆所认为的,作为政权中的最高级成员与原则的储存库,大学必须意识到它独立于这个平等个人的体系之外的意义,它必须蔑视公众舆论,因为在其自身内就有着自治的渊源——按照自然去追寻真理、发现真理。大学必须抗拒那种事事为社会服务的倾向;作为众多利益

① [美]罗伯特·M.赫钦斯.民主社会中教育上的冲突[M].陆有铨,译.台北:桂冠图书股份有限公司,1994:8.
② [美]克拉克·克尔.大学的功用[M].陈学飞,等译.南昌:江西教育出版社,1993:63.

集团中的一个,大学必须随时警惕自己的利益由于人们要求它更加实用、更为适应现实、更受大众喜爱而受到损害。①

大学在适应社会发展的同时,又实现对社会的超越。正如曾任美国普林斯顿大学校长的亚伯拉罕·弗莱克斯纳(Abraham Flexner)教授所言:"大学不是某个时代一般社会组织之外的东西,而是在社会组织之内的东西。它不是与世隔绝的东西,历史的东西,尽可能不屈服于某种新的压力的东西。恰恰相反,它是时代的表现,并对当时和将来都产生影响。"②大学与社会的关系无论怎样变革,大学作为学术组织的根本属性不会改变,大学以探求高深学问、追求真理、关怀人类社会的命运这一目的不会改变,大学永远是人类社会追求文明的精神殿堂,始终坚守着传统的象牙塔精神。大学是大师云集的地方,他们常常对过去的或现存的价值观念、生活方式、道德规范等等进行反思和批判,并传播新的价值观念和人文理想,③由此而进一步捍卫了大学的象牙塔精神,始终以其独立性既超脱于社会之外又紧密与社会相连,不断对社会发展和自身建设进行理性审思,引领社会的发展。"大学以真理的探索、文化的养成和人格的完善为宗旨,以改良世风、泽被人类为目标,以对人类文化精神的传承、批判与创新为其永恒的价值追求",④所以大学被称为"社会之光"。大学对社会没有"超越"的"适应",将沦为社会的附庸;没有"适应"的"超越",又将陷入"象牙塔"的困境。大学与社会的这种适应与超越,拓展了大学的功能,成为培育大学精神不可或缺的重要组成部分。

(一) 大学应不断适应时代发展需求

当今社会,大学应不断适应时代发展需求,积极回应国家和社会的关切。继蒸汽技术、电力技术、计算机及信息技术之后,以物联网、大数据、机器人及

① [美]艾伦·布鲁姆.走向封闭的美国精神[M].缪青,等译.北京:中国社会科学出版社,1994:273.
② [美]亚伯拉罕·弗莱克斯纳.大学:美国、英国、法国[M].牛津:牛津大学出版社,1930:3.
③ 陶东风.社会转型与当代知识分子[M].上海:上海三联书店,1999:3.
④ 仪垂杰.在适应与超越之间:谈大学的责任功能和使命[N].中国教育报,2007-01-25.

人工智能等技术为主导的第四次工业革命(即工业 4.0),凭借全球化的趋势正在以前所未有的态势席卷全球。德国著名工程师、经济学家,世界经济论坛的创始人克劳斯·施瓦布(Klaus Schwab)认为,第四次工业革命正颠覆几乎所有行业,其变革将产生极其广泛而深远的影响,将彻底改变整个生产管理和治理体系。供给与需求的直接融合、大学与社会的反向交流,促进了科学的进步。知识生产的逆向流动作为一种完全不同的知识创造新模式成为第四次工业革命的一个显著特点。在第四次工业革命背景下,社会发展与进步已经走在大学前面。因此,大学必须面向世界科技前沿,面向国家重大需求,面向经济主战场,主动置身社会发展中,加深对社会的了解,通过人才培养、学术研究去适应第四次工业革命对高等教育发展的新要求。

(二) 大学要在探究真理中追求卓越

大学作为研究学问、探究真理的场所,肩负着引导社会文明和进步的重任。"大学的发展历史,就是一部对真理不断探索与追求的历史,也正是对真理的不断探索与追求,推动了大学的发展,实现了大学文化对社会文化的不断超越,更好地彰显了大学的职能和责任。"①大学这一社会组织、学术机构和教育机构,通过对真理的不断探究和不断追求,成为"科学的殿堂""人类精神的家园""社会良知的代表"。大学依托自身的学科优势、专业优势、人才优势和创新优势,努力成为社会发展的"知识源""人才源""思想源"。面对当今世界百年未有之大变局,除了大学,在哪里能够产生理论,在哪里能够分析社会问题和经济问题,在哪里能够理论联系事实,在哪里能够传授真理而不顾是否受到欢迎,在哪里能够培养探究和讲授真理的人,在哪里根据我们的意愿改造世界的任务可以尽可能地赋予有意识、有目的和不考虑自身后果的思想

---

① 郭峰.社会文化批判:大学文化不应缺失的品格[J].山东社会科学,2010(1):158.

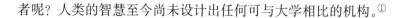

者呢？人类的智慧至今尚未设计出任何可与大学相比的机构。①

四、本土化与国际化相结合原则

经济全球一体化发展带来了深刻的社会变化，它在促进全球经济发展和不同国家、地区之间的文化交流与融合的同时，也推动了高等教育的国际化发展。大学的国际化发展水平在不断提高，大学精神不断呈现出本土化与国际化相互碰撞交融、并存发展的特征。面对丰富多彩的大学文化多元发展趋势，培育大学精神，应在不断吸收国际先进经验的同时，坚定本土化发展。习近平总书记指出："办好中国的世界一流大学，必须有中国特色"，"我们要认真吸收世界上先进的办学治学经验，更要遵循教育规律，扎根中国大地办大学"。② 习近平总书记系列重要讲话内涵丰富，为我国大学在培育大学精神过程中如何处理好本土化与国际化的关系指明了发展方向。

（一）高度认同中华优秀传统文化

习近平总书记曾指出，文化自信，是更基础、更广泛、更深厚的自信。在5 000多年文明发展中孕育的中华优秀传统文化，在党和人民伟大斗争中孕育的革命文化和社会主义先进文化，积淀着中华民族最深层的精神追求，代表着中华民族独特的精神标识。习近平新时代中国特色社会主义思想是当代中国马克思主义、二十一世纪马克思主义，是中华文化和中国精神的时代精华，实现了马克思主义中国化新的飞跃。这一重大论断，将"中华文化"置于极其重要的位置。传承和弘扬好中华优秀传统文化，是新时代继续推进马克思主义中国化的需要，是中国特色社会主义发展的精神动力，也是中华民

---

① ［美］弗莱克斯纳.现代大学论:英美德大学研究［M］.徐辉，陈晓菲译.杭州:浙江教育出版社，2001:10.

② 周叶中.着力建设中国特色世界一流大学［N］.学习时报，2017－04－24.

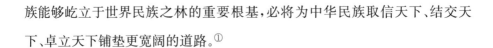

族能够屹立于世界民族之林的重要根基,必将为中华民族取信天下、结交天下、卓立天下铺垫更宽阔的道路。①

(二) 坚守社会主义核心价值观

所谓核心价值观,是指组织成员都必须信奉的信条,是解决组织在发展中如何处理内外矛盾的一系列准则,是表明组织如何生存的主张。培育社会主义核心价值观是大学面临的当务之急,叶澜教授指出:"价值观是一切教育教学改革的起点,价值观危机,是中国教育根本的危机,教育转型应从价值观转型开始。"③为党育人、为国育才是新时代我国大学发展的根本任务,人才培养首先必须认同和践行社会主义核心价值观,使学生成为德智体美劳全面发展的社会主义事业的建设者和接班人。

(三) 不断丰富我国大学精神

我国大学应广泛学习借鉴西方发达国家的办学经验,不断丰富我国大学精神。西方发达国家在长期的办学过程中,特别重视对大学精神的培育,积累了丰富的经验,这为我国大学培育大学精神提供了很好的借鉴。但是,由于参与国际化国家的大学在文化传统、发展历史、高等教育基础等方面都各不相同,这容易对高等教育发展落后的国家导致民族性的遮蔽。因此,我国大学精神的培育在实现国际化发展的同时,绝不能丢掉本土化,防范发达国家的文化模式对我国高等教育的依附性发展,以及在文化方面产生的去民族化倾向。唯其如此,我们才能从国际化的理念和经验中吸取有利于培育我国大学精神的养分,并内化为我国大学精神的意识形态。总之,培育我国大学精神,建设世界高等教育强国,就不能仅限于模仿西方发达国家的办学模式,

① 卫灵.传承和弘扬中华优秀传统文化[J].红旗文稿,2022(5):34.
③ 蔡如鹏.价值观危机是中国教育的根本危机——专访华东师范大学教育学终身教授叶澜[J].中国新闻周刊,2018(19):37-39.

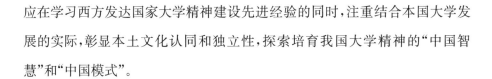

应在学习西方发达国家大学精神建设先进经验的同时,注重结合本国大学发展的实际,彰显本土文化认同和独立性,探索培育我国大学精神的"中国智慧"和"中国模式"。

第五节 新时代大学精神培育的辩证关系

高等教育的普及化发展使得大学与政府、社会和市场等的关系愈加密切。大学如何理性自我认知,坚守自身的独立品格,又能理性处理好与政府、社会和市场等诸多利益相关者之间的辩证关系,这是大学在培育大学精神过程中必须面对和解决的客观现实和关键问题。[1]

一、正本清源:高等教育目的与市场经济目的的辩证关系

高等教育作为一种特定的社会活动,具有明确的目的性。高等教育目标是高等教育工作遵循的总方向,是依据总的教育目的,从我国高等教育的实际培养任务出发而制定的,对我国高等教育的改革和发展具有明确的导向作用、调控作用、评价作用和校正作用。党的十八大以来,习近平总书记站在为党育人、为国育才的战略高度,明确提出我国的教育目的就是要培养担当民族复兴大任的时代新人,培养德智体美劳全面发展的社会主义建设者和接班人。而市场经济体制,是由生产力发展水平和不同利益关系决定的一种经济形式,其目的主要是通过追求经济效益,而实现利润最大化。

在高等教育面向市场经济背景下,协调好高等教育目的与市场经济目的

---

① 韩延明.论高等教育面向市场背景下大学精神的铸就[J].教育研究,2007(5):33-34.

之间的关系,理应明晰高等教育目的是为党育人、为国育才,秉持以人的全面发展为前提,以主动适应社会发展需求为根本,实现个体人的价值与社会价值的统一。高等教育的本质要求,既要观照人的价值、实现人的全面发展,又要主动适应社会发展的需求,自觉促进社会的发展,实现个体发展与社会需求的有机统一。若是失去了人的全面发展,则难以发挥人的社会价值,服务社会发展也就无从谈起。相反,若只重视个体的全面发展,不加以主动服务社会发展,也就失去了人的社会价值。

二、统筹兼顾:规模、结构、质量、效益的辩证关系

培育大学精神的目的,是促进大学的高质量发展。高质量发展既不是某一方面、某一局部或某个环节的高质量发展,也不是各部分高质量的简单相加,而是集中体现为规模、结构、质量、效益等各方面的最优匹配,坚持质量为要、效益优先的发展原则,避免造成不平衡、不充分的矛盾。质量与规模、结构、效益的协调发展,是高质量发展的内生特点。这主要体现为:一方面,高质量发展能够充分发挥增长潜力,保持合理的增长速度,促使高等教育的规模不断扩大,形成健全的现代高等教育体系,协同实现量的扩大与质的提升。另一方面,高质量发展,意味着高等教育的组织结构日益优化,并且不断深化融合发展。高等教育结构只有趋于均衡协调,才能实现高等教育的高质量发展。再者,质量与效益提升是高等教育高质量发展的重点,如何以最低的质量成本产出最大的质量效益,并不断提升可持续发展的能力,是高质量发展的题中应有之义。

三、科学定向:高等教育规律与市场经济规律的辩证关系

大学是一个按照高等教育规律发展的独立的有机体。纵观世界大学发

展历史,尽管在筚路蓝缕、沧桑巨变之后,确实对社会需求做出了诸多回应。但不可否认的是,现代大学依然体现出相对独立性,保留了传统大学的基本要素,依然是依循高等教育发展的内外部规律,按照自身的内在逻辑要求不断进行改革、发展和完善,这是培育大学精神的基本依据。

从世界高等教育发展的进程来看,无论是精英阶段、大众化阶段还是今天的普及化阶段,大学在发展过程中都要受到市场经济规律的影响。这就要求我们应准确把握市场经济规律的二重性。首先,应该充分肯定市场经济在高等教育改革和发展过程中的地位和作用。在高等教育实践活动中尊重市场经济规律,按照市场经济规律办事,充分发挥市场经济规律的积极作用,使之为发展高等教育服务。其次,要清醒地认识市场经济规律的副作用。市场经济规律的负面作用作为一种客观存在,我们不能持有否定的态度,否认它的存在就等于否认了市场经济规律本身,必然会危及高等教育的健康发展。但是如果缺乏对市场经济规律负面作用的理性认识,对其影响不加限制、不予克服、任其发展,它将会反过来抵消或削弱市场经济规律对高等教育发展的积极作用。所以,我们应在深入认识和分析市场经济规律的负面作用的基础上,积极创造条件,自觉采取有效措施加以管控,以消解市场经济规律负面作用对培育大学精神的影响。再次,我们还应当认识到高等教育规律与市场经济规律之间并非单向的影响,也就是说大学并不只是接收来自市场的影响作用,而是彼此之间有所互动,是一种循环的互动。大学与市场之间的矛盾是一种客观存在,二者之间的关系随着高等教育的发展、社会的需求以及时代发展的变化而变化。培育大学精神,应充分利用高等教育规律与市场经济规则之间的这一关系,做到趋利避害、扬长避短。

四、秉持理念:服务社会发展与守护大学品格的辩证关系

党的十八大以来,党和政府明确把高等教育服务国家发展战略需求作为

高等教育发展的不懈追求。在 2018 年 9 月 10 日召开的全国教育大会上,习近平总书记指出,要深化教育改革创新,坚持把服务中华民族伟大复兴作为教育的重要使命。综观世界一流大学的发展,无不与国家的命运、民族的前途休戚相关。托马斯·伍德罗·威尔逊(thomas Woodrow Wilson)曾指出,一所大学能在国家的历史上占一个位置,不是因为其学识,而是因为其服务精神。[①] 李·卡罗尔·布林格(Lee Carroll Bolinger)曾指出,有很多原因可以解释哥大的成功何以经得起时间的检验,但最基本的原因在于哥大致力于服务社会。

同时,我们更应当清晰地看到,大学具有不同的分类、定位和品格。不同层级和类别的大学,在服务社会的形式、内容和途径上理应有所不同。就此而言,大学首先要科学分类、准确定位,明晰自己的优势、特色和社会服务面向。[②] 当然,作为一个学术组织,大学以追求真理、创新知识为目的。大学与学术是不可分离的,大学失去了学术性,服务社会发展则成为无源之水、无本之木。大学从来就不是消极地顺应社会发展要求,而是对社会发展进行批判、监督、匡正和导向,成为照亮社会的"灯塔"。大学始终在不断地超越社会现实,保持自己的独立性和批判性,不断地孕育和产生新思想和新知识,在受到社会的政治、经济等的制约的同时,坚守着相对的独立性,引导着社会的发展,服务社会发展与守护大学品格相统一。

五、以人为本:学校生存质量与教师生命质量的辩证关系

学校的生存质量是由教师的人才培育质量、科学研究质量、社会服务质量、文化传承质量、文化创新质量所决定的。教师作为学校各项工作的主要承担者,是立教之本、兴教之源,承担着办人民满意教育的重任,是学校生存

---

①　柳贡慧.大学要在坚守中理性变革[N].光明日报,2015 - 10 - 13.
②　韩延明.潘懋元高校分类定位思想探赜[J].大学教育科学,2022(4):13 - 14.

质量的最重要的主体。提升学校的生存质量,固然应充分发挥广大教师的主体作用,但更重要的还应提升教师的生命质量,做到以人为本,理性处理好学校的生存质量与教师的生命质量二者之间的辩证关系。

尊重教师劳动的创造性特点。教师劳动的创造性是以自由为前提的,尊重教师劳动的创造性特点,就应创设良好的环境,使教师具有教学的自由、学术的自由,使教师能够灵感闪现,充分彰显教师劳动的创造性。固然,教师教学的自由、学术的自由是一种相对的自由,是以自律为前提的自由,是一种"随心所欲不逾矩"的自由。

合理运用竞争机制,催生教师发展的内生动力。在高等教育面向市场经济背景下,引入竞争机制必须认识到大学这一学术组织与企业和政府组织的根本不同,在竞争机制的运用上,应坚持人性化、人本化、人文化,防止不正当竞争,克服量化考核过程中把教师的劳动加以"肢解"的现象,克服不加分析和区别地一味奖励强者、淘汰弱者的现象,使竞争机制能够催生教师发展的内生动力。

强化文化治理,彰显人文关怀。文化治理是透过文化达成的治理。文化治理与制度治理相比,更加强调组织成员之间的互动与合作,坚守文化立场,强化价值认同,建设精神家园。强化文化治理,应以人文关怀为保障,营造具有人文气息的学术氛围,提供具有人文气息的工作和生活条件,让教师在具有人文气息的氛围中安心工作、学习和生活,使外在的制度控制转化为教师的自我调节和自我控制,使每一位教师都能够诗意地栖居在大学校园里。

主要参考书目

国内作者

1. 潘懋元.多学科观点的高等教育研究[M].上海：上海教育出版社，2001.

2. 潘懋元.现代高等教育思想的演变——从 20 世纪到 21 世纪初期[M].广州：广东高等教育出版社，2008.

3. 顾明远.中国教育的文化基础[M].太原：山西教育出版社，2004.

4. 金耀基.大学之理念[M].上海：生活·读书·新知三联书店，2001.

5. 王冀生.大学之道[M].北京：高等教育出版社，2005.

6. 瞿振元.大学的革新[M].北京：商务印书馆，2018.

7. 鲁洁.道德教育的当代论域[M].北京：人民出版社，2005.

8. 张楚廷.大学人文精神架构[M].长沙：湖南师范大学出版社，1998.

9. 杨德广.现代高等教育思想探索[M].北京：人民教育出版社，2001.

10. 陈学飞.美国、德国、法国、日本当代高等教育思想研究[M].上海：上海教育出版社，1998.

11. 眭依凡.教育发展理论研究[M].北京：高等教育出版社，2001.

12. 张应强.文化视野中的高等教育[M].南京：南京师范大学出版社，1999.

13. 张应强.高等教育现代化的反思与建构[M].哈尔滨:黑龙江教育出版社,2000.

14. 陈洪捷.德国古典大学观及其对中国大学的影响[M].北京:北京大学出版社,2002.

15. 张德祥.面向 21 世纪的大学自我重塑[M].北京:人民教育出版社,2001.

16. 施晓光.美国大学思想论纲[M].北京:北京师范大学出版社,2001.

17. 周川,黄旭.百年之功——中国近代大学校长的教育家精神[M].福州:福建教育出版社,1994.

18. 卢晓中.当代世界高等教育理念及对中国的影响[M].上海:上海教育出版社,2001.

19. 董云川.论中国大学与政府和社会的关系[M].昆明:云南大学出版社,2004.

20. 黄福涛.欧洲高等教育近代化[M].厦门:厦门大学出版社,1998.

21. 田慧生.中国教育的现代化[M].昆明:云南人民出版社,1997.

22. 郭齐家.中国教育思想史[M].北京:教育科学出版社,1987.

23. 肖川.教育的理想与信念[M].长沙:岳麓书社,2002.

24. 何光沪,等.大学精神档案[M].桂林:广西师范大学出版社,2004.

25. 杜时忠.科学教育与人文教育[M].武汉:华中师范大学出版社,1998.

26. 李国钧,王炳照,李才栋.中国书院史[M].长沙:湖南教育出版社,1994.

27. 余英时.士与中国文化[M].上海:上海人民出版社,2013.

28. 肖海涛.大学的理念[M].武汉:华中科技大学出版社,2001.

29. 王大珩,于光远.论科学精神[M].北京:中央编译出版社,2001.

30. 俞中立.全球化时代[M].上海:华东师范大学出版社,2008.

31. 韩延明.大学理念论纲[M].北京:人民教育出版社,2003.

32. 韩延明.高等教育学新论[M].济南:山东人民出版社,2012.

33. 韩延明,等.大学文化育人之道[M].北京:高等教育出版社,2013.

34. 韩延明,徐愫芬.大学校训论析[M].北京:人民教育出版社,2013.

35. 郭峰,等.地方大学文化与地域文化互动发展研究[M].北京:人民出版社,2017.

36. 田培林.教育与文化[M].台北:五南图书出版有限公司,1995.

37. 褚宏启.走出中世纪——文艺复兴时代的教育情怀[M].北京:北京师范大学出版社,2000.

38. 潘艺林.大学的精神状况——高等教育批判功能引论[M].北京:中央编译出版社,2004.

39. 王全林.精神式微与复归[M].南京:南京师范大学出版社,2006.

40. 黄书光.理学教育思想与中国文化[M].上海:上海教育出版社,1993.

41. 刘亚敏.大学精神探论[M].青岛:中国海洋大学出版社,2006.

42. 黄俊杰.大学通识教育的理念与实践[M].武汉:华中师范大学出版社,2001.

43. 黄颂杰.西方哲学名著提要[M].南昌:江西教育出版社,2002.

44. 韦政通.中国文化概论[M].长沙:岳麓书社,2003.

45. 司马云杰.文化社会学[M].济南:山东人民出版社,1987.

国外作者

1. [德]弗·鲍尔生.德国教育史[M].滕大春,滕大生,译.北京:人民教育出版社,1986.

2. [德]卡尔·雅斯贝尔斯.什么是教育[M].邹进,译.北京:生活·读书·新知三联书店,1991.

3. [德]卡尔·雅斯贝尔斯.大学之理念[M].邱立波,译.上海:上海人民出版社,2006.

4. [俄]别尔嘉耶夫.论人的使命[M].张百春,译.上海:学林出版社,2000.

5. ［法］雅克·勒戈夫.中世纪的知识分子［M］.张弘,译.北京:商务印书馆,1996.

6. ［美］克拉克·克尔.大学的功用［M］.陈学飞,等译.南昌:江西教育出版社,1993.

7. ［美］伯顿·R.克拉克.高等教育系统——学术组织的跨国研究［M］.王承绪,等译.杭州:杭州大学出版社,1994.

8. ［美］伯顿·克拉克.高等教育新论:多学科的研究［M］.王承绪,徐辉,等译.杭州:浙江教育出版社,2001.

9. ［美］罗伯特·M.赫钦斯.美国高等教育［M］.汪利兵,译.杭州:浙江教育出版社,2001.

10. ［美］约翰·S.布鲁贝克.高等教育哲学［M］.王承绪,等译.杭州:浙江教育出版社,2001.

11. ［美］理查德·雷文.大学工作［M］.王芳,等译.北京:外文出版社,2004.

12. ［英］阿什比.科技发达时代的大学教育［M］.滕大春,滕大生,译.北京:人民教育出版社,1983.

13. ［英］约翰·西奥多·梅尔茨.十九世纪欧洲思想史(第一卷)［M］.周忠昌,译.北京:商务印书馆,2016.

14. ［英］约翰·亨利·纽曼.大学的理想［M］.徐辉,等译.杭州:浙江教育出版社,2001.

后　记

多少风雪雨晴,几度春夏秋冬,研精覃思,数易其稿,《大学精神论要》一书终得定稿而即将付梓。数载劳作终有所果,我们释然而欣然,庆幸自己的一趟"理性苦旅"终于走到了一个能够静憩片刻的驿站,如"春风已至,陡然一振"。掩卷搁笔,如释重负且又忐忑不安,总感觉意犹未尽、心存遗憾,尚有些许地方值得继续推敲、雕琢、完善。但"敝帚自珍",本书能够在新时代全面建设中国式现代化之关键时期问世,也算多年沉积的知识与资料的发酵有了可喜的醇香,清冽绵爽,回味悠长,自然也是一段难以忘怀的心路历程和剪影时光。

一

"五年笔墨古榕草,半世功名小豆棚。"本书是我和郭峰教授多年的积淀、磨砺与结晶。自2005年以来,我们一直在断断续续、续续断断地备料此书、撰写此书、修改此书、打磨此书。囿于各种主观因素和客观条件的限制,在各居一方、会面不便的境况下,我们在撰写过程中采取了总体设计、分段推进,各自写作、相互修改,有机整合、多遍统稿的著述方法。首先由我进行整体策划、拟订编写提纲,然后分进合击、"集腋成裘"。具体分工如下:导论,韩延明;第一章,韩延明、郭峰;第二章,郭峰、韩延明;第三章,郭峰、韩延明;第四章,郭峰、韩延明;第五章,郭峰、韩延明;第六章,韩延明、郭峰;第七章,韩延明、郭峰;后记,韩延明。具体做法是:每章前者负责收集资料、撰写初稿,后者负责修改润色、补充完善。最后由韩延明对全书进行统稿。

二

笔下的书是心的长征。追忆本书的写作动因和撰改过程,深感《大学精神论要》的诞生,本身就是一次文化苦旅和精神跋涉。蓦然回首,本书从动议、设计到而今结出果实,已经断断续续有近 20 年的时间了。此事最早可追溯到 2003 年 10 月。当时,在潘懋元先生悉心指导的我的博士学位论文《大学理念探析》基础上修改、补充、完善的《大学理念论纲》一书,由人民教育出版社正式出版。可能是由于"理念""教育理念""大学教育理念""大学理念"这些概念还比较新鲜,也或许是中国刚刚迈入高等教育大众化初始阶段,大家对高等教育理论书籍尚有所需,该书出版发行后在全国高等教育界居然引起了较大反响,特别是潘懋元先生、顾明远先生、张楚廷先生、杨德广先生、刘献君先生等撰写评语、几多勉励,再加上著名学者杨叔子、眭依凡、邬大光、陈洪捷、张斌贤、田建国、张应强、施晓光、孟繁华、戚万学、张华、苏春景、李保强等分别在《人民日报》《光明日报》《中国教育报》《中华读书报》《教育研究》《高等教育研究》《中国高教研究》《教师教育研究》《教育发展研究》等重要报刊上发表书评、热心举荐,致使《大学理念论纲》一书很快售罄,2004 年 12 月第 2 次印刷,热销依然。这对一本小众化的学术专著来说,不啻是一个难得的意外"惊喜"。

这一"惊喜",促使我对"大学研究"产生了浓厚的兴趣,当时便踌躇满志地拟订了一个"五本书"系列撰著计划,即除《大学理念论纲》之外,再撰写《大学精神论要》《大学校训论析》《大学文化论稿》《大学德育论辩》,试图架构一个"大学研究论丛"。当时之所以将《大学精神论要》列为第二本,是因为从逻辑上讲"大学理念"与"大学精神"关联度更高、更密切。这样,自 2005 年 2 月(时值寒假)起,我便开始拟订编写提纲,着手收集相关资料,准备撰写《大学精神论要》一书。2006 年 8 月,《大学精神论要》被评为中国高等教育学会"十一五"教育科学规划重点课题(编号:06AIL0230040,已按时结题),这给了我很大的鼓舞和鞭策,特别是课题组首位参与者郭峰教授的加盟,使此项工作焕发了生机和活力。但后来由于学校要迎接教育部本科教学工作水平评估,行政事务繁忙,实在无暇顾及,此事便被搁置下来。虽然期间也在电脑上建立了"文件夹",不时将有关资料"收入囊中",郭峰教授也陆续搜集了一些相关资料,而且我们也分别在报刊上发表了部分有关大学精神研究的论文,但书稿撰写总体上进展不大。

2007 年 6 月,我所指导的山东师范大学硕士生徐愫芬的学位论文《我国大学校训的文化解读与优化研究》荣膺"优秀",她也顺利应聘到枣庄学院任教。鉴于当时我国一些大学开始重视大学校训、校风、校歌等校园文化建设,这使我萌生了一个新的想法,就是调整我的"大学研究论丛"写作序列,急用先研,与徐愫芬着力合作撰写《大学校训论析》一书。此后,我们历时五年、七易其稿,终于在 2012 年 10 月将齐、清、定书稿交人民教育出版社(2013 年 8 月正式出版),其中还专门写了《大学校训与大学精神》一节内容,为撰著《大学精神论要》进行了一个铺垫和"剧透",同时也将该书的撰写再次提上了科研议程。

2013 年 3 月,我由临沂调往济南工作。适应了新的工作环境之后,我就利用业余时间着手梳理过去多年积累的一些相关资料,和郭峰教授一起探讨、撰写《大学精神论要》一书。2016 年 10 月,郭峰教授由临沂大学调到济南大学任教,我们之间的交流更加便捷,时间也相对集中,写作进度明显加快,但由于各自日常工作较忙,直到 2019 年 10 月书稿才基本成型。此后,我们便进入了研修结合的磨砺阶段,在边写边改中"研",在边改边写中"修"。

2020 年 11 月,中国高等教育学会高等教育学专业委员会理事会换届大会暨 2020 年学术年会在上海隆重举行,选举产生了第七届理事会,阎光才教授被选为理事长。2021 年 3 月,新一届理事会决定利用学会平台深化高等教育理论研究、助推各位理事展示相关学术研究成果,遂与南京师范大学出版社协商,联合出版"当代高等教育研究新视野丛书",并号召各位常务理事积极响应,申报、撰写、出版学术著作。作为学会的老会员,我立即申报了《大学精神论要》一书,并附上了"目录"和"内容概要"。非常幸运,这很快被理事会学术委员会批准。

2021 年 5 月初,南京师范大学出版社王涛老师与我联系,希望尽快填好出版合同寄回,并要求加快撰稿进度,以便为申报国家出版基金做好准备。这促使《大学精神论要》的撰写进入了快车道。我和郭峰教授加班加点、分工合作,终而累足成步、聚沙成塔,于 2022 年 5 月底将初稿提交出版社王涛老师审核,同时我们继续修改完善、数易其稿,于 2022 年 11 月将正式书稿提交责编应璐燕女士。她悉心指导、严谨编审,几番退修、数次交流,如切如磋、如琢如磨,直至定稿出版。这,便是本书孕育与形成的背景、动因和编撰过程。

三

《中庸》曰:"诚者,天之道也;诚之者,人之道也。"追溯多年写作历程,《大学精神论要》的辑、编、撰、改、定,始终凝结着诸多师长、学友包括学生的热诚指导和竭诚帮助,其情殷殷,其意浓浓,其乐融融。他们使我在多次编撰的多年辛劳中时时体验着感动、真诚、温馨、友善、幸福和自信,进而在灵魂深处凝结为两个金色的大字:感谢!

首先,衷心感谢恩师潘懋元先生!在本书多年的酝酿、辑录、撰写过程中,先生曾多次询问进展情况,给予了诸多鼓励和鞭策。该书与南京师范大学出版社签订出版合同之后,我也曾向先生电话汇报,他当时虽在病中,仍然谆谆叮咛、寄予厚望，一度同意为本书作序（《大学理念论纲》《大学校训论析》均由先生作序），不料潘先生不幸于 2022 年 12 月 6 日溘然长逝，令人悲不可遏、痛彻心扉。每每想起，便情不自禁地泪流满面。恩师已去，风范长存，多年厚爱永驻心间。正如同门吴岩所说："做潘懋元先生的弟子，是一辈子最荣耀、最得意、最幸福的事。"师生情，让我们永远感念！这份深情，将永不褪色地伴随我们走过生命的每一处驿站。先生千古，精神永生！谨以此书深切悼念敬爱的中国高等教育学科创始人潘懋元先生！

其次，诚挚感谢中国高等教育学会高等教育学专业委员会第七届理事会。正是由于本届理事会的适时决策、平台搭建和得力组织，才使本书如"枯木逢春"般焕发了生机，得以在多年"马拉松"式的漫漫长跑中提速、冲刺，并在短时间内以崭新的姿态问世。

在此，还要感谢济南职业学院左媛媛副教授、山东师范大学张明广讲师、成都师范学院郝广龙博士、南京师范大学硕士生聂月琪、济南大学硕士生蒋晓雪，他们均以不同形式对本书资料的搜集给予了各种帮助！也感谢郭峰教授注满情谊的真诚合作和奉献精神，在我们多年的书稿撰写和研讨交流中，我也受益匪浅。

鉴于作者水平所限，加之后期改写时间紧张，书中难免有不妥、偏颇或错讹之处，敬请各位同仁和读者批评指正。

韩延明　谨识
于济南大明湖畔
2023 年 5 月 11 日